KB265240

감자 같은 희망

감자같은 희망

지 은 이 | 김승환
펴 낸 이 | 김원중

편　　집 | 이민수, 변경련
디 자 인 | 고미용
마 케 팅 | 배병철
관　　리 | 김선경

초판인쇄 | 2009년 4월 10일
초판발행 | 2009년 4월 17일

출판등록 | 제313-2007-000172(2007.08.29)

펴 낸 곳 | (주)상상나무
　　　　　도서출판 상상예찬
주　　소 | 서울시 마포구 상수동 324-11
전　　화 | (02)325-5191
팩　　스 | (02)325-5008
홈페이지 | http://www.smbooks.com

ISBN　978-89-93484-05-2　03230

값 10,000원

썩.은. 조.각.에.서. 피.어.나.는. 한.줄.기. 빛!

감자 같은 희망

김승환 |지음|

상상나무

《기다리는 기쁨》이 나온지 1년 6개월만에 《감자 같은 희망》을 펴내게 되었습니다. 헛된 기다림이 되지 않도록 은혜를 베풀어주신 하나님께 먼저 감사와 영광을 돌립니다.

"감자 같은 희망" 이라고 제목을 붙였는데, 감자를 예찬하는 뜻으로 한 말은 아닙니다. 저쪽 어두운 데서 열쇠를 잃어버렸지만 거기는 어두워서 여기서 찾는다는 식의 어리석은 기웃거림을 멈추고, 지금 여기 내 삶의 자리에서 하루하루 성심껏 사는 중, 소중한 진실 하나를 깨닫고 감동해서 만들어본 말입니다.
썩은 감자 조각 차마 버릴 수 없어 혹시나 하고 밭에 던졌더니 싹이 나고 줄기가 자라, 희망의 징조를 보지 못해 시름이 깊어가던 어느 늦은 여름날, 옥동자 같은 감자들이 주렁주렁 나오는 것 아니겠습니까?

정말이지 하늘의 계시처럼 가슴벅찬 고마움이었습니다.
그렇게 작고 볼품없는 것이 땅에 떨어져 죽어, 그렇게 정겹고 사랑스런 열매로 살아나, 그렇게도 눈물겨운 희망으로 부활하다니요!
그 고마운 마음에 《감자 같은 희망》이라고 글 한 편을 끄적거렸는데, 그게 시가 되고, 뜻밖에도 책의 제목이 되었습니다. 사람 팔자 알 수 없다더니 감자 팔자도 알 수 없습니다.

그러나 어디 감자뿐이겠습니까? 고구마는 안 그렇고, 무, 배추는 안 그렇겠습니까? 지금은 잘 모르지만, 우리가 엮어나가는 하루하루의 작은 일상이 장차 어느 날에는 시가 되고, 노래가 되고, 죽은 자를 살리는 놀라운 생명의 말씀이 될 수도 있을 것입니다. 건축자들이 버린 돌이 모퉁이의 머릿돌이 될 수도 있는 것처럼 말입니다.(시 118:22)

이제 생각하니, 그 말에는 낙심하지 말라는 뜻도 들어있는 것 같습니다.
사람들이 우습게 여겨 버린 돌일지라도 그 소중한 가치를 귀하게 여겨 모퉁이의
머릿돌이 되게 하는 큰 사랑과 능력의 손길을 너희가 보았으니, 교만하지 말고,
낙심하지도 말고, 자, 모두 겸손히 믿고, 힘을 내라는 뜻 같습니다.

모두가 힘들다고 말하는 세월을 살고 있지만, 우리 모두 용기를 내봅시다.
어느 시대인들 쉽기만 한 세월이었겠습니까?
따지고 보면 너나없이 감자같이 볼품없는 인생이지만, 우리는 모두 그분의 숨결,
그분의 사랑, 살아서 "네가 나를 보여주어라"는 뜻을 부여받고 이 세상에 태어나
지금 이 길을 걷고 있는 그 분의 대책, 바로 하나님의 희망입니다.

이 책이 독자 여러분 안에 있는 그 소중한 진실을 퍼올리는 마중물이라도 될 수
있기를 간절히 기도합니다.

2009년 4월, 생명뜨락 골방에서

김승환

도전적인 생애를 살기 위해

 저자 김승환 목사님은 끊임없이 배우는 하나님의 종입니다. 이만하면 됐다 할 정도로 우리나라에서 가장 좋은 대학을 다니고 신학을 연구하였지만 늘 아직은 아니다 하면서 계속하여 성경을 읽고 성경에 관한 모든 책들을 가까이 합니다. 읽어도 우리 한글로 된 책들만 읽는 것이 아니라 외국어 특히 영어로 된 책들을 자유롭게 읽습니다.

요새 영어 열풍이 일어나 너도나도 영어공부를 하지만 영어로 신학원서나 철학원서를 읽고 사색하는 사람들은 그리 많지 않습니다. 목사님은 이런 학문적인 영어로 동서고금의 깊은 진리의 자리를 넘나듭니다.

그래도 성경만이 인류구원의 유일한 책인줄 알고 성경을 또한 본래 쓰여진 언어로 연구하며 성경과 씨름을 합니다. 주옥 같은 이 말씀들은 이렇게 진지하고 성실한 자리에서 오늘 이 시대에 우리에게 꼭 필요한 양식으로 받은 것입니다.

그러나 아무리 성경과 책을 많이 읽고 연구를 한다 할지라도 그 학문이 전부일 수는 없습니다. 특히 교회를 통해 하나님을 섬기는 목회 현장에서 그렇습니다. 초대교회 시절 아볼로는 많이 배운 사람으로 성경을 잘 알며 잘 가르치지만 물세례만 받았고 바울 역시 공부를 많이 하고 성경을 잘 알고 전하지만 물세례뿐만 아니라 불세례를 받은 사람이었습니다. 성경은 이런 아볼로 수준에 머물지 말고 바울 수준에까지 가라고 말합니다.(행18:24-19:7) 그리고 하나님은 아볼로를 쓰시지 않고 바울을 쓰셨습니다.

김 목사님은 이런 바울 같은 목회자가 되기 위해 얍복강가의 야곱같이 또한 하나
님과 씨름하는 기도의 사람입니다. 이 귀한 말씀들은 이런 기도 중에 성령의 불
을 받아 그 불로 달군 "감자 같은 희망"의 말씀입니다.

 얼마나 책들이 많습니까. 얼마나 종교서적 신앙서적이 많습니까. 다 귀하지만
그 중에 목사님의 책은 이와 같이 학문과 신앙의 최정상을 달리는 중에 나왔으므
로 또한 귀하게 보입니다.
 이 책을 읽으면 더 이상 안일과 나태의 자리에 머물지 않고 그 자리를 박차고 일
어나고 싶습니다. 그리고 깨어 있는 자존감의 사람으로 하나님이 부르시는 새 하
늘과 새 땅의 미래를 향해 막 달리고 싶습니다.

 오늘 경제만 아니라 여러 분야 특히 영적 정신적 위기의 시대를 살아가면서 순
간적인 말씀 체험으로도 위기 돌파의 도전적인 생애를 살기 위해 이 책을 읽고
또한 이 책을 통해 영원한 하나님의 말씀 성경을 가까이 하기 바랍니다.

한국기독교장로회총회장

서재일 목사

차 례

차 례

4부 겨울

다섯 처녀의 슬기

"… 미련한 자들은 등을 가지되 기름을 가지지 아니하고 슬기 있는 자들은 그릇에 기름을 담아 등과 함께 가져갔더니 …" (마 25:1-13)

1845년 영국의 어느 해안, 북극항로를 개척하려는 꿈을 가지고 있었던 선장 존 프랭클린은 영국에서 가장 유능하고 장래가 촉망되는 선원 138명과 함께 항해를 시작하였습니다. 원대한 꿈을 안고 시작한 항해였지만 두 배에 나누어 타고 떠난 138명의 선원은 아무도 고향 땅으로 돌아오지 못했습니다. 북극 지방에서 얼어서 혹은 굶어 죽은 모습으로 발견되었을 뿐입니다.

그들은 왜 꿈을 이루지 못했을까요? 정작 준비해야 할 것을 준비하지 못했기 때문입니다. 그들이 항로개척을 위해 준비한 것은 12일간 쓸 연료와 식량, 1,200권의 장서로 가득한 도서관, 손으로 연주하는 오르간, 장교들과 승무원들이 사용할 사기그릇, 받침이 달린 포도주 잔과 순은으로 된 접시들뿐이었습니다. 즐거운 마음으로 출발했지만, 정작 준비해야 할 넉넉한 식량, 두꺼운 외투 등을 준비하지 않은 채 떠난 그들은 추위가 엄습하자 속수무책으로 당할 수밖에 없었습니다. 결국 두꺼운 외투와 식량 등 추위와 긴 항해에 대한 준비없이 떠난 그들은 아무도 고향으로 돌아오지 못했던 것입니다.

본문말씀은 신랑을 기다리는 열 처녀의 비유입니다. 이스라엘의 결혼식은 우리나라의 결혼식과 다릅니다. 낮에 결혼을 하는 것이 아니라 밤이나 초저녁에 결혼식을 하였고, 신부집에 그 친구들이 모여서 신랑을 맞이했습니다. 신랑이 언제 올지 모르니 모두가 깨어서 기다려야 합니다.

그런데 신랑이 늦도록 오지 않자 처녀들은 졸며 잠이 들어 버렸습니다. 이는 예수님께서 기도하라고 말씀하셨지만 졸음을 못견디고 깊이 잠들어 버린 제자들을 연상케 합니다. 어쩌면 이것이 우리 모두의 모습일지도 모릅니다.

이야기 속에 열 처녀가 모두 잠들었다는 사실이 말해주듯이, 100% 완벽한 사람이 어디 있겠습니까? 그러나 그렇다고 해서 모두가 다 똑같았던 것은 아닙니다. 똑같이 화장도 하고, 똑같이 예쁜 옷도 입고, 똑같이 등도 준비했습니다. 그러나 중요한 차이점이 있었습니다. 슬기로운 다섯 처녀는 만약의 경우를 대비하여 많은 기름을 준비한 반면에 미련한 다섯 처녀는 기름을 준비하지 않았습니다. 신랑이 늦게 올 것에 대한 준비도 하지 않고 배짱 좋게 잠이 들어버렸습니다.

그런데 "보라 신랑이로다 맞으러 나오라" 하는 소리에 잠이 깨었습니다. 허둥지둥 일어나 등을 준비하는데 기름이 다 떨어져감으로 등불이 꺼져 가고 있었습니다. 이를 어쩌면 좋습니까? 여유분으로 준비한 기름도 없는 데 말입니다.

다른 처녀들에게 빌리려 했지만 그들은 우리와 너희가 쓰기에는 다 부족하니 파는 자들에게 가서 너희 쓸 것을 사라고 했습니다. 할 수 없이 그 제서야 허둥지둥 기름을 사왔지만 돌아와 보니 신랑은 이미 집안으로 들어갔고 문은 잠겨져 있었습니다. 문 좀 열어달라고 호소하였으나 안에서 들려오는 소리는 "내가 너희를 알지 못하노라" 는 대답뿐이었습니다.

결국 기름을 준비한 다섯 처녀는 잔치에 참예하였지만 기름을 준비하지 않았던 다섯 처녀는 잔치에 참예하지 못했습니다. 우리는 슬기로운 다섯 처녀처럼 준비하는 자들이 되어야 합니다.

응급실의 의사들이 잠을 자지 않고 깨어 있으며 환자들을 돌보고 위급상황에 대처하기 위해 준비하고 있는 것처럼, 나라를 지키는 군인들이 언제 적이 쳐들어올지 모르니 밤을 새워 보초를 서고 경계를 늦추지 않는 것처럼 우리는 깨어 있어야 하고 준비하고 있어야 합니다.

구약성경에 보면 제사장은 제단의 불이 꺼지지 않도록 항상 불을 관리해야 했습니다. 그 당시는 불씨를 보전하는 것이 중요하였으니, 제단의 불을 지키는 것이 실제 생활을 위해서도 중요하지 않았겠는가 생각해봅니다만, 그것보다도 사명의 불씨를 꺼뜨리지 말라는 말씀입니다. 말씀의 불씨, 기도의 불씨, 성령의 불이 꺼지지 않도록 언제나 깨어있으라는 말씀입니다. 그러자면 제사장은 언제나 부지런히 공부해야 했습니다. 술취하고 방탕해서는 그 사명을 감당할 수 없지요. 자신의 자리에서 최선을 다하고 준비하는 자가 되어야 합니다.

이사야 62장 6절 - 7절에 "예루살렘이여 내가 너의 성벽 위에 파수꾼을 세우고 그들로 하여금 주야로 계속 잠잠하지 않게 하였느니라 너희 여호와로 기억하시게 하는 자들아 너희는 쉬지 말며 또 여호와께서 예루살렘을 세워 세상에서 찬송을 받게 하시기까지 그로 쉬지 못하시게 하라"고 말씀하셨습니다.

여기서 파수꾼이 누구겠습니까? 다른 어떤 사람보다도 제사장들, 오늘로 말하면 목사들이요, 더 범위를 확대시키면 교회일 것입니다. 목사의 영혼에 불이 꺼지고 주의 몸된 교회에 불이 꺼지면 이 세상이 어떻게 되겠습니까? 그러니 목사인 저도 깨어 있기 위하여 백방으로 노력합니다. 물론 사람이기에 고단하여 잠들어버릴 때도 있습니다. 그러나 그때도 비상시에는 얼른 일어나 부름에 응하기 위하여 그때그때 해야 할 준비를 해놓고 잡니다.

사명자란 그런 겁니다. 언제나 깨어 있어야 하고, 그런 각오로 하루 24시간, 1년 365일을 겸손하게 준비하면서 살아야 하는 것입니다. 혹 잠을 자더라도, 그것이 사명을 방기한 채 잠자는 것이 되지 않도록 하기 위해, 그때그때 겸손하게 할 일을 해놓고 잠을 잡니다. 그러면 주님께서 적절한 때에 우리를 깨워주셔서 사명을 감당할 수 있도록 도와주시는 거지요.

그러나 결코 깨어 있는 것으로 인정해줄 수 없는 상황이 있습니다. 술에 취해 인사불성이 된 경우, 너무 멀리 가 있어서 호출을 해도 시간 내에 뛰어올 수 없는 경우, 부름받은 직임에 합당치 않게 엉뚱한 짓을 하다가 본업을 까마득히 잊어버린 경우, 정신을 어디에 두었는지 기본장비를 준비하지 못하는 경우가 그런 상황이 되겠지요. 깨어 대기하는 사명을 맡은 자가 어디 감히 술을 입에 댑니까? 어디 감히 엉뚱한 곳에서 수작을 부리고 있습니까?

시편 1편에 1절 - 2절에 "복있는 사람은 악인들의 꾀를 따르지 아니하며 죄인들의 길에 서지 아니하며 오만한 자들의 자리에 앉지 아니하고 오직 여호와의 율법을 즐거워하여 그의 율법을 주야로 묵상하는도다" 라고 말씀하셨습니다.

사명을 맡은 사람은, 제대로 된 사명자라면, 절대로 오만한 자의 자리에는 앉지 않습니다. 자기 분수를 알아야 하는 것입니다. 자신의 실력을 알고, 자신의 한계를 알고, 자신의 연약함을 알며, 늘 자신의 몸과 마음을 최상의 컨디션으로 유지하기 위하여 관리하고, 만일의 사태를 생각하여 늘 대안을 준비해놓는 것이 사명자의 마땅한 자세인 것입니다. 스스로 다 된 사람으로 생각하여 아무런 준비도 하지 않고 태평한 것은 낭패의 지름길인 것을 알아야 합니다. 섰다 생각할 때 넘어질 것을 조심해야 합니다. 주야로 말씀을 묵상하라는 말이 그 말이고, 쉬지 말고 기도하라는 말이 그 말입니다.

요즘 경제사정이 정말 어려운 것 같습니다. 대공황이 올지 모른다는 애

 감자같은 희망

기를 많이 합니다. 며칠 전 인터넷을 통해서 뉴스를 보니까, 미국에서 하루 사이에 50만 명의 실업자가 생기는 사태가 벌어지고 있다고 합니다. 핵전쟁이 일어난 것 못지않은 가공할 상황입니다.

왜 이런 상황이 생겼을까요? 요즘 경제문제가 하도 심각해서 이곳저곳 들어가서 경제관련 기사를 검색해서 읽고 책을 구해서 읽고 그러는데, 어렵지만 결국 결론은 분명한 것 같습니다. 경제의 기본을 지키지 않았기 때문입니다.

기본이 뭐예요? 수입과 지출의 균형입니다. 정당하게 일해서 번 만큼 쓰는 것입니다. "일하기 싫은 자는 먹지도 말라"는 말씀도 있지만, 일은 하지 않고 쓰기만 한다든지, 수입은 별로 없는데 과도하게 돈을 빌려서 흥청망청 쓰면 반드시 문제가 되는 것입니다. 개인이든 기업이든 국가든 다 마찬가지예요. 그런데 이 기본이 무너진 것입니다. 혹 일부 사람들이 그렇다 하더라도 국가는 그래서는 안 되거든요. 균형자 역할을 해야지요. 그러나 국가가 더 나서서 그런 짓거리를 했어요. 무모하게 전쟁 일으켜 돈을 쏟아붓고, 재정적자가 발생하면 국채를 발행하고, 외국 은행에서 차입하고, 심지어 마구마구 돈을 찍어내고… 오랫동안 그렇게 하다 보니 어디서 어떻게 손을 대야 할지 모르는 심각한 지경으로 떨어진 것입니다.

평소에 규모있게 생활하고, 안 좋은 상황이 닥칠 때를 대비해서 준비를 해놓았다면 혹 지금보다 더 어려운 일이 발생한다 하더라도 큰 문제가 아니겠지만, 스스로 자만하여 대책없이 일을 벌려만 놓았으니 이것을 어떻게 수습해야 옳습니까?

이것은 미국만의 문제가 아닙니다. 세계가 다 그 모양입니다. 물론 우리도 마찬가지입니다. 이제라도 어서 정신을 차리고 준비할 것을 준비하는 기민함이 있어야겠는데, 큰 일입니다.

우리는 너나없이 부족한 사람들입니다. 연약한 죄인들입니다. 자비하신 하나님께서 의의 옷을 입혀줘서 의인이지 우리가 완전무결해서 의인이 아닙니다. 우리는 언제라도 기름이 떨어질 수 있는 사람들입니다. 자동차에 기름이 다 떨어지면 아무리 좋은 차라도 앞으로 갈 수 없습니다. 이것은 차뿐만 아니라 우리의 신앙생활도 마찬가지입니다. 기름이 바닥나 버리면 속수무책입니다. 허우대는 멀쩡한데 아무것도 할 수 없는 상황이 옵니다.

언제나 우리 자신이 그때그때 겸손하게 기름을 채우지 않으면 터널 안에서, 비탈길에서, 혹은 큰 길 한복판에서 서버릴 수도 있다는 걸 유의해야 합니다. 경건의 모양만 있다고 되는 것이 아닙니다. 능력이 없으면 그게 다 무용지물이 되고 맙니다. 그런 사태가 오기 전에 재충전을 받아야 합니다. 기름을 채워야 합니다.

엘리야를 생각해보십시오. 그가 어떤 분입니까? 한 시대를 대표하는 위대한 예언자였습니다. 그런데 그런 분도 기름이 다 떨어진 적이 있습니다. 내면의 기름이 바닥이 나서, 불꽃이 타올라야 하는데 타오르지 못하고 그만 꺼져 버렸습니다. 그래서 "저 이제 못합니다. 차라리 죽는 게 소원입니다"라고 말했습니다. 이런 엘리야를 측은히 여기신 하나님께서 천사를 보내어 에너지를 공급해주심으로 다시 기운을 얻은 엘리야는 사십일을 걸어 호렙산으로 갔습니다. 거기서 다시 하나님을 만나 새롭게 사명의 길로 나갔다는 얘기가 열왕기상 19장에 기록되어 있습니다.

엘리야가 그랬다면 우리는 어떻겠습니까? 우리도 다 마찬가지입니다. 우리도 얼마든지 기름이 바닥날 수 있습니다. 그러니 그때그때 겸손하게 자신을 돌아보고 기름을 채우는 일을 게을리하면 안 됩니다.

어떻게 기름을 채워야 할까요? 자신의 한계를 알고 주야로 말씀을 묵상하면서 살아야 합니다. 건강한 몸을 유지하기 위해서는 매일 규칙적으로 밥을 먹어야 하지 않습니까? 영적인 건강도 마찬가지입니다. 영적인 건강을 위해서는 매일 규칙적으로 말씀을 먹어야 합니다. 매일 시간을 구별해서 하나님을 만나고 교제하는 시간을 가져야 합니다. 하루라도 말씀 읽는 것을 게을리하지 말고 늘 말씀을 가까이 하시기 바랍니다.

그리고 또 한 가지, 정말 중요한 것은 먹은 말씀, 들은 말씀에 순종해야 한다는 것입니다. 육신의 건강도 먹은 만큼 움직이고 근육을 자꾸 써야 근력이 유지되는 것처럼 영적인 생활도 마찬가지입니다. 말씀대로 순종하는 사람만이 말씀의 능력을 알고 위로부터 임하시는 성령의 충만한 은혜를 덧입을 수 있습니다.

마태복음 7장 24절 - 27절에 "그러므로 누구든지 나의 이 말을 듣고 행하는 자는 그 집을 반석 위에 지은 지혜로운 사람 같으리니… 나의 이 말을 듣고 행하지 아니하는 자는 그 집을 모래 위에 지은 어리석은 사람 같으리니…"라고 말씀하셨습니다.

오늘 본문에서도 미련한 다섯 처녀와 슬기로운 다섯 처녀를 대조시켜 말씀하시는데, 결국 아무것도 준비하지 않고 막연하게 기다린 다섯 처녀는 기름이 떨어져 낭패를 당하였고, 미리 기름을 준비한 다섯 처녀, 즉 그때그때 자신이 해야 할 일을 한 사람들은 신랑되시는 예수님을 만나 뵙고 잔치에 참예하는 기쁨을 누리게 되었습니다.

정말로 중요한 얘기입니다. 성령충만함을 받는 방법은 말씀대로 순종하는 데 있다는 얘기입니다. 말씀을 듣기만 하지 말고, 들어서 깨닫고 은혜받았으면 열심히 봉사하고 씨를 뿌리고 바치고 희생해야 합니다.

요컨대 우리는 슬기로운 다섯 처녀와 같이 미리미리 기름을 준비하는 자들이 되어야 하는데 매일매일 말씀을 묵상하고 또 묵상한 말씀대로 행하고 순종함으로 기름을 채우는 여러분이 되시기 바랍니다.

슬기로운 다섯 처녀처럼, 자신의 부족함을 알고 그때그때 준비를 소홀히 하지 않는다면 주님께 박대받는 일은 없을 것입니다. 완벽하게 깨어있지는 못했어도 졸면서 기다렸을지라도 기름을 채워 준비한 다섯 처녀는 신랑과 함께 잔치에 참예할 수 있었음을 기억하고, 여러분 모두 무슨 일을 하든지, 늘 겸손하게, 미리미리 준비할 것을 준비하는 성실함이 있기를 바랍니다.

미리미리 준비하는 자는 결코 낭패를 당하지 않습니다. 하루하루 여러분이 겸허하게 행하는 작다면 작은 준비와 실천에 여러분의 미래와 가정의 미래와 이 나라의 미래가 달렸습니다.

다음에 또 기회가 오겠지 하는 사람은 반드시 후회하게 됩니다. 지금 이

 감자같은 희망

때를 놓치면 다시는 기회가 없을 수도 있습니다. 지금 준비하십시오. 봄에 열심히 씨를 뿌리고 가꾸어야 한 해를 풍성하게 보낼 수 있듯이 지금 힘들고 어려워도 준비하고 채워야 여러분의 미래가 열립니다. 그리고 여러분의 삶이 하나님께서 기뻐하시는 삶을 살 수 있게 됩니다.

만물이 약동하는 생명의 계절, 이 귀중한 진리를 마음속 깊이 새기고, 민첩한 발걸음으로 일어나 새로운 의욕으로 준비할 것을 준비하는 복된 나날들이 되시기를 주님의 이름으로 축원합니다.

자존감을 높이라

"… 주께서 내 원수의 목전에서 내게 상을 차려 주시고 기름을 내 머리에 부으셨으니 내 잔이 넘치나이다 내 평생에 선하심과 인자하심이 반드시 나를 따르리니 내가 여호와의 집에 영원히 살리로다." (시 23:1-6)

세계사의 불가사의 가운데 불가사의가 있습니다. 바로 히브리인들의 역사입니다. 무려 400년 동안 노예생활을 했고, 당시 세계 최강대국들의 틈바구니에서 떠돌이, 날품팔이, 힘없는 비정규직 인생에 불과했던 저들이 그 강고한 세력에 굴복하지 않고 믿음에서 믿음으로 행진을 거듭하여 불가능의 강을 건너고 불가능의 벽을 넘어서 마침내 사랑과 정의를 기초로 하는 새로운 나라를 건설한 일입니다.

도전은 그것으로 끝나지 않았습니다. 이집트, 앗시리아, 바빌론, 페르시아, 그리스, 로마… 저들이 상대해야 했던 대표적인 나라들입니다. 상식적으로 저 미미한 히브리인들이 이들의 상대가 되겠습니까?

그러나 히브리인들은 당당하게 버텨냈습니다. 버티되, 높은 뜻 깊은 마음을 잃지 않고 버텼습니다. 때로는 내부적으로 부패하여 나라가 망하고 강대국들의 포로로 잡혀가 역사상 유례를 찾아볼 수 없는 혹독한 고난을 당했지만, 그래도 그들은 일어섰고, 돌아왔습니다. 고난이 깊어갈수록 기도도 깊어지고 기다림도 깊어져, 그 줄기에서 세계구원의 꿈도 깊어졌습니다. 결국 그 줄기에서 예수 그리스도가 나오시지 않았습니까?

예수 그리스도의 십자가가 상징적으로 보여주듯, 저들이 걸어간 길은 끊임없는 고난의 길이었습니다. 그러나 또 예수 그리스도의 부활이 보여주듯, 저들이 걸어간 길은 찬란한 희망의 길이었습니다. 그 줄기찬 역사를 통하여 그들은 이 땅에 진정 희망이 무엇인지를 보여주는 산 증거가 되었습니다. 어떻게 그 모든 일이 가능했을까요?

그것은 한 마디로 하나님 신앙에 바탕을 둔 높은 자존감에 힘입은 것입니다. 하나님의 사랑과 정의와 역사주권에 대한 믿음, 그는 우리의 하나님이시요 우리는 그의 백성이라고 하는 분명한 자의식(自意識 self-consciousness)이 있었기 때문입니다. 비록 곡절이 있었고 많은 죄를 지었다 할지라도 절대로 하나님께서 자신들을 버리지 아니하시고 구원하사 기쁜 날을 주시리라는 확고한 믿음이 그 험한 세월 속에서도 그들의 중심을 잡아주었기 때문입니다. 그 확고한 믿음으로 소망을 잃지 않고 서로를 보듬어주며 사랑을 가꾸어나가는 자기관리 능력이 남달랐기 때문입니다.

오늘 말씀을 다시 한 번 읽어보겠습니다.

"여호와는 나의 목자시니 내게 부족함이 없으리로다 그가 나를 푸른 풀 밭에 누이시며 쉴만한 물가로 인도하시는도다 내 영혼을 소생시키시고 자기 이름을 위하여 의의 길로 인도하시는도다 내가 사망의 음침한 골짜기로 다닐지라도 해를 두려워하지 않을 것은 주께서 나와 함께 하심이라 주의 지팡이와 막대기가 나를 안위하시나이다 주께서 내 원수의 목전에서 내게 상을 차려 주시고 기름을 내 머리에 부으셨으니 내 잔이 넘치나이다 내 평생에 선하심과 인자하심이 반드시 나를 따르리니 내가 여호와의 집에 영원히 살리로다."

얼마나 평화롭습니까? 얼마나 따뜻합니까? 얼마나 긍정적입니까? 얼마나 여유롭습니까? 얼마나 확신에 차있습니까? 참으로 건강하고 옹근 자의식이 형성되어 있는 사람의 시라고 하겠습니다.

이런 옹근 자의식은 어떻게 형성되었을까요? 이스라엘 백성은 처음부터 그렇게 옹근 사람들이었나요? 그렇지 않습니다. 오히려 그 반대입니다. 그들은 본래 중근동지방을 떠돌면서 살던 별 볼일 없는 인생들이었습니다. 객관적으로도 그렇고, 그들 자신도 스스로를 그렇게 여기며 살던 사람들이 대부분이었습니다.

모세가 12지파 가운데 정탐꾼을 뽑아 가나안땅을 살펴보게 한 뒤에 소감을 물으니까, 적들은 얼마나 키가 큰지 장대 같고, 성곽도 견고하기 이를 데 없어서 우리가 그곳에 들어가려 하다가는 모두 잡아먹힐 것이다, 우리는 스스로 보기에도 메뚜기 같았지만 그 사람들 보기에도 그랬을 것이

 감자같은 희망

다 라고 대답했습니다. (민 13장)

　그러던 그들이 바뀌었습니다. 하나님의 사랑 가운데 듣고 믿고 야단맞고 고치고 꾸준히 따라가는 가운데 점차로 바뀐 것입니다. "우리는 하나님의 백성이다", "창조주 하나님이 우리의 하나님이요 우리는 그의 백성이다", "이 소중한 진실을 누구에게도 빼앗기지 않으리라." 이런 자존심, 긍지, 프라이드를 갖게 된 것입니다.

　자존감(self-esteem)이 없는 사람은 언행을 함부로 합니다. 그러나 자존감이 높은 사람은 절대로 함부로 행동하지 않습니다. 몸과 마음을 단정히 하고 자기 중심을 지켜냅니다. 값싼 유혹에 넘어가도록 자신을 방치하지 않으며, 어떤 시련이 와도 결국에는 기어이 이겨냅니다.

　하나님께서는 우리의 자존감을 높여주시기 위해 온갖 정성을 쏟아부으시는 분이십니다. 여러분, 아브라함의 본래 이름이 무엇이었습니까? 아브람입니다. 그런데 하나님은 이 아브람을 아브라함으로 바꿔주십니다. 아브람은 '존귀한 아버지' 라는 뜻이고, 아브라함은 '열국의 아버지' 라는 뜻입니다. 이러한 개명은 장차 무수한 후손들로 인해 열국의 아비가 되게 하시겠다는 언약에 대한 담보가 되기에 족합니다. 이것은 하나님께서 아브라함을 그만큼 귀하게 생각하신다는 것을 일깨워준 것이라고 볼 수 있고, 이를 통해서 아브라함은 또 그만큼 자기 자신에 대해서 높은 수준의 자존감을 갖게 되었을 것입니다.

　아브라함뿐입니까? 하나님은 사래의 이름을 사라라고 바꿔주셨고, 야곱의 이름을 이스라엘이라고 바꿔주셨습니다. 모두 마찬가지 의도로 그렇게 하신 것입니다.

너 인생아, 나에게 있어서 네가 얼마나 소중한 존재인 줄 아느냐? 너 어찌 너를 그렇게 가볍게 여기느냐? 너를 귀하게 여겨라. 너를 사랑하는 나를 보고, 그 누더기 같은 부정적 자의식을 버리고 열심히 살아보거라, 너는 나의 희망, 위대한 가능성이다, 그런 뜻입니다.

하나님은 때로 당신의 자녀인 우리가 그릇된 길로 걸어갈 때 야단치시고 징계하시지만, 우리가 마음에 그늘이 져서 낮은 자존감으로 기죽어 비굴하게 사는 것을 못 견뎌 하십니다.

이사야 40장 27절 - 31절에서 하나님은 이렇게 말씀하십니다.

"야곱아 어찌하여 네가 말하며 이스라엘아 네가 이르기를 내 길은 여호와께 숨겨졌으며 내 송사는 내 하나님에게서 벗어난다 하느냐 너는 알지 못하느냐 듣지 못하였느냐 영원하신 하나님 여호와, 땅끝까지 창조하신 이는 피곤하지 않으시며 곤비하지 않으시며 명철이 한이 없으시며 피곤한 자에게는 능력을 주시며 무능한 자에게는 힘을 더하시나니 소년이라도 피곤하며 곤비하며 장정이라도 넘어지며 쓰러지되 오직 여호와를 앙망하는 자는 새 힘을 얻으리니 독수리가 날개치며 올라감 같을 것이요 달음박질하여도 곤비하지 아니하겠고 걸어가도 피곤하지 아니하리로다."

또 이사야 41장 8절 - 10절에서는 이렇게 말씀하십니다.

"나의 종 너 이스라엘아 내가 택한 야곱아 나의 벗 아브라함의 자손아

내가 땅끝에서부터 너를 붙들며 땅 모퉁이에서부터 너를 부르고 네게 이르기를 너는 나의 종이라 내가 너를 택하고 싫어하여 버리지 아니하였다 하였노라 두려워하지 말라 내가 너와 함께 함이라 놀라지 말라 나는 네 하나님이 됨이라 내가 너를 굳세게 하리라 참으로 너를 도와 주리라 참으로 나의 의로운 오른손으로 너를 붙들리라.”

이 말씀을 듣는 이스라엘 백성들의 마음이 얼마나 기뻤겠습니까? 아무리 들어도 기분좋은 말은 사랑한다는 말일 것입니다. 받아도 받아도 싫지 않은 것이 사랑입니다. 사랑은 허다한 죄를 덮습니다. 사랑은 치료하는 힘이 있습니다. 극진하신 하나님의 사랑 덕에 이스라엘은 일어선 것입니다. 다는 아닐지 몰라도, 듣고 믿고 따르는 자들은 일어서서 살고, 살리는 사람이 되었던 것을 역사는 증명하고 있습니다.

예수님 시대에는 소위 죄인들이 너무도 많았습니다. 하나님께서 그토록 사랑하시고 대가를 지불하여 살리시고 키워놓으신 귀한 자식들이 어찌어찌하여 형편없는 몰골로 변해버렸습니다. 정말로 죄를 지어 그렇게 된 사람도 있지만, 멀쩡한 사람들을 죄인이라고 낙인찍고 기죽이고 숨통을 막아놓는 세상을 만들어버렸습니다. 율법의 근본정신인 사랑을 상실한 유대교의 형식주의와 인과응보적 교리 때문입니다. 참으로 통탄할 노릇이지요.

예수께서 이 통탄스런 세상을 보시며 어떻게 하셨습니까?

“건강한 자에게는 의사가 쓸 데 없고 병든 자에게라야 쓸 데 있느니라

나는 의인을 부르러 온 것이 아니요 죄인을 부르러 왔노라"(막 2:17)

친히 죄인의 친구가 되셔서 그들을 품에 안으시고 위로하셨습니다. 저주받은 인생이라고 여기며 비참한 생활을 하던 병자들에게 친히 손을 얹어 고쳐주셨습니다.

"안식일이 사람을 위하여 있는 것이요 사람이 안식일을 위하여 있는 것이 아니니"(막 2:27)라고 말씀하셨고, "인자가 온 것은 잃어버린 자를 찾아 구원하려 함이니라"(눅 19:10)고 말씀하셨습니다.

"너희 중에 죄 없는 자가 먼저 돌로 치라"(요 8:7)고 말씀하셨고, "이 사람이나 그 부모의 죄로 인한 것이 아니라 그에게서 하나님이 하시는 일을 나타내고자 하심이라"(요 9:3)고 말씀하셨습니다.

"할 수 있거든이 무슨 말이냐 믿는 자에게는 능히 하지 못할 일이 없느니라"(막 9:23)고 말씀하셨고, "내가 진실로 진실로 너희에게 이르노니 나를 믿는 자는 내가 하는 일을 그도 할 것이요 또한 그보다 큰 일도 하리니 이는 내가 아버지께로 감이라"(요 14:12) 고 말씀하셨습니다.

이 모든 게 무엇을 말합니까? 하나님의 자녀로서 자존감을 가지라는 말입니다. "누가 감히 건방지게 내 자식한테 죄인의 낙인을 찍고 제 멋대로 내 이름을 팔아 군림하고 심판하고 등쳐먹느냐"하고 꾸짖으시며 그 족쇄로부터 당신 자녀들을 풀어주기 위함입니다. 그리고 "어째서 그렇게 누더기 같은 자의식을 가지고, 그것이 진짜 너인줄 알고 살아가느냐? 너희는 모두 하나님의 자녀다, 너희는 내 안에서 뭐든지 해낼 수 있다"라고 말씀하심으로 침침한 부정적 자의식을 벗기고 빛나는 자존감의 새 옷을 입혀

주기 위함이었던 것입니다.

로마서 8장에서 사도 바울이 희망을 말하고 있는 것도 같은 이유입니다. 사실 바울이 살던 당시 시대상황이 얼마나 암울하였습니까? 로마서 1장-3장을 보면 그 시대가 문화적으로나 영적으로나 얼마나 캄캄한 시대였던가를 알 수 있습니다. 총체적 타락의 상황입니다. "선을 행하는 자는 없나니 하나도 없는"(롬 3:12) 시대였습니다. "모든 사람이 죄를 범하였으매 하나님의 영광에 이르지 못하더니"(롬 3:23) 하며 탄식할 수밖에 없는 시대였고, 유대인이나 헬라인이나, 율법있는 자나 율법 없는 자나 한 가지로 부패하여 하나님의 심판 아래 있는 세상이었습니다. (롬 2:12)

다른 사람을 보면서만 절망했던 것이 아닙니다. 바울은 자기 자신을 보면서도 절망하였습니다. 마음으로는 선을 행하려고 하면서도 그것을 실천할 힘이 없는 것을 알았기 때문입니다. 마음 속으로는 하나님의 율법을 반기지만, 몸 속에는 이성의 법과 대결하여 싸우고 있는 다른 법이 있어서, 언제나 자신을 사로잡아 죄의 법의 종이 되게 하더라고 한탄합니다.

그러면서 그는 "오호라 나는 곤고한 사람이로다 이 사망의 몸에서 누가 나를 건져내랴"(롬 7:24)고 탄식합니다. 그러나 그럼에도 불구하고 바울은 희망을 말합니다. 한편으로 절망하지만, 다른 한편으로는 그 절망의 근거를 없애버리는 희망, 곧 예수 그리스도의 십자가 은총과 그것을 믿게 하시고 그것이 믿는 자에게 구원의 능력이 되도록 지속적으로 역사하시는 성령의 도우심을 체험하였기 때문입니다. "그러므로 이제 그리스도 예수 안에 있는 자에게는 결코 정죄함이 없나니 이는 그리스도 예수 안에 있는

생명의 성령의 법이 죄와 사망의 법에서 너를 해방하였음이라.” (롬 8:1-2)

예수 그리스도의 십자가는 우리가 아직 죄인되었을 때에 아무런 조건 없이 우리를 먼저 사랑하셔서 당신을 내어주신 하나님의 아들 예수의 대속적 은총입니다. 당신 자녀인 우리를 사랑하시는 것 말고는 다른 아무 것도 하실 수 없는 하나님께서 일방적으로 우리의 죄를 탕감하시고 화해를 선언하시는 특별한 사랑입니다.

성령은 그 사실을 깨닫게 하시고, 우리 안에서 이와 같은 하나님의 조건 없는 사랑이 실제적으로 우리를 살리는 생명의 능력이 되도록 내주하셔서 감동 감화하시고 지속적으로 가르치시는 분이십니다. 그리스도 안에서 우리가 아무런 조건 없이 하나님의 자녀라는 것, 자녀이니 당연히 하나님의 상속자로서 하나님의 아들이신 그리스도 예수와 함께 상속을 받을 존귀한 신분이라는 것을 일깨워주시는 분이십니다. (롬 8:16-17)

물론 우리가 살고 있는 세상은 현실적으로는 아직 실낙원의 세상입니다. 종말 이전의 불안전하고 깨어진 세상이기 때문에 여전히 고통 가운데 있습니다. 그러나 그럼에도 불구하고, 근본적으로 우리는 하나님과 화목되었습니다. (롬 5:8-11) 그의 자녀가 되었습니다. (롬 8:15-16) 변할래야 변할 수 없고 끊어질래야 끊어질 수 없는 하나님의 사랑 가운데 살고 있습니다. (롬 8:35-39)

이러한 사실들을 지속적으로 인식시켜주면서 우리를 성화해가고 계시고, 그래서 지금 여기서 천국의 맛을 보면서 살게 하시는 분이 바로 성령이십니다.

이러한 성령의 도우심을 날마다 체험하면서 사는 사람이 어떻게 절망할 수가 있겠습니까? 바울은 "생각하건대 현재의 고난은 장차 우리에게 나타날 영광과 비교할 수 없도다 … 우리가 알거니와 하나님을 사랑하는 자 곧 그의 뜻대로 부르심을 입은 자들에게는 모든 것이 합력하여 선을 이루느니라"(롬 8:18-28)고 말합니다. 참으로 옹근자의식의 소유자만이 할 수 있는 말입니다.

그는 그 어려운 시대 상황 속에서도 계속 희망을 말합니다. 로마서 8장 18절-28절에서 바울은 무려 세 차례나 소망이라는 단어를 사용해서 말합니다. "바라다"라는 말도 소망한다는 말과 같은 것으로 보면 소망이라는 단어를 무려 여섯 차례나 사용하고 있습니다. 놀랍지 않습니까? 하나님의 사랑이 한 인간을 어떻게 변화시키는가를 여실히 알 수 있게 하는 말씀입니다.

사랑하는 성도 여러분, 우리에게도 그러한 희망이 있는 줄 믿습니다. 우리는 하나님의 자녀이기 때문입니다. 누가 뭐라 해도 하나님의 자녀입니다. 그리스도의 은총에 힘입어 전능하신 하나님의 양자요 상속자가 된 여러분입니다. 스스로 높은 자존감을 가지시기를 바랍니다. 하나님이 우리의 아버지요 우리는 그의 자녀임을 담대하게 선포하고 높은 자존심을 가지고 기품있게 살아가시기 바랍니다.

하나님은 이미 여러분에게 온갖 좋은 것을 주셨습니다. 누리십시오. 주실 것을 믿는 믿음이 아닌 이미 주신 것을 찾는 믿음을 가지십시오. 이기게 해주실 것을 믿는 믿음이 아닌 이미 이긴 것을 믿는 사람이 되십시오.

밟으면 주실 것을 믿는 믿음이 아닌 이미 주신 땅을 밟고 나아가는 믿음의 사람이 되십시오. 여러분은 틀림없이 잘 될 것입니다. 아니, 여러분은 이미 잘 되셨습니다. 여러분은 틀림없이 성공하실 것입니다. 아니, 여러분은 이미 성공하셨습니다. 예수 믿어 성령받고, 영생얻은 하나님의 자녀로서 성령께서 마음 속에 내주하셔서 가르치시고 인도하시는 사람이 되었다면 이미 승리하였고, 결국 승리자입니다.

일본 마쓰시타 전기의 창업자, 마쓰시타 고노스케는 신입사원 면접 때에 반드시 이런 질문을 했다고 합니다. "당신의 인생은 지금까지 운이 좋았다고 생각합니까?" 그는 이에 대한 답변을 들은 후, 그들 중 "아니요, 운이 좋았다고 생각하지 않습니다"라고 말한 사람은 채용하지 않고, "네, 운이 좋았습니다"라고 말한 사람은 전부 채용했다고 합니다. 마쓰시타 고노스케는 '우수' 한 것보다 '운' 을 더 중요시했던 것입니다.

그 이유는 무엇이었을까요? 그 해답은 "나는 운이 좋습니다"라고 자기 입으로 말할 수 있는 사람의 심층의식에 있습니다. 이렇게 말하는 사람은 지금은 우수하게 보이지 않을지라도, 반드시 좋은 인재로 성장할 수 있는 가능성을 가지고 있음을 보았던 것입니다.

실제로 "예, 운이 좋습니다"라고 바로 그 자리에서 대답해서 채용된 사람들이 과장이 될 무렵에는 그들의 뛰어난 능력에 힘입어 마쓰시타의 황금기에 돌입했다고 합니다. 긍정적인 사고방식, 높은 자존감이 얼마나 중요한가를 말해주는 사례라고 하겠습니다. (차동엽,《무지개원리》, 44-45면)

여러분 가운데 혹시 시험에 떨어진 사람이 있습니까? 그런 분들은 "나는 운이 나빠서 떨어졌다"가 아니라 "나는 운이 좋아서 떨어졌다. 나에게 앞으로 더 좋은 기회가 주어질꺼야"라고 말하십시오. 혹시 주택복권을 사는데 도무지 당첨되지 않는 사람이 있습니까? 그런 분들은 "나는 운이 나빠. 도대체 되는 일이 없어"가 아니라 "역시 나는 운이 좋아. 이렇게 헛된 방식으로 사는 것은 허락되지 않아"라고 말하십시오.

사랑하는 교우 여러분! 누가 뭐라 해도 여러분은 하나님의 자녀입니다. 하나님이 여러분을 사랑하십니다. 그리스도 안에서 하나님께서는 여러분을 위해 놀라운 계획을 갖고 계시고, 그 귀한 축복을 이미 허락해주셨습니다. 여러분을 돕는 보이지 않는 손길이 언제나 여러분과 함께 하신다는 것을 믿으시기 바랍니다

지금까지의 고통스러운 기억과 실패의 경험 때문에 낙심하고 있는 자 있습니까? 다시 시작하십시오. 지금은 다시 한 발 한 발 나아갈 때입니다. 지난 날의 실수와 상처에 묶여 있을 이유가 없습니다. 앞을 보십시오. 나아가야 할 방향을 보십시오. 힘들지만 다시 일어나십시오. 틀림없이 잘 될 것입니다.

여러분 모두 존귀하신 하나님의 자녀, 성령께서 거하시는 존귀한 희망의 사람임을 믿고 나감으로 희망찬 미래의 주인공, 승리의 주인공이 되시기를 주님의 이름으로 축원합니다.

깨어 있으라

"… 너희는 다 빛의 아들이요 낮의 아들이라 우리가 밤이
나 어둠에 속하지 아니하나니 그러므로 우리는 다른 이들
과 같이 자지 말고 오직 깨어 정신을 차릴지라 …"
(살전 5:1–11)

세월이 참 빠릅니다. 일주일의 시작인가 하면 어느새 주
말입니다. 일주일뿐만이 아니라 1년도 그렇습니
다. 그리고 우리 인생 전체도 마찬가지입니다. 길다면 한없이 길어서 언제
세월이 가나 하고 세월아 네월아 하기도 하지만, 빠르다면 한없이 빠른 게
세월입니다. 그러므로 시간에 대해 우리가 좀 아깝다는 생각을 하면서 살
아야겠습니다. 언젠가는 결산의 날이 옵니다. 하나님의 심판대 앞에 서서,
그래 그동안 너는 뭐하다 왔느냐 하고 물으시는 주님 앞에서 우리가 해온
일을 보고할 날이 올 것입니다. 그 날이 오기 전에 부지런히 살아야겠습니
다. 아직 우리에게 살아갈 날이 허락되어 있다는 것, 아직 우리에게 일할

수 있는 시간과 건강이 허락되었다는 것이 얼마나 감사한지 인식하면서
살아야겠습니다.

지지난주 허리가 아플 때 절실히 깨달았습니다. 아, 만약 내가 이 상태
에서 일어나지 못하고 아주 드러눕는 사태가 발생하면 어쩌나, 아직 할 일
이 태산인데, 뭐 하나 제대로 이루어놓은 것이 없는데, 자식도 다 못 키웠
고, 교회도 아직 너무 연약하고, 명색이 목사가 되어 가지고 얼마나 받은
은혜에 걸맞게 일했나? 구체적으로 몇 사람이나 전도했는가? "당신 때문
에 내가 예수를 알게 되었습니다", "당신 때문에 내가 구원을 얻었습니
다", "당신 때문에 나와 내 가정이 행복해졌습니다", 이렇게 나서서 주님
앞에 나를 변호하고 칭찬해줄 사람이 얼마나 될까… 생각해 보았습니다.

그런데 아직 못 한 일이 너무나 많았습니다. 아니 지금까지 제대로 해본
적이 없는 것 같았습니다. 이제야 좀 알 것 같은데, 이제 좀 열심해 해보려
하는데, 여기서 내 인생이 끝난다면… 참으로 안타까운 일이겠지요. 그러
므로 우리는 건강할 때 기회있을 때 할 수 있을 때 그리고 지금 잘 해야 합
니다.

여러분, 정말이지 뭐든지 다 때가 있습니다. 씨뿌릴 때가 있고, 김맬 때
가 있고, 결과를 기대하며 조용히 기다려야 할 때가 있고, 익은 열매를 거
둘 때가 있습니다. 마음대로 할 수 없습니다. 그때그때 할 일을 하지 않고
서는 절대로 좋은 결과를 얻을 수 없습니다. 불변의 진리입니다. 이 법칙
대로 그때그때 할 일을 하는 사람은 언제 어떤 일이 닥치더라도 크게 두려

위할 일이 없습니다.

평소에 공부해보세요. 언제 어떻게 시험을 쳐도 걱정할 게 없어요. 기본 점수는 나올 거라구요. 그러나 평소에 공부를 안 하면 어떻게 됩니까? 불시에 시험을 보면 망하는 거지요. 그런 사람은 시험날짜를 예고하고 봐도 마찬가지입니다. 벼락치기도 한두 번이지, 계속 누적돼보세요. 결과는 뻔합니다. 시험날짜가 많이 남은 것 같지만 어느 순간부터는 왜 이리 시간이 빠른지, 불안하고 초조해집니다. 그제서야 뭘 어떻게 좀 해보려고 하지만, 허둥대기만 할 뿐입니다. 평소의 준비와 성실함이 없으면 속수무책으로 당하게 됩니다.

오늘 성경본문에 아주 귀중한 말씀이 있습니다. 주님의 날이 밤중의 도둑처럼 올 것이지만, 그러나 모두에게나 똑같이 도둑처럼 오지는 않으리라고, 여러분은 암흑 속에서 살고 있지 않기 때문에 여러분에게는 그 날이 도둑처럼 덮치지는 않을 것이라고 말씀하고 있습니다. 빛의 자녀로서 정신을 똑바로 차리고 깨어 있는 사람에게는 평소와 다름없이 차분하게 준비된 상태에서 믿음과 사랑과 소망 중에 주님의 날을 맞이하게 될 것이라는 말씀입니다.

사실, 그래야 맞습니다. 주님의 날이 도둑처럼 온다는 말은 주님이 도둑 같다는 말로 들릴 수도 있습니다. 주인 몰래 예기치 않은 시각에 침투해서 돈이나 물건을 훔쳐가는 게 도둑 아닙니까? 어떻게 주님을 도둑에 비유할 수 있습니까? 도둑은 주님의 이미지에 맞지 않습니다. 예수님은 말씀하시기를 "나는 착한 목자"라고 하셨습니다. 도둑이나 강도와는 다르다고 하였습니다. 도둑이나 강도는 문으로 들어오지 않고 담을 넘어 들어오지만, 선한 목자는 당당하게 문으로 들어온다고 하였습니다. (요 10:1-2)

주님이 누가 무서워서 몰래 숨어서 오시겠습니까? 주님한테 무슨 악의가 있어서 아무도 모르게 침투하여 졸지에 덮친다는 말입니까? 주님은 적어도 신실하게 당신을 의지하고 살아가는 사람에게는 미리 당신의 계획을 알리십니다.

창세기에 보면 소돔과 고모라에 대한 심판 기사가 기록되어 있습니다. 허랑방탕하던 소돔과 고모라 사람들에게는 참으로 엄혹한 심판이었습니다. 설마 심판의 날이 올까 싶었겠지만, 심판의 날은 정말로 왔습니다. 그것도 그들이 볼 때는 어느 날 갑자기 왔습니다. 그렇게 느꼈을 것입니다.

그러나 정말로 그렇게 갑자기 심판하신건가요? 하나님께서는 심판하시기 전에 아브라함에게 당신의 계획을 알려주셨음을 성경은 말해줍니다. (창 18:17) 소돔과 고모라에서 들려오는 아우성 소리가 하늘에 얼마나 가증했는지 분명히 말해줍니다. (창 18:20)

아브라함은 하나님의 심판의지를 철회시키기 위해 간곡히 매달립니다. 의인 50명이 있다면, 의인 45명이 있다면, 의인 40명이 있다면, 의인 30명이 있다면, 20명이 있다면… 마지막으로 한 번만 더 말씀드리겠습니다. 만일 10명이 있다면 그래도 멸하시겠습니까? 라고 간절히 기도했습니다. 하나님께서는 계속해서 양보하십니다. 계속 양보하시다가 의인 10명만 있어도 내가 멸하지 않겠다고 하십니다.

하나님이 어떤 분인지가 분명히 나타나 있지 않습니까? 갑자기 들이닥쳐 심판하는 충동적인 하나님이 결코 아니십니다. 참으시되 길이 참으시고, 사랑하시되 끝까지 사랑하시는 분이십니다. 이제 더 이상 묵과할 수 없어서 심판하시는 마지막 순간에도 하나님께서는 아브라함을 통하여 롯의 가족을 구원할 시간을 주십니다.

그런데 그 화급한 순간에 롯과 그의 아내와 딸들과 사위들은 얼마나 꾸물거립니까? 분명한 선택을 하지 못하고 아직도 세상의 재물과 쾌락을 끊지 못하여 미적거리고 뒤를 돌아다봅니다. 끝내 그런 사람들은 멸망하는 소돔과 고모라와 함께 멸망당하고, 겨우 롯과 두 딸만이 빠져나옵니다.

하나님은 마지막까지 당신의 종을 통하여 경고하시고, 살 길을 열어 주십니다. 하나님은 그런 하나님이십니다.

어디 소돔과 고모라뿐이겠습니까? 노아의 홍수때도 그러하셨으며, 이스라엘 역사의 모든 위기 때에도 그러하셨습니다. 여러 차례, 수없이 여러 번 경고하십니다. 자연현상을 통하여 경고하시고, 재앙을 통하여 경고하시고, 전쟁을 통하여 경고하십니다. 무엇보다도 당신의 택하신 종을 통하여 친히 말씀하십니다. 정신차려라! 그만 내게로 돌아오라! 이제라도 돌아오면 살리라! 고 말입니다. 그런데 사람들은 하나님의 음성에 귀 기울이지 않았습니다.

운전할 때 보십시오. 미리미리 경고표시가 있습니다. "속도를 줄이십시오.", "시속 80km 구간입니다.", "시속 100km 구간입니다.", "사고다발지

역입니다." 사고를 방지하기 위해 이런 안내와 경고를 하고 있습니다.

하물며 세상의 고속도로 표지판도 그러한데, 하나님께서 함부로 당신 백성들을 심판하시겠습니까? 하나님은 심판 이전에 충분히 기회를 주십니다.

주 예수를 기억하십시오. 예수님께서 뭐라고 말씀하셨습니까? "나는 의인을 부르러 온 것이 아니요 죄인을 부르러 왔노라"(막 2:17)고 말씀하셨습니다. 죄인을 부르러 오신 그분이 우리가 지난 날 죄를 지었다고 해서 그것을 이유로 불문곡직 우리를 심판하실 리는 없습니다.

십자가 위에서 또 뭐라고 하셨습니까? "아버지 저들을 사하여 주옵소서 자기들이 하는 것을 알지 못함이니이다"(눅 23:34)라고 말씀하셨습니다. 예수님은 무지한 인생을 용서해달라고 간구하시며 대신 피흘려 죽으셨습니다. 그런 분이 우리의 무지를 이유로 도둑처럼 들이닥쳐 가차없는 심판을 내리실 리가 없습니다.

데살로니가전서 5장 9절 - 10절에 "하나님이 우리를 세우심은 노하심에 이르게 하심이 아니요 오직 우리 주 예수 그리스도로 말미암아 구원을 받게 하심이라 예수께서 우리를 위하여 죽으사 우리로 하여금 깨어 있든지 자든지 자기와 함께 살게 하려 하셨느니라"고 말씀하셨습니다.

하나님은 우리에게 진노를 내리려는 것이 아니라 우리 주 예수 그리스도를 통해서 구원을 받게 하려는 것입니다. 그리고 예수님께서는 우리가 살아 있든지 죽어 있든지 당신과 함께 살 수 있게 하시려고 우리를 위해서 죽으셨습니다.

이 얼마나 크신 은혜요 사랑인가요? 그러므로 지금은 여전히 은혜의 때요 구원의 시간입니다. 아직도 시간이 있습니다. 구원받을 수 없을 만큼 늦은 시간이란 원칙적으로는 있을 수 없습니다.

그러나 문제는 하나님의 자비는 이렇게 무한하지만, 그렇다고 해서 시간이라고 하는 범주를 초월하지는 않는다는 사실입니다. 우리 인생은 유한합니다. 그리고 우리 인생에는 인과응보의 법칙이 또한 엄격히 적용됩니다. 뿌린 대로 거두는 것입니다. 자비하신 하나님께서 주시는 경고를 계속 무시하고 죄악된 삶을 고집할 때는 하나님께서 창조 때부터 정하신 법칙대로 결국에는 멸망에 이를 수밖에 없습니다.

그런 의미에서 하나님의 자비는 결코 무한하지 않습니다. 유한합니다. 구원받을 수 있는 시간도 유한합니다. 오늘 하나님의 경고를 받아들이지 않고 구원의 복음을 듣지 않는다면 다시는 기회가 오지 않을지도 모릅니다. 어쩌면 시간이 가면 갈수록 더더욱 죄악의 짐은 무거워져 돌아서기 어려울 수도 있습니다.

그러므로 오늘 깨어 있는 것이 중요합니다. 우리에게 허락된 지금 여기에서의 삶에 정성을 기울이며 착실하게 주님 만나 뵐 준비를 해야 합니다. 그것이 빛의 자녀요 낮의 자녀인 우리에게 어울리는 것입니다. 하루하루 성심껏 준비하는 사람에게 주님의 날은 결코 두려운 날이 아닙니다. 그러나 하나님의 경고에 귀 기울이지 않고 어둠을 고집한다면 그날은 정말로 도둑처럼 갑자기 올 것이며 결코 피하지 못할 것입니다.

그날이 심판의 날이 될지 기쁜 구원의 날이 될지는 바로 지금 여기에서의 깨어 있음에 달렸습니다. 이 소중한 시간을 정녕 소중하게 살아감으로 주님 오실 그날을 준비하고 기쁨으로 주님을 맞이하는 복된 성도들이 되시기를 주님의 이름으로 축원합니다.

꽃으로도 때리지 말라

"… 다윗이 미갈에게 이르되 이는 여호와 앞에서 한 것이 니라 그가 네 아버지와 그의 온 집을 버리시고 나를 택하 사 나를 여호와의 백성 이스라엘의 주권자로 삼으셨으니 내가 여호와 앞에서 뛰놀리라 …" (삼하 6:12-23)

김춘수의 "꽃"이라는 시에서 묘사하듯이, 모든 꽃, 모든 존재는 다 아름답고 귀합니다. 그러나 아무리 아름답고 귀해도 그것을 아름답고 귀하게 여기는 사람이 없다면 아무 소용이 없습니다. 꽃의 가치를 모르고 함부로 대하면 꽃도 사람도 흉해집니다. 한번 사랑을 가지고 다가가서 바라보고 냄새를 맡아보십시오. 그 빛깔과 향기에 알맞은 이름으로 불러보십시오. 그때 그 꽃은 더욱더 아름답고 귀한 꽃으로 살아나 시가 되고 의미가 되고 잊혀지지 않는 하나의 눈짓이 되는 것입니다.

닭을 키우면서도 느낀 것입니다만, 사랑받지 못하고 자라는 닭과 사랑

받으며 자라는 닭은 많은 차이가 있습니다. 꽃이든 닭이든 사람이든 다 마찬가지입니다. 귀하게 대접하면 귀해집니다. 귀하게 대접하니까 그것이 시가 되고 의미가 되는 것입니다.

그래서 로마서 8장에서 바울은 모든 피조물도 하나님의 아들들이 나타나기를 고대하고 있다고 한 것입니다. 자신들을 고유의 존재가치에 걸맞게 대접해주는 하나님의 자녀들이 나타나는 날, 그 피조물들도 그동안 썩어짐의 종노릇하는 데서 해방되어 하나님의 자녀들이 누리는 영광스런 자유에 참여하게 되리라는 것입니다.

사실, 이 세상에 존재하는 모든 것이 하나같이 다 귀한 것입니다. 모두가 다 하나님의 말씀으로 말미암은 것이요, 그 고유한 목적과 가치를 지니고 존재하는 것입니다. 그러므로 만물을 그 목적과 가치에 상응하게 귀하게 대접하는 것이 하나님을 기쁘시게 하는 하나님의 자녀다운 처신입니다.

이사야 42장 1절 - 4절에서 "내가 붙드는 나의 종, 내 마음에 기뻐하는 자 곧 내가 택한 사람을 보라 내가 나의 영을 그에게 주었는즉 그가 이방에 정의를 베풀리라 그는 외치지 아니하며 목소리를 높이지 아니하며 그 소리를 거리에 들리게 하지 아니하며 상한 갈대를 꺾지 아니하며 꺼져가는 등불을 끄지 아니하고 진리로 정의를 시행할 것이며 그는 쇠하지 아니하며 낙담하지 아니하고 세상에 정의를 세우기에 이르리니…"라고 말씀하셨습니다. 그만큼 모든 존재를 귀하게 여긴다는 말씀입니다.

그 가르침을 요약하고 있는 말씀이 황금률로 일컬어지는 마태복음 7장

12절 말씀입니다. "그러므로 무엇이든지 남에게 대접을 받고자 하는 대로 너희도 남을 대접하라 이것이 율법이요 선지자니라."

부디 모든 사람, 모든 생명, 모든 존재를 귀하게 대접하시기 바랍니다. 아까 꽃의 아름다움을 얘기했습니다만, 그 꽃으로도 때리지 마시기 바랍니다. 이 말은 탤런드 김혜자씨가 쓴 책 제목인데, 월드비전 대사로 아프리카의 어린이들을 보면서 느낀 아픔을 그렇게 표현했습니다.

여러분, 그 한 생명 한 생명이 얼마나 귀한 존재들입니까? 하나님 우리 아버지께서 당신의 형상으로 창조하신 우리와 똑같은 자식들입니다. 가슴으로 낳은 자식들입니다. 이 귀한 자식들을 누가 함부로 대하는 겁니까? 누가 함부로 매질을 하고, 함부로 총질을 하고, 함부로 버리고, 함부로 무시하는 것입니까? 꽃으로도 때리지 말라! 네 목숨 귀하고 네 자존심 귀하고 네 명예가 중요하듯이 그 사람의 목숨도 귀하고 그 사람의 자존심도 귀하고 그 사람의 명예도 소중하니 말 한 마디라도 함부로 하지 말라, 하나님 대하듯 공손하게 하여라, 그런 말입니다.

본문에서 다윗이 하나님의 궤를 대하는 자세를 보십시오. 제사장들로 하여금 궤를 메도록 하고, 여섯 걸음을 옮겼을 때 소를 잡아 제사를 드렸습니다. 성으로 궤가 들어올 때 찬양을 하고 춤을 추었습니다. 자신이 할 수 있는 최선의 정성을 드려서 법궤를 모시고 있습니다. 이것은 바꿔서 말하면 다윗왕이 그만큼 하나님으로부터 큰 사랑을 받았다는 것을 뜻합니다. 하나님께서 다윗왕을 그동안 얼마나 귀하게 대접해주었길래 다윗이 그렇게 지극정성으로 하나님의 법궤를 모셨을까요?

　다윗은 집안에서 막내였습니다. 형들의 심부름꾼 노릇을 하였고, 아버지로부터도 이렇다 할 특별한 대접을 받았다는 얘기는 없습니다. 어려서부터 고생을 많이 했습니다.

　그러나 하나님께서는 그런 다윗을 사람들이 대하는 것과는 다르게 환대해주셨습니다. 사무엘을 통하여 어린 다윗을 불러 머리에 기름부으시고 당신의 종으로 택해주셨습니다. 키가 큰 것도 아니요 얼굴이 잘 생긴 것도 아닌데, 무엇을 보고 다윗을 그렇게 사랑해주셨을까요? 다윗의 중심 하나를 보고 그를 그렇게 사랑해 주신 것입니다.

　왜 다윗이라고 흠이 없었겠습니까? 인간적으로 뭐 하나 세상에 내세울 것 없는 가난한 집안의 말째에 불과한 다윗이었지만 하나님을 향하는 마음의 중심을 보시고 택하시고 기름부어 주신 것입니다.

　"아 하나님의 은혜로 이 쓸 데 없는 자 왜 구속하여 주는지 난 알 수 없도다"는 찬송처럼 잘난 것 없지만 내세울 것 없지만 하나님의 은혜로 구원해 주시고 사랑해 주시는 것입니다.

　그가 궁중의 악사로 채용되어 사울 곁에 있을 때나 전쟁터에 나가 싸울 때나 다윗은 끝없는 시련의 연속이었습니다. 정신질환을 앓고 있는 사울의 시중을 드느라고 얼마나 고생을 해야 했습니까? 그의 인기를 시기하는 사울의 모략을 피해 살아남기 위해서 얼마나 오랜 세월 동안 고초를 거쳐야 했습니까?

　그 모든 시련 속에서 하나님은 다윗을 지켜주셨습니다. 이런 하나님에 대해 자신이 할 수 있는 최선의 정성으로 하나님의 말씀이 담긴 법궤를 모시려는 다윗의 자세는 그 자체가 하나님의 영광을 보여주는 숭고한 헌신이 아닐 수 없습니다.

그런데 참으로 안타까운 것은 왕비 미갈이었습니다. 부부는 일심동체라고 하였는데, 미갈은 그렇지 못했습니다. 다윗의 그 마음을 알고 함께 감사드리고 함께 헌신에 참여하였으면 얼마나 좋았겠습니까? 그러나 하나님의 법궤를 모셔오면서 여호와 앞에서 춤을 춘 다윗의 모습을 창으로 내다 보던 미갈은 남편 다윗을 업신여겼습니다. 그리고 다윗이 번제와 화목제를 드린 후 집으로 돌아오자 "이스라엘 왕이 오늘 어떻게 영화로우신지 방탕한 자가 염치 없이 자기의 몸을 드러내는 것처럼 오늘 그의 신복의 계집종의 눈앞에서 몸을 드러내셨도다" 하며 힐책하였습니다.

다윗은 왕비 미갈의 말에 심하게 상처를 받았습니다. 미갈의 한 마디는 다윗의 마음속에 있던 상처를 들쑤시고 분노를 일으키고 말았습니다. 아니, 어떻게 미갈이 자신에게 그렇게 말할 수 있다는 말입니까? 자기 남편이 그동안 얼마나 고생을 했습니까? 그 험한 세월 동안 어떻게 남편이 그 모든 시련을 이겨냈습니까? 오직 하나님의 은혜였습니다. 외로울 때 친구가 되어주시고, 환난 날에 방패와 산성이 되어 주시며, 고통중에 부르짖는 기도에 응답하여 주신 하나님이셨습니다. 이 하나님의 사무치는 은혜에 대한 감격으로 노래하고 춤추는 남편을 이해하지 못하고 조롱한 미갈, 참으로 사랑이 뭔지를 모르는 사람이었습니다. 미갈은 상대방의 아픔을 헤아리지 않는 무례한 언행으로 말미암아 남편의 마음에 지울 수 없는 상처를 주고 말았습니다.

다윗은 그런 미갈에게 "이는 여호와 앞에서 한 것이니라 그가 네 아버지와 그의 온 집을 버리시고 나를 택하사 나를 여호와의 백성 이스라엘의 주권자로 삼으셨으니 내가 여호와 앞에서 뛰놀리라 내가 이보다 더 낮아져서 스스로 천하게 보일지라도 네가 말한 바 계집종에게는 내가 높임을 받으리라"고 대답했습니다.

그러므로 미갈이 죽는 날까지 자식이 없었습니다. 이는 다윗이 다시는 미갈의 침소를 찾지 않았다는 말입니다. 별것 아닌 말 한 마디가 사람을 살릴 수도 있고, 죽일 수도 있습니다. 그 만큼 인간은 소중하게 대해야 하는 귀한 존재인 것입니다.

예수님께서 예루살렘에 입성하실 때 뒤따르며 환호한 군중들의 심정도 그러했을 것입니다. 무엇이 저들을 그렇게 만들었을까요? 누가 시켜서 나온 사람들이 아닙니다. 제발로 나와서 누가 먼저랄 것도 없이 따르고 노래하고 박수치고 환호한 사람들입니다. 죄인들이라고 손가락질받으며 살던 사람들, 온갖 가난과 질병으로 그늘져 있었던 사람들이 자신들에게 다가와 평생 잊지 못할 사랑으로 품어주시고 병을 고쳐주시고 살아갈 희망을 주신 예수님의 그 크신 은혜가 감사하여 거리로 쏟아져나온 것입니다.

그중에는 중풍병에 들렸다가 나은 사람도 있었을지 모릅니다. 그중에는 날 때부터 소경되었다가 눈을 뜨게 된 사람도 있었을 것입니다. 그중에는 죽었다가 살아난 나사로의 가족과 그 동네 사람들도 있었을지 모릅니다. 그중에는 일곱 귀신 들렸다가 놓임을 받게 된 막달라 마리아도 있었을지 모릅니다. 그 모든 한맺힌 사람들이 이제 그 한에서 풀려난 자유와 기쁨을 이기지 못하여 마음이 통하고 소문에 소문을 듣고 거리로 쏟아져 나왔습니다.

어떤 사람은 옷을 깔고, 어떤 사람은 나뭇가지를 꺾어오고, 어떤 사람은 종려나무 가지를 흔들면서 "호산나 다윗의 자손이여 찬송하리로다 주의 이름으로 오시는 이여 가장 높은 곳에서 호산나"(마 21:9)하고 환호했습니다.

생각해보면 감격적인 장면입니다. 사람들의 환대를 받는 예수님의 심정이 어떠셨을까요? 제자들을 시켜 새끼 나귀를 준비하도록 했을 때 어느 익명의 사람이 지체없이 말씀대로 순종한 것에 대하여, 제자들이 정성을 다해 예수님을 모시려고 노력하는 것에 대하여, 군중들이 목이 터져라고 외치면서 거리로 쏟아져 나와 환호하는 것에 대하여 예수님은 어떤 느낌이셨을까요? 결코 싫지 않으셨을 겁니다. 비록 예수님이 붙잡혀 십자가 처형을 당하실 때 모두 도망칠 사람들이지만, 그래도 예수님은 기쁘셨을 것입니다.

왜냐하면 그들의 환호성은 예수님의 크신 은혜를 입은 사람들이 진심으로 바치는 중심으로부터의 찬송이요 환대였기 때문입니다.

성경을 보면 예수님도 때로는 대접받기를 원하시지 않았을까 싶어지는

 감자같은 희망

대목이 있습니다. 대접할 줄은 모르고 대접만 받으려고 하는 사람들과는 차원이 다른 것이지만, 예수님께서도 당신이 지극히 사랑하는 사람들이 그 사랑을 알고 마음을 다해 예수님을 대접할 때는 크게 기뻐하셨습니다.

한번은 제자들에게 물으셨습니다. "사람들이 나를 누구라고 하느냐?" 이에 제자들이 이렇게도 말하고 저렇게도 말한다고 하자 다시 물으셨습니다. "그러면 너희는 나를 누구라고 생각하느냐?" 그때 베드로가 대답했습니다. "주는 그리스도시요 살아 계신 하나님의 아들입니다."

이 대답을 듣고 예수님께서 "바요나 시몬아 네가 복이 있도다 이를 네게 알게 한 이는 혈육이 아니요 하늘에 계신 내 아버지시니라 또 내가 네게 이르노니 너는 베드로라 내가 이 반석 위에 내 교회를 세우리니 음부의 권세가 이기지 못하리라"(마 16:17-18)고 칭찬하셨습니다.

또 만찬을 나누실 때 막달라 마리아가 예수님의 머리에 향유를 부었습니다. 자신의 생명을 구원해 주신 예수님의 은혜에 대한 감사의 마음으로 일생 모은 향유 옥합을 깨뜨려 예수님의 머리에 부었습니다. 이 모습을 보고 제자 가운데 한 사람이 이 비싼 걸 왜 낭비하느냐고 비난하였으나 예수님께서는 어떻게 하셨습니까? 그저 고맙게 받으셨습니다.

소중한 것을 소중하게 여겨 고마운 심정을 느끼고 그것을 표현하는 것이 얼마나 아름다운 일입니까? 아름다운 인생의 향기지요.

요즘 참으로 끔찍한 사건들이 연속으로 일어나 우리를 충격에 휩싸이게 만들고 있습니다. 어떻게 사람이 사람을 죽이는 일이 이렇게도 자주 쉽게 곳곳에서 일어나는 것입니까? 참으로 흉악무도한 사람들이지만, 그러나 여러분, 그러한 사건들의 뿌리가 어디에 있는가를 깊이 한번 생각해보십시오. 알고 보면 그 흉악무도한 범죄자들도 우리들 모두가 관련되어 있는 우리 사회의 폭력적인 문화와 구조의 희생자들입니다.

프로스포츠의 세계는 그야말로 살벌한 폭력의 경연장이라고 해도 과언이 아닙니다. 좀 심하게 말하면 그들은 대중의 폭력적 욕구를 대리만족시켜주는 도구이지 인간이 아닙니다. 로마시대의 검투사들과 다를 바 없습니다. 대중은 그들이 자신들의 욕구를 만족시켜주면 환호하다가 그렇지 못하면 온갖 저주를 퍼부어댑니다.

몇 년 전에 모 감독이 구속될 뻔했습니다. 경기에서 졌다고 야구방망이로 헬멧을 쓴 선수의 머리를 쳤기 때문입니다. 그 선수는 뇌출혈로 쓰러졌는데 다행히 한 달 동안 입원치료를 받고 퇴원할 수 있었습니다. 누가 그런 감독을 만들었습니까? 우리들 자신입니다. 우리의 승리지상주의, 일등주의 때문입니다. 일등만 칭찬하고, 승자가 모든 것을 독식하는 이 야만적인 풍토 때문입니다. 조금만 잘못하면 온갖 욕설과 저주를 퍼붓는 우리 사회의 폭력적이고 반인간적 풍조가 결국에는 그런 무시무시한 괴물들을 만들어내고 있는 것입니다.

이런 세상 풍조를 생각할 때, 우리에게 베풀어주신 예수님의 사랑은 얼마나 귀한 것입니까? 말구유에 오셔서 30년 동안 우리와 똑같은 질고를 짊어지고 사시다가 우리와 똑같은 죄인의 모습으로 세례받으시고 광야에서 시험받으시고 수많은 병자들을 고치시고 죄인들의 친구가 되어 살아가신 공생애 3년은 우리 모든 인생들이 차마 꽃으로도 때릴 수 없는 하나님의 고귀한 자식들임을 일깨워주는 섬김의 삶이었습니다.

그리고 십자가에서 당신의 모든 것을 내어주신 예수님, 부활하신 후 다시 제자들을 찾아오셔서 오히려 크신 사랑으로 연약함을 덮어주시고 평안하냐고 물으시며 성령을 보내주심은 정녕 주님이 우리를 얼마나 귀하게 여기시는가를 의심할래야 의심할 수 없도록 보여주는 산 증거입니다.

그 사랑은 오늘 우리에게도 함께 하고 있습니다. 지금도 성령께서는 예수님의 십자가는 나를 위한 것임을, 나를 향한 사랑임을 깨우쳐주고 계십니다. 지금도 성령께서는 우리에게 다가와 내 빛깔과 향기에 어울리는 이름을 불러주시고 평생 잊지 못할 사랑으로 환대해주시는 예수 그리스도의 사랑에 대해서 알아차리게 하시면서, 우리가 주님에게 있어서 차마 꽃으로도 때릴 수 없는 존귀한 자녀임을 끊임없이 확인시켜 주십니다.

그래서 힘을 내게 하십니다. 믿고 기도하게 하십니다. 받은 은혜 감격하여 이웃을 품고 그 은혜 나누게 하십니다. 내 자식, 내 부모, 내 아내, 내 남편, 내 친구, 우리가 만나는 모든 이웃들 역시 주님께는 차마 꽃으로도 때릴 수 없는 귀한 자녀임을 알고 서로를 귀하게 여기고 사랑하도록 교통하십니다.

나와 맞지 않는다고 하여 헐뜯고 모욕하고 상처주고 미워하는 것이 아니라 서로에게 힘이 되고 상처를 싸매어주고 격려하고 칭찬하며 살아감으로 예수님의 사랑을 실천하며 살아가는 여러분이 되시기를 주님의 이름으로 축원합니다.

무지의 잠에서 깨어나자

"… 야곱이 잠에서 깨어 이르되 여호와께서 과연 여기 계
시거늘 내가 알지 못하였도다 이에 두려워하여 이르되 두
렵도다 이곳이여 이것은 다름 아닌 하나님의 집이요 이는
하늘의 문이로다 하고 …" (창 28:10-22)

"아는 것이 힘이다"는 베이컨의 말을 빌지 않더라도, 우리가 무슨 일을 하든지 뭔가를 알고 하는 것과 모르고 하는 것과는 하늘과 땅 차이입니다. 어디를 간다면 내가 가고 있는 목적지가 어딘지, 어떤 길로 가야 하는지 정확하게 알고 가야지 무조건 아무 길로나 갈 수는 없는 것입니다.

아주 가끔 있는 일입니다만, 방향감각을 잃어버리는 때가 있습니다. 제가 어렸을 때 아주 촌에서 자랐는데, 한번은 청주공설운동장에서 운동경기가 있어 응원하러 갔다가 밤에 버스를 타고 학교 앞에서 내렸는데, 그만 방향감각을 잃어버리고 말았습니다. 가다 보니 엉뚱한 곳으로 가고 있

는거예요. 당황해서 가던 길을 멈추고 한 동안 쩔쩔 매던 기억이 납니다. 그 뒤로 밤에 어디 낯선 곳에 갈 때 두려워했었습니다.

이것은 우리 인생 그 자체에도 적용이 될 것입니다. 우리는 대체 어디로 가고 있습니까? 도대체 나는 누구입니까? 일찍이 공자는 아침에 도를 깨치면 저녁에 죽어도 좋다고 말했다지요. 그만큼 우리가 인생에서 알아야 할 것을 아는 게 중요합니다. 지나고 나서 내가 헛살았다고 후회하는 인생을 살지 않아야겠습니다.

우리가 연약한 인간인지라 실수가 없을 수 없고 모든 것을 다 알 수는 없지만, 가령, 서울을 간다고 목표를 정하고 부산으로 가는 일은 없어야겠습니다. 다행히 시간의 여유가 있어서 다시 차를 타고 본래의 목적지로 갈 수 있다면 큰 문제가 아니겠으나 그 일이 시간을 다투는 중요한 일이라면 그것은 결코 가벼운 문제가 아닐 것입니다.

오늘 말씀에는 야곱이 낯선 곳에서 하루 밤 유숙을 하다가 신비한 꿈을 꾸고 잠에서 깨어, 놀라 "내가 모르고 있었구나 … 여기가 바로 하나님의 집이요 하늘문이로구나" 하고 외쳤다는 이야기가 있습니다.

지존하신 하나님이 내려다 보고 계신 줄도 모르고, 자기가 누워 자던 땅이 바로 하나님의 집의 문인줄도 모르고 내가 아무렇게나 행동했구나 싶어 두려움에 휩싸였다는 것입니다. 경위야 어찌됐든, 그 중요한 사실을 깨닫게 되었다는 것은 그렇지 못한 것보다 아주 잘 된 일이겠지요. 그동안은 모르고 그랬으니 할 수 없는 일이고, 이제는 알았으니 아무렇게나 살아서는 안 되겠구나 하는 두려움이랄까, 경외감이랄까, 자신의 생에 대한 전혀 다른 느낌을 갖게 되었습니다.

　인간은 뭔가를 이렇게 깊이 깨달을 때 이전과는 확연하게 구별되는 삶을 살게 됩니다. 인생의 목표가 달라지고 우선순위가 달라지지요. 하다못해 사랑하는 연인만 생겨도 달라지지 않습니까? 그러나 우리 인생에는 이런 것보다 더 중요한 사실을 발견하고, 충격에 휩싸이고, 두렵고 떨리고, 또 그와 동반되는 것입니다만, 감사 감격하는 마음으로 그 이전과 전혀 다른 삶을 살게 되는 경우가 있습니다. 우리가 하나님을 만나는 것이 그것입니다. 본문에서 야곱이 겪은 것이 바로 그러한 체험입니다.

　아프리카의 성자로 일컬어지는 슈바이처는 목사요 신학자요 의사였습니다. 그는 자기 나라에서 누릴 수 있는 부귀영화를 다 버리고 아프리카로 떠나게 되었는데, 그의 생을 송두리째 뒤바꿔놓은 사건은 어찌 보면 단순한 것이었습니다.

　어렸을 적에 동네에서 어떤 아이와 싸움이 붙었습니다. 슈바이처가 멋지게 그 아이를 때려 눕히고 배 위에 올라 타고 앉아 주먹으로 얼굴을 때리려고 하는 순간, 그 아이가 하는 절규어린 한 마디가 슈바이처를 뒤흔들어놓고 말았습니다. "너는 매일 고기먹고 사니까 힘이 세지. 나는 네가 먹는 그 고기 일주일에 한 번만 먹어도 너 같은 놈 이길 수 있어…" 부잣집에서 태어나 잘 먹고 잘 살다 보니 가난이 뭔지, 가난하게 사는 자들의 비애와 고통이 뭔지 전혀 모르던 슈바이처는 충격을 받았습니다. 슈바이처는 나중에 회고하기를, 그 아이의 음성은 바로 자신을 무지의 잠에서 깨우는 하나님의 음성이었다고 하였습니다.

 감자 같은 희망

저 역시 일생을 두고 잊을 수 없는 일이 있습니다. 1980년 5월 14일, 소위 광주민주화운동이 일어나기 며칠 전인데, 당시 전두환씨가 모든 실권을 장악하고 신현확씨가 국무총리로 있으면서 비상계엄을 실시했던 때였습니다. 학생들이 들고 일어나 비상계엄 해제하라, 전두환은 물러가라 그러면서 데모를 시작했습니다.

전교생이 학교에서 비상총회를 하고 서울역에서 집결할 것을 목표로 하여 가두행진을 하다가 여의도에 이르렀을 때에 전투경찰의 전면적인 공격을 받게 되었습니다. 거기서 학생들은 돌을 던지며 맞서고 전경측은 최루탄으로 맞서는데, 그 와중에 제가 최루탄을 머리에 맞아 피를 흘리며 쓰러지게 되었습니다. 그로 인해 큰 수술을 하고 거의 죽다 살아났는데, 그때 참 아득하고 처참한 느낌이었습니다. 나중에 퇴원을 하고 나서 제 방에 누워있는데, 어느 순간에 왈칵 뜨거운 눈물이 쏟아지더라구요.

지난 얼마 동안의 일들이 영화의 필름 돌아가듯이 스치고 지나갔습니다. 그때 여의도에서 저는 거의 죽은 목숨이었습니다. 살았다는 게 기적이었습니다. 조금만 뒤쪽에 맞았어도 그 자리에서 죽었을 것입니다. 그때의 일들과 이것저것 제가 대학생이 된 후 저질렀던 여러 가지 죄악된 일이 죽 떠오르는데, 아, 그 모든 죄를 돌이켜볼 때에 나는 그 자리에서 하나님이 내 생명을 거두어가셔도 할 말이 없는 죄인이구나, 그런 생각이 들었습니다.

그 순간, 내가 다시 살게 된 것이 전적인 은혜구나, 내가 죽었다가 다시 살았구나, 그런 참회의 마음과 다시 살려주신 은혜에 대한 감동으로 뜨거운 눈물을 흘리게 되었습니다. 제가 눈 앞에 보이는 세상만 보고 살다가 그 모든 것과는 비교할 수 없이 중요하고 높고 거룩하신 하나님 앞에서 두려움을 알게 되고 새로운 인생으로 다시 태어나는 순간이었습니다.

우리 인생에서 이런 계기가 주어진다는 것은 분명 축복입니다. 아무리 많은 대가를 지불하더라도 나의 존재 이유를 깨닫고 내가 근본적으로 누구인지, 내가 무엇을 위해 살아가야 하는지를 알게 된다면 그것은 그 자체만으로도 잃어버린 모든 것을 상쇄하고도 남음이 있습니다.

이상적인 것은 많은 것을 잃어버리지 않고 순탄하게 살다가 크게 무리하지 않고 편안하게 깨닫고 새사람이 되는 것입니다. 그러나 그렇게 되지 않는 것이 인생인 것 같습니다. 정금이 되기까지 뜨거운 용광로 속의 연단이 필요하듯이 우리 인생도 오랜 시련과 연단, 고통과 좌절이 필요합니다.

야곱이 어떻게 해서 새 사람이 되었습니까? 그가 하나님을 만나기까지 시간이 필요했습니다. 더 정확하게 말한다면, 그가 자신이 하나님 앞에서 살아가는 존재요, 자신의 삶이 아무렇게나 살아도 되는 인생이 아니라는 것을 깨닫기까지, 그것이 그냥 거저 된 것이 아니라 일정한 과정이 필요하였다는 것입니다.

그것은 바로 자신의 한계를 깨닫는 것이었습니다. 야곱은 그의 이름 그대로, 움켜잡는 사람이었습니다. 자신의 목표를 향하여 집요하게 노력하고, 한 번 목표를 정하면 잘 포기하지 않는 성격이었고, 어떻게 해서든지 자기에게 유리한 쪽으로 상황을 변화시켜 자신의 목표를 관철하는 사람, 자기중심으로 판을 짜는데 아주 능숙한 사람이었습니다. 배고픈 형의 약점을 이용하여 장자권을 매수한 일, 눈이 어두운 아버지 이삭을 속여 형

대신에 축복을 받아낸 일, 그 모든 것이 야곱의 성격과 삶의 모습을 보여주는 일들이었습니다. 전형적인 자기중심적 인간, 이기적 인간이지요.

물론 이기적이라는 것이 근본적으로 나쁜 것만은 아니고 무조건 죄악시할 수는 없는 측면도 있습니다. 생명체가 살기 위해서는 이기적인 요소가 아주 없어도 안 된다고 합니다. 가령 엄마 뱃속에 있는 아기는 자신이 살기 위해서 엄마의 뱃속에 있는 영양분을 섭취해야 합니다. 뱃속의 아기가 너무 이타적이면, 엄마 생각해서 배고파도 먹지 않으면 그 아이는 죽고 맙니다. 생명은 근본적으로 이기적 속성을 어느 정도는 가지고 있습니다.

그러나 문제는 그것이 지나친 경우에 있습니다. 자기만 살기 위해서 상대가 죽든지 말든지 수단과 방법을 가리지 않고 이용하고 공격하고 약탈한다면 그건 상대를 죽이는 것이면서 궁극적으로는 자기자신을 죽이는 일입니다.

야곱은 그동안 그렇게 살아왔습니다. 물론 야곱이 그렇게 집요한 성격의 사람이 된 것은 쌍둥이 형 에서와의 관계에서 이해할 수 있는 측면이 있고, 또 앞서 말한대로 생명이 본질적으로 지니고 있는 속성이라고 할 수도 있습니다.

그러나 문제는 야곱이 이제 나이가 어느 정도 들었고, 이제는 모든 것을 자기를 중심으로 놓고 보기보다 상대방을 배려하고 양보할 줄도 아는 사람, 요컨대 더불어 함께 사는 인간으로 성숙할 때가 되었음에도 그렇지 못했다는 것에 있습니다. 야곱은 매일 부딪혀 살아야 하는 객관적 현실이나 야곱 자신의 주관적 현실이나 더불어 함께 평화의 하모니를 연출할만한 준비가 되지 못했습니다.

이럴 때 어떻게 됩니까? 당연히 그릇 깨지는 소리가 나게 됩니다. 야곱은 교활한 방법으로 형의 축복을 가로채고, 형은 격분하여 동생을 죽이려 하고… 그러다가 야곱은 도망자의 신세가 되고 맙니다.

말하자면 야곱은 그동안 이기심이라는 본능, 자기중심적 욕구라고 하는 것을 동력(momentum)으로 삼아 나름대로 충실히 열심히 살아왔으나, 그것만으로는 살아갈 수 없는, 이제는 그것 이상의 더 높은 가치를 동력으로 삼아 살아가지 않으면 문제가 생기는 한계점에 다다른 것입니다. 그런데 그 과정에 좀 아팠던 것입니다.

이 세상에 자기만 존재하는 게 아니라는 것, 모든 사람이 야곱 자신을 위해 이용당해주는 사람이 아니라는 것, 이 세상은 모두 자기만을 위해 살아가는 것이 아니라 자신을 바치고 희생하여 다른 생명을 살리는 사랑에 의해 지탱된다고 하는 것, 이 모든 것을 깨닫기 위한 성장통을 겪어야 했던 것입니다. 이 모든 전혀 새로운 사실을 깨닫는 계기가 된 것이 바로 낯선 땅, 벧엘에서 돌베개를 베고 자던 캄캄한 밤에 일어났습니다.

이 밤에 야곱은 자신이 할 수 있는 것이 아무것도 없는 무력함을 경험해야 했을 것입니다. 자기가 주도적으로 외부의 것을 이용하고 변화를 가하여 자기편으로 만드는 조작의 방법을 통해 할 수 있는 가능성의 문이 완전히 닫히고, 오직 수동적으로 외부에서 주어지는 은총을 받는 자의 입장에

설 수밖에 없었던 것입니다. 그 모든 놀라운 일이 그가 지쳐 움켜쥐고 있던 모든 것을 다 내려놓고 "잠을 자는 때" 일어났다는 것을 주목할 필요가 있습니다.

하나님의 역사는 인간이 자신의 동력으로 삼던 자기중심적 에너지가 완전히 바닥나 모든 움켜쥐고 있던 것을 다 내려놓고 잠이 들 때, 바로 그때 시작된다는 말입니다. 만물은 밤에 새로워지고 병들었던 몸도 밤에 잘 때 회복되듯이, 인간의 캄캄한 밤은 하나님이 일을 시작하는 첫새벽입니다.

그러니까 야곱은 참으로 역설적이게도, 모든 것을 움켜쥐려던 시도가 완전히 실패로 돌아가 그것을 고통스럽게 확인하던 그 캄캄한 벧엘의 돌베개 위에서, 자기뜻대로만 움직여지지 않는 더 높고 깊고 넓은 세계, 이 세상과는 차원이 다른 세계의 문을 보게 된 것입니다.

그 문틈으로 열리는 놀라운 세상, 그 꼭대기에 계신 하나님의 광채와 그의 음성을 듣고 놀라, 두려운 것이 무엇인지 모르던 인생이 두려움을 아는 인생으로 바뀌게 된 것입니다.

"여호와께서 과연 여기 계시거늘 내가 알지 못하였도다 이에 두려워하여 이르되 두렵도다 이곳이여 이것은 다름 아닌 하나님의 집이요 이는 하늘의 문이로다" 하고 고백했습니다.

야곱의 인생이 한 차원 업그레이드되는 순간입니다. 보이는대로만 보던 인생이 보이지 않는 세상을 바라보는 인생으로, 육적 인간이 영적 인간으로, 움켜쥐던 인생이 감사하고 예배하고 바치는 인생으로 바뀌었습니다.

그는 하나님을 만난 뒤에 "하나님이 나와 함께 계셔서 내가 가는 이 길에서 나를 지키시고 먹을 떡과 입을 옷을 주시어 내가 평안히 아버지 집으로 돌아가게 하시오면 여호와께서 나의 하나님이 되실 것이요 내가 기둥으로 세운 이 돌이 하나님의 집이 될 것이요 하나님께서 내게 주신 모든 것에서 십분의 일을 내가 반드시 하나님께 드리겠나이다"(창 28:20-22) 라고 서원하였습니다.

그동안 자신의 힘과 꾀를 의지했던 야곱이 이제 참으로 겸손하게, 하나님의 도움을 구하는 인생으로 바뀌었습니다. 챙기고 움켜쥐는 인생이 감사함으로 바치기를 사모하는 인생으로 바뀌었습니다. 자신이 누리는 모든 것의 주인이 하나님임을 인정하는 인생으로 바뀌었습니다. 고통의 밤이 생 전체를 근본적으로 뒤바꿔놓는 깨달음의 밤, 은혜의 밤이 된 것입니다.

이런 깨달음을 순탄하게 얻을 수만 있다면 얼마나 좋겠습니까? 야곱처럼 모든 것을 잃고 낯선 곳에서 돌베개를 베고 잠을 자야 하는 고통스러운 밤을 겪지 않고, 저처럼 머리에 체류탄을 맞아 피흘리고 쓰러지는 고통을 겪지 않고, 하나님을 만나 움켜쥐고 있던 것을 놓고 그분의 은총 안에서 살아가면 얼마나 좋겠습니까? 여러분 모두가 그런 은총을 누릴 수 있기를 바랍니다.

그런데 혹 여러분이 고집이 세서 여러분 하고 싶은대로 하겠다면, 사실 아무도 그걸 말릴 사람은 없습니다. 어쩌면 하고 싶은 걸 다 해보는 것도 나중에 진정한 새 출발을 위해 좋을지도 모르겠습니다. 그런데 그럴 때에 꼭 기억해야 할 것이 있습니다.

모든 것이 때가 있다는 전도서의 말씀입니다. (전 3:1-8) 우리가 이것저것 다 해보고 이곳저곳 다 가볼 수 있지만, 우리 마음대로 할 수 없는 곤고한 날이 반드시 오고, 우리가 행한 그 모든 일에 대해서 하나님 앞에서 심판을 받는 날이 반드시 올 것이라는 말씀입니다. (전 11:9) 그러니 곤고한 날이 이르기 전에 네 창조주를 기억하라는 말씀입니다. (전 12:1)

모든 것을 다 잃고 난 다음에 애통해 하며 헛된 망상에서 깨어나 하나님께 돌아가는 것도 의미있는 일이지만, 내일 일을 장담할 수 없는 것이 또한 인생입니다. 우리에게 이 복된 주님의 말씀이 들릴 때, 이것을 귀하게 여기고 세월을 아껴 열심히 주의 일 하다가 주님 앞에 가서 잘했다 칭찬받는 것이 더욱 아름다운 일 아니겠습니까?

오늘은 늦지 않았습니다. 그러나 내일은 늦을지도 모릅니다. 그러니 오늘, 바로 지금 깨달으십시오. 모든 것을 잃고 깨닫기보다는 모든 것을 잃기 전에, 지금 기회 있을 때 무지의 잠에서 깨어나고 하나님을 만나고 하나님께서 원하시는 삶을 사는 여러분이 되시기를 주님의 이름으로 축원합니다.

그들처럼 겸손하게

"… 그의 종들이 나아와서 말하여 이르되 내 아버지여 선지자가 당신에게 큰 일을 행하라 말하였더면 행하지 아니하였으리이까 하물며 당신에게 이르기를 씻어 깨끗하게 하라 함이리이까 하니 나아만이 이에 내려가서 하나님의 사람의 말대로 요단 강에 일곱 번 몸을 잠그니 그의 살이 어린 아이의 살같이 회복되어 깨끗하게 되었더라"
(왕하 5:1-14)

얼마 전 한 텔레비전 프로그램에서 전 유도선수 추성훈씨를 게스트로 초청해서 얘기하는 것을 본 적 있습니다. 사회자가 그에게 "운동선수는 타고나는 것입니까, 노력으로 되는 것입니까?" 하고 묻자 "타고나는 것입니다"라고 대답했습니다. 그리고는 이런 말을 덧붙였습니다. "80%는 타고나는 것이고, 나머지 20%가 노력인데, 저는 그 80%가 없다고 생각합니다. 그렇기에 노력할 수밖에 없지요."

천재는 99%의 노력과 1%의 영감으로 만들어진다는 말과 비슷하지요?

운동선수가 그렇고, 천재가 그렇다면, 하나님께서 귀하게 쓰시는 신앙

인물들은 어떨까요? 하나님께서 일방적으로 택하셔서 되는 걸까요, 아니면 자신들의 노력으로 되는 걸까요? 흔히 하는 말로 그들은 창세전에 하나님께서 예정하셔서, 전적으로 그의 선택과 섭리로 말미암아 쓰임받게 되는 걸까요, 아니면 그들의 노력하는 모습을 보고 하나님께서 선택하시고 훈련하심으로 쓰임받을만한 그릇으로 만들어져가는 것일까요?

인간이 무엇을 원하고 그것을 이루기 위해 노력하는 데는 허황된 욕심이 개입될 수 있다는 점에서 그 자체로 믿기 어려운 점이 있고, 그런 점에서 인간이 어떤 사명을 띠고 태어났느냐는 문제는 하나님의 예정과 선택을 말할 수밖에 없지만, 그러나 그때에도 인간의 노력은 절대적으로 중요한 문제라고 하겠습니다.

그렇지 않다면 기도할 이유도, 말씀에 순종할 이유도 없어지고, 그렇다면 인간이 무슨 짓을 하건 책임도 물을 수 없어지게 되기 때문입니다. 하나님은 말씀의 하나님이라는 말은 인간의 자유의지가 중요하다는 말입니다. 선악과를 따먹지 말라고 하신 것도 따지고 보면 인간의 자유의지를 남용하지 말라는 말입니다. 하나님의 사랑과 자비가 소중하고, 하나님의 주권적 섭리가 중요하면 중요할수록, 그것을 믿고 하나님의 뜻에 맞추어 자신의 자유를 책임적으로 사용하는 것 또한 중요한 것입니다. 어떤 상황에서라도 인간의 겸허한 노력이 필요하지 않은 경우란 있을 수 없습니다.

하나님은 일방적으로 사랑과 은혜를 베푸시지만, 그 크신 사랑과 은혜를 귀하게 여기고 항상 겸손하게 노력하는 자를 쓰십니다. 하루하루 어떤 자세로 살아가느냐, 작은 일이든 큰 일이든 정성을 기울이는가 함부로 하는가, 누가 보든지 안 보든지 한결같은 마음으로 살아가는가, 이런 점에 있어서 어느 정도 합격점에 이를 때에 하나님께서는 그를 믿고 일을 맡겨주십니다.

예수님께서 말씀하신 달란트의 비유(마 25:14-30)를 생각해보십시오. 예수님이 보고자 하는 게 무엇입니까? 얼마나 많이 남겼느냐가 아닙니다. 받은 달란트를 가지고 얼마만큼 성실하게 노력했느냐입니다.

다섯 달란트를 가지고 다섯 달란트를 남긴 사람이나 두 달란트를 가지고 두 달란트를 남긴 사람이나 받는 칭찬은 똑같습니다. "잘하였다. 너는 과연 착하고 충성스러운 종이다. 네가 작은 일에 충성을 다하였으니 이제 내가 큰 일을 너에게 맡기겠다. 자, 와서 네 주인과 함께 기쁨을 나누어라."

한 달란트 받은 사람이 책망받은 것은 많이 남기지 못해서가 아닙니다. 한 달란트 받았으므로 받은 만큼만 최선을 다하면 되는데, 그것을 하지 않았기 때문입니다. 그가 주인 앞에서 말하는 궁색한 소리를 들어보십시오. "주인님, 저는 주인님께서 심지 않은 데서 거두시고 뿌리지 않은 데서 모으시는 무서운 분이신 줄을 알고 있었습니다. 그래서 두려운 나머지 저는 주인님의 돈을 가지고 가서 땅에 묻어두었습니다. 보십시오. 여기 그 돈이 그대로 있습니다."

이 말을 듣고 주인은 "너야말로 악하고 게으른 종이다. 내가 심지 않은 데서 거두고 뿌리지 않은 데서 모으는 사람인 줄로 알고 있었다면 내 돈을 돈 쓸 사람에게 꾸어주었다가 내가 돌아올 때에 그 돈에 이자를 붙여서 돌려주어야 할 것이 아니냐? 여봐라, 저자에게서 한 달란트마저 빼앗아 열 달란트 가진 사람에게 주어라. 누구든지 있는 사람은 더 받아 넉넉해지고 없는 사람은 있는 것마저 빼앗길 것이다. 이 쓸모없는 종을 바깥 어두운 곳에 내쫓아라. 거기에서 가슴을 치며 통곡할 것이다”하고 책망하였습니다.

본문의 엘리사를 생각해보십시오. 이웃 나라 아람왕은 이스라엘 왕에게 친서를 보냈는데 내용이 뭐냐 하면, 자기 신하인 나아만 장군이 나병에 걸렸는데 보낼테니 고쳐달라는 것이었습니다. 당시 나병은 그 누구도 고칠 수 없는 불치병인데, 다짜고짜 이 병을 고쳐달라는 말은 듣기에 따라서는 선전포고나 다름없는 협박일 수 있었습니다. 아니나 다를까 이스라엘 왕은 이 편지를 받고 옷을 찢으면서 “내가 사람을 죽이고 살리는 신이란 말인가? 그가 사람을 보내어 나에게 나병을 고쳐달라고 하니, 이것은 그가 나에게 싸움을 걸려고 트집을 잡으려는 것이 분명하다”고 하였습니다.

이 소리를 듣고 엘리사는 왕에게 사람을 보내어 “어찌하여 옷을 찢으셨습니까? 그를 나에게 보내주십시오. 이스라엘에 선지자가 있음을 그에게 알려주겠습니다”라고 아뢰었습니다.

모두가 두려워서 전전긍긍하고 있는데, 엘리사는 어떻게 그렇게 담대할 수 있었을까요? 그리고 시리아의 장군 나아만이 왔을 때 그를 어떻게 대합니까? 나아만이 위세당당하게 엘리사의 집에 이르렀을 때에 엘리사는 사람을 내보내어 말을 전합니다. “요단 강에 가서 그 강물에 일곱 번 몸을 씻으시오. 그리하면 살이 회복되어 깨끗하게 될 것이오.”

하나님에 대한 전적인 믿음과 확신이 없었다면 어떻게 그렇게 할 수 있었겠습니까? 엘리사 그는 도대체 어떤 사람이길래 이런 명령을 내릴 수 있으며, 그의 말에 대하여 하나님께서 전적으로 책임져주신 걸까요?

성경을 자세히 읽어보면 "하나님의 사람"(8절, 14절, 15절) 엘리사의 이러한 능력과 권위는 결코 어느날 갑자기 우연히 생겨난 것이 아님을 알 수 있습니다.

엘리사의 말대로 순종함으로 문둥병을 깨끗이 치유받은 나아만은 감사의 뜻으로 엘리사에게 예물을 주고자 했는데 이에 엘리사는 "내가 섬기는 여호와께서 살아계심을 두고 맹세하노니 내가 그 앞에서 받지 아니하리라"(16절)고 대답하며 거절했습니다.

하나님께서 주신 능력을 오직 하나님의 영광을 위해서 사용할 뿐, 그것으로 인해 사리사욕을 취하지 않는 엘리사의 청렴결백함, 그의 충성스러움을 엿볼 수 있는 말씀입니다.

즉, 엘리사의 이 비범한 능력이 어디서 나왔느냐? 작은 일에 충성을 다하는 모습을 보시고 하나님께서 큰 일을 맡겨주신 것입니다. 큰 일이든 작은 일이든 맡겨주신 하나님의 사랑과 은혜, 그분의 명예와 영광을 귀하게 여기고, 무슨 일이든 하나님 앞에서 행한다는 "하나님 존전의식(尊前意識)" 속에서 행했기 때문입니다.

나아만의 선물을 한사코 거절한 엘리사의 말은 요셉이 바로왕의 경호대장 보디발의 집에서 관리인으로 있을 때 보디발의 아내의 유혹을 물리치면서 했던 말을 연상케 합니다. 요셉의 외모에 반한 보디발의 아내가 침실로 가자고 유혹할 때 요셉은 뭐라고 합니까? "내 주인이 집안의 모든 소유를 간섭하지 아니하고 다 내 손에 위탁하였으니 이 집에는 나보다 큰 이가 없으며 주인이 아무것도 내게 금하지 아니하였어도 금한 것은 당신뿐이니 당신은 그의 아내임이라 그런즉 내가 어찌 이 큰 악을 행하여 하나님께 죄를 지으리이까."(창 39:8-9)

이것이 바로 사명을 맡은 사람의 마땅한 자세입니다. 누가 보든 안보든 최선을 다하는 것, 진실하게 하는 것, 악은 모양이라도 버리는 것입니다. 좀 쫀쫀하게 보여도, 좀 바보같이 보여도, 좀 고지식하다는 소리를 들어도 건방을 떨다가 죄를 짓는 것보다는 낫습니다. 복 있는 사람은 악인의 꾀를 좇지 아니하며 죄인의 길에 서지 아니하며 오만한 자의 자리에 앉지 않는다고 하였습니다.

엘리사가 예언자로 부름을 받을 때 어떤 삶을 살았는가를 상기해보십시오. 열왕기상 19장 19절에 의하면, 엘리사는 스승 엘리야를 만날 때 황소 열두 쌍에 거리를 지워 밭을 갈고 있었습니다. 자신이 해야 할 일을 열심히 감당하다가 부름을 받았다는 말입니다.

또 열왕기하 2장을 보면 엘리사가 스승 엘리야를 어떻게 섬겼는가를 잘 알 수 있습니다. 하나님께서 엘리야를 하늘로 데려가실 때가 되어 엘리사를 남겨두고 떠나려 할 때에도 엘리사는 한결같은 마음으로 스승 엘리야를 받들어 모셨습니다. 자신의 부족함을 알고 하나라도 더 배우려고 노력하며, 어떻게든지 스승을 가까이하려고 스승이 가는 곳마다 끝까지 따라갑니다. 엘리야가 벧엘로 가니 엘리사도 벧엘로 따라가며, 엘리야가 여리고로 가니 엘리사도 여리고로 따라가며, 엘리야가 요단으로 가니 엘리사도 요단으로 따라갑니다. 어떻게든지 선생님을 모시려고 하는 마음, 어떻게든지 선생님과 동행하려는 겸손, 받은 사랑 받은 은혜 잊지 않고 끝까지 받들어 섬기려는 아름다운 마음을 가진 충성의 사람이 바로 엘리사였던 것입니다.

　요컨대 엘리사의 비범한 능력과 권위는 하루아침에 생긴 것이 아닙니다. 자신이 능력을 자랑하려고 해서 된 일이 아니고, 권위를 주장해서 권위가 생긴 것이 아닙니다. 오히려 그 반대입니다. 엘리사는 평범한 일에 성심을 다해 사명을 감당한 사람이었습니다. 지극히 작은 일일지라도 주님 대하듯 충성스럽게 한 사람이며, 이렇게 충성스럽게 책임을 감당하는 가운데 그것을 귀하게 여긴 스승 엘리야를 통하여 더욱더 많은 것을 배우고 익혀서 스승의 경지에까지 이른 사람입니다. 아니, 그 충성됨을 귀하게 여기신 하나님께서 그에게 갑절의 은총을 베푸심으로 어떤 의미에서 스승을 넘어서는 인물이 되게 하신 것입니다.

　이것은 "하나님의 사람"으로 불린 엘리사의 이야기만이 아닙니다. 그것은 곧 우리 자신들에게도 해당되는 귀중한 영적 진리입니다. 저와 여러분은 모두 예수님을 스승으로 모시고 배우는 제자들입니다. 제자가 지켜야 할 가장 중요한 도리가 무엇이겠습니까? 겸손하게 선생님의 말씀을 따라 살아가는 것이요, 선생님이 시키시는 일이면 무슨 일이든 감사하게 여겨 충성을 다하는 것입니다. 혹시라도 선생님의 이름에 누가 되는 일이면 흉내도 내지 않는 것입니다. 부지런히 배우고 겸손히 배우고 충성스럽게 할 일을 해나갈 뿐입니다.

엘리사뿐만 아니라 나아만도 마찬가지입니다. 본문 1절에 "나아만은 그의 주인 앞에서 크고 존귀한 자니 이는 여호와께서 전에 그에게 아람을 구원하게 하셨음이라"고 말씀하셨습니다. 나아만은 아람왕이 매우 아끼는 큰 인물일 뿐 아니라 하나님께서도 들어쓰시는 인물이라는 것인데 이스라엘 사람이 아니라 이스라엘과 관계가 별로 좋지 않은 아람왕의 군대 장관에 대해서 이런 말을 하고 있습니다.

하나님께서 이스라엘을 택하셨다고 해서 다른 민족을 버린 건 아니라는 것을 알 수 있습니다. 하나님께서는 차별없이 사랑하시고, 은밀한 중에 감찰하시며 합당한 사람을 당신의 일꾼으로 쓰십니다. 나아만이 그런 일꾼이었는데 어떤 점 때문이었을까요? 본문을 묵상할 때 나아만이 비록 이방사람이지만 하나님께서 쓰시기에 좋을 만큼 대단히 겸손한 사람이었기 때문이라는 것을 알 수 있습니다.

나아만은 이스라엘을 쳐들어갔다가 어린 소녀 하나를 사로잡아와서 아내의 하녀로 삼았는데, 나아만이 나병에 걸려 고통을 당하자 이 하녀가 나아만의 아내에게 "우리 주인이 사마리아에 계신 선지자 앞에 계셨으면 좋겠나이다 그가 그 나병을 고치리이다"라고 말했습니다. 그러자 그 어린 소녀의 말을 귀 담아 듣고 그녀의 말대로 행하고자 결심하였습니다. 하녀의 말이라고 무시한 것이 아닙니다.

물론 엘리사를 찾아갈 때 도움을 청하러 가는 입장에 있는 사람에게 어울리지 않게 좀 권위적인 모습이 있었던 것은 사실입니다. 오랜 군생활을 통해서 섬김을 받는데 익숙했을 것이고, 더군다나 지금은 이스라엘보다

국력이 강한 아람왕의 군대 장관이니까 자신도 모르게 그렇게 행동했을 것입니다.

그러나 엘리사가 사람을 내보내어 "너는 가서 요단강에 몸을 일곱 번 씻으라"고 했을 때 처음에는 화를 내고 돌아가려 했지만, 종들의 만류를 받아들여 요단 강에 가서 몸을 씻었습니다. 자존심이 상했지만 하나님의 은혜를 바라고 찾아온 자신의 처지를 깨닫고 그리고 종들의 권유에 따라 겸손하게 강물에 들어가 일곱 번 몸을 씻었습니다. 그 마음을 보고 하나님께서 그의 병을 고쳐주셨습니다.

나아만의 됨됨이는 병이 나은 다음에도 나타납니다. 요단 강에서 사마리아까지는 꽤 먼 거리입니다. 그런데 그 길을 되돌아와 하나님을 찬양하고 엘리사에게 정중하게 고맙다는 인사를 올렸습니다. 그리고 "당신의 종에게서 예물을 받으소서"하며 자신을 한없이 낮추었습니다. 나아만은 감사를 아는 사람입니다. 받은 은혜를 귀하게 여기고 감사한 마음으로 머리를 숙일 줄 아는 겸손한 사람이었습니다.

그렇기에 하나님의 손에 붙들려 귀하게 쓰임받은 것입니다. 그리고 훗날 예수님께서도 나아만을 신앙의 모범으로 칭찬을 하신 것입니다. (눅 4:27)

사실 우리가 정녕 엄위하신 하나님 앞에서 우리 자신의 추한 모습을 생각할 때 어떻게 그렇게 자신만만하게 목소리를 높일 수 있겠습니까? 나 자신을 보나, 내 자식들을 보나 고개를 들 수 없을 때가 많습니다. 그나마 배운 말씀이 있어서 아무렇게나 살지 못할 뿐이지, 우리 내면 속에는 끊임없이 죄악의 충동이 파도칠 때가 많고, 안팎의 죄악에 이끌려 넘어지고 또 넘어지는 것이 우리의 모습입니다. 말씀대로 살아보려고 노력을 안 하는 것이 아니지만 그럴수록 우리의 허물을 발견하며 좌절할 뿐입니다.

하나님께서 불쌍히 여겨주시지 아니하면 소망이 없는 존재입니다. 그러니 오늘도 우리는 오직 예수님의 십자가 공로에 의지하여 자비를 청할 뿐입니다. 그리고 오직 겸손히 배우며 삼갈 뿐입니다. 멀찍이 서서 감히 하늘을 우러러보지도 못하고 가슴을 치며 "오, 하나님! 죄 많은 저에게 자비를 베풀어주십시오" 하고 기도한 세리처럼 기도할 뿐입니다.

참으로 감사하게도 이러한 저희를 자비하신 아버지께서 변함없는 사랑으로 끌어안으시고 긍휼을 베풀어주십니다. 자신을 낮추고 통회하며 매달릴수록, 연약할수록 더욱 귀히 여기시고 품어주십니다. 이 지극하신 하나님의 사랑, 이 망극하신 우리 주 예수 그리스도의 긍휼, 그것이 어떤 상황에서라도 우리를 지켜주는 영원한 소망입니다.

그 사랑을 기억하며 엘리사와 나아만처럼 겸손하게 그리고 자신의 일에 최선을 다하며 충성함으로 하나님께 쓰임받고 하나님께 영광돌리는 여러분이 되시기를 주님의 이름으로 축원합니다.

살신성인(殺身成仁)

"… 또 떡을 가져 감사 기도하시고 떼어 그들에게 주시며
이르시되 이것은 너희를 위하여 주는 내 몸이라 너희가
이를 행하여 나를 기념하라 하시고 저녁 먹은 후에 잔도
그와 같이 하여 이르시되 이 잔은 내 피로 세우는 새 언약
이니 곧 너희를 위하여 붓는 것이라 …" (눅 22:7-23)

살신성인이라는 말이 있습니다. 자신을 희생하여 인을 이루는 것을 말하지요.

자기 목숨 아깝지 않은 사람이 어디 있겠습니까? 그러나 목숨을 아까워하는 그 욕심이 바로 인간을 죽게 만드는 원흉입니다. 생명인 이상 목숨을 소중히 여기는 것이야 당연한 일이지만 자기 목숨 못지 않게 다른 사람의 목숨도 소중히 여겨야 하거든요. 그러자면 내 마음대로 해서는 안 되고 상대방을 배려해야 하며 때로는 양보하기도 해야 합니다. 심지어는 내 생명을 바쳐야 하는 때도 있습니다. 그것이 바로 살신성인입니다.

우리 몸도 건강한 몸은 이 살신성인의 원리를 따라 유지가 됩니다. 서로 협조하고 때로는 자신을 희생해서 다른 지체를 살립니다. 하루에도 수없이 많은 세포들이 죽습니다. 죽어서 자기 자리를 내어주고 새로운 세포들이 활동할 수 있도록 배려해줍니다. 만약에 이런 원리를 따르지 않는 세포가 생긴다면 우리 몸에는 이상이 생깁니다. 암세포가 바로 그것입니다.

암세포는 자기희생을 모릅니다. 끝없이 자기팽창을 하면서 다른 세포들을 잡아먹지요. 그러므로 목숨을 구하기 위해서는 이 암세포들을 모두 잘라내든가, 이 암세포들이 마음을 고쳐먹고 살신성인하는 흐름이 만들어져야 합니다. 암세포들이 그럴 수 없다면 인간 존재 안의 다른 어떤 부분, 원리를 따져본다면 더 소중한 어떤 부분이 살신성인해야 합니다. 그래서 몸 안에 위로부터 임하는 기적적인 흐름이 만들어지고, 그 흐름에 압도되어 암세포들이 못 견디고 있던 자리에서 물러가야 합니다. 쉽지 않은 일이지만, 살려면 그렇게 해야 합니다. 그렇게 되어야만 합니다. 원리가 그렇기 때문입니다.

그런데 성경을 읽다보니 성경의 가르침이 바로 그러합니다. 출애굽의 원리가 그러하고, 부활의 원리가 그러합니다. 얼핏 성경을 읽어보지 않은 사람들은 출애굽은 해방의 사건이니 투쟁을 통해 이루어진 것이 아니냐고 말할지 모릅니다. 그리고 또 부활은 죽음을 이기고 영원히 사는 것이니 역시 죽음보다 강한 엄청난 힘을 통해서 죽음의 권세를 제압한 것이 아니냐고 말할지 모릅니다. 그러나 그렇지 않습니다.

우선 출애굽 사건을 보십시오. 이스라엘 백성이 어떻게 바로왕의 압제에서 벗어나게 되었습니까? 죽음의 사자가 애굽의 모든 장자들을 치던 날 밤에, 이스라엘 백성이 집집마다 양의 피를 문설주에 발랐기 때문입니다. (출 12:21-28) 말하자면 자신의 소중한 것을 희생했기 때문입니다. 피는 곧 생명인데, 양의 피를 발랐다는 말은 생명을 희생했다는 말입니다. 그 양을 잡는 것은 자기 자신을 도려내는 아픔을 동반하는 것입니다. "저 놈들을 타도하라"가 아니라 자신의 소중한 것을 희생하는, 작지만 의미있는 살신성인의 결심을 모든 백성들이 행동으로 옮겼을 때, 뜻밖에도 그것이 그들 모두의 생명을 건지는 위대한 역사의 출발점이 되었다는 것입니다.

그것은 마치 체해서 정상적인 기의 흐름이 막혔을 때 손발을 따는 것과 비슷한 원리가 아닐까 생각해봅니다. 피가 아깝다고 해서 기의 흐름이 꽉 막힌 사람을 그대로 두면 자칫 죽을 수도 있습니다. 피를 내야 합니다. 그래야 활로가 열려 삽니다.

양을 잡아 피를 흘리고 우슬초로 그 피를 찍어 문설주에 바르게 한 것도 그런 원리가 아닐까 싶습니다. 이스라엘 백성의 활로가 꽉 막혔을 때 스스로 피를 내는 아픔을 감수하면서 참회와 속죄의 제사를 드렸을 때 활로가 열린 것입니다.

물론 애굽의 압제에 대한 저항과 투쟁이 무의미하지는 않았을 겁니다. 이스라엘 자손이 탄식하며 부르짖으니 그 소리가 하늘에 닿았고, 하나님께서는 그 부르짖음에 응답하사 그들을 돌아보기로 작정하신 것이 출애굽의 시작이었습니다. (출 2:23-25)

그러나 그것은 어디까지나 시작일 뿐이었습니다. 그들은 한 걸음 더 나아가야 했습니다. 하나님께서는 당신의 백성 이스라엘에게 저 애굽 사람들과 똑같은 수준의 탐욕이나 불평이 아니라 자녀다운 살신성인의 자세를 보기 원하셨고, 그것을 보시고 꽉 막혔던 역사의 활로를 뚫어주신 것입니다.

부활도 그렇습니다. 많은 사람들이 오해하기를 부활은 죽지 않고 영원히 사는 것이라고 생각합니다. 혹은 진짜 죽은 것이 아니라 가사상태로 있다가 다시 살아난 것이라고 보기도 합니다. 혹은 죽음을 부정적인 것으로만 여겨, 생명의 능력으로 죽음을 정복한 것이라고 생각합니다. 부활의 의미를 해석하는 과정에서 승리하였다는 말을 쓸 수밖에 없는 때가 있지만, 그것이 과연 전쟁에서 상대방을 무찌르기 위해 우세한 무력과 전술전략을 동원해서 승리하는 것과 같은 의미의 승리를 말하는 걸까요? 결론부터 말하면 그것은 예수님의 부활하고는 전혀 다른 것입니다.

만약에 예수님의 부활이 그런 것이라면 예수님은 애시당초 로마의 병정들에게 붙잡히지 말았어야 합니다. 가룟 유다가 딴 마음 먹었을 때 그를 따돌리든가 제거했어야 합니다. 병정들에게 붙잡혀간 다음에도 기회는 여러 번 있었습니다. 가야바의 집에서, 빌라도 법정에서, 십자가상에서 예수님은 멋지게 연설을 할 수 있었고, 대중을 선동하여 폭동을 일으킬 수도 있었고, 십자가에서 내려올 수도 있었고, 하늘의 천군천사를 동원하여 적대자들을 일거에 제압할 수도 있었습니다.

그러나 예수님은 그 어떤 것도 선택하지 않으셨습니다. 예수님은 그 대신 자신을 희생하셨습니다. 가룟 유다를 제지하지 않았고, 빌라도 법정에서 구차하게 변명하지 않았고, 십자가에서 당신의 살과 피를 다 내어주셨습니다. 그리고 완전히 죽으셨습니다. 살신성인이라는 말 그대로, 당신 자신을 온전히 제물로 바치셨습니다.

출애굽 때 이스라엘 백성들이 양을 잡아 피를 흘리는 것으로 맛보기 살신성인의 제사를 드렸다면, 예수님께서는 흠도 티도 없는 당신의 생명 전체를 남김없이 바치는 온전한 살신성인의 제사를 드리신 것입니다.

마가복음15장 38절 - 39절에 의하면, 바로 그때 놀랍게도 성소 휘장이 위로부터 아래까지 찢어져 둘이 되었고, 예수를 향하여 섰던 백부장이 그렇게 숨지신 것을 보고 "이 사람은 진실로 하나님의 아들이었도다"라고 고백했다고 했습니다.

죄로 말미암아 하나님과 인간 사이에 생겼던 담이 완전히 헐리고, 죽음에 사로잡혀 있던 인류에게 생명의 길이 환하게 열리게 된 것입니다. 그리고 더욱 놀랍게도 사흘 뒤, 완전히 죽었던 예수님이 완전히 다시 살아나셨습니다. 우리와 똑같은 육신의 모습이었던 예수님이 온전히 자신을 던졌더니 전능하신 하나님께서는 당신의 전능하신 능력을 통해 이전과는 차원이 다른 영적 몸(spiritual body)으로 일으켜 세우셨습니다.

고린도전서 15장 42절 - 44절에 "죽은 자의 부활도 그와 같으니 썩을 것으로 심고 썩지 아니할 것으로 다시 살아나며 욕된 것으로 심고 영광스러운 것으로 다시 살아나며 약한 것으로 심고 강한 것으로 다시 살아나며 육의 몸으로 심고 신령한 몸으로 다시 살아나나니 육의 몸이 있은즉 또 영의 몸도 있느니라"고 말씀하셨습니다. 이것이 바로 예수님의 부활사건입니다.

시대는 다르고, 이름도 다르지만 출애굽사건과 부활사건은 그 본질에 있어서 결코 다르지 않습니다. 내가 죽음으로 하늘의 의를 이루는 살신성인의 원리입니다.

모든 진리가 그러하듯이, 부활의 진리도 보편적인 것입니다. 그리고 알고 보면 대단히 쉬운 것입니다. 결코 어려운 것이 아닙니다. 그렇기 때문에 예수님께서 부활하셨듯이 우리도 부활할 수 있는 것입니다.

부활이 2000여 년 전 예루살렘에서 일어난 유일회적인 과거의 사건만이 아니라 오늘 우리의 삶 속에서도 바로 나 자신도 경험할 수 있는 보편적인 현재적 사건이라는 말입니다.

문제는 부활의 전제조건을 만족시키는 것입니다. 내가 죽는 것입니다. 살신(殺身)입니다. 정녕 내가 그렇게 하는 것이 꼭 필요하다면 회피하지 않고 나의 피를 흘리고 나의 생명을 기꺼운 마음으로 바칠 때, 그때에 비로소 부활을 선물로 받게 되는 것입니다.

옛날 선비들은 인(仁)을 이루기 위하여 몸을 바치는 일에는 스승에게도 양보가 없다고 하였습니다. 내 십자가를 남에게 양보해서는 안 된다는 것입니다. 그동안에는 양의 피를 바치는 식으로 대충, 적당히, 그저 하나님께서 베풀어주시는 은총으로만 살아왔는데, 언제까지나 그 수준에 머물러서야 되겠습니까? 그리스도께서 온전히 당신을 제물로 바치심으로 성소 휘장이 찢어지고 하나님의 은혜의 보좌 앞에 담대하게 나아가는 평화를 선물로 받은 우리, 우리는 이 은혜를 무엇으로 보답할 수 있겠습니까? 이제 우리도 우리 자신을 살신성인의 제물로 바칠 때가 되지 않았습니까?

제물이 되자면 우리 자신을 정결케 해야 합니다. 하나님께 바치는 제물은 가장 정결한 것이어야 합니다. 멀쩡한 것은 숨겨놓고 흠이 있는 것을 골라 하나님께 바친다면 그것은 가증스런 것입니다. 결코 열납될 수 없습니다. 유월절 밤에 이스라엘 백성들이 몸과 마음을 정결케 하고 가장 귀한 양을 잡아 그 피를 문설주에 발랐던 그 긴장감과 헌신의 자세를 기억하시기 바랍니다. 아무 흠도 티도 없었던 우리 주님 예수 그리스도께서 친히 유월절 어린양이 되어 그 정결한 몸과 마음을 십자가에서 희생제물로 바치셨던 그 고귀한 정성과 헌신을 기억하시기 바랍니다.

이제 우리들 자신이 하나님의 뜻을 이루는 거룩한 산 제물이 될 수 있도록 하루하루 마음과 뜻과 정성을 모아서 하나님을 사랑하고 이웃을 사랑하며 내 자신을 내어 주며 살아가는 여러분이 되시기 바랍니다.

돌아보면 정말로 누군가 몸을 희생하지 않으면 안 될 만큼 문제투성이인 곳이 너무나 많습니다. 너무들 자기중심적이고, 경쟁적이고, 탐욕으로 인해서 생명의 활로가 꽉 막혀 있습니다. 도대체 모두가 뿔뿔이고 적대적이고 대화가 없습니다. 정치현실이 그렇고, 경제현실이 그렇고, 시민사회가 그렇고, 심지어 가정도 그렇습니다. 요즘 정상적인 가정이 과연 얼마나 있습니까? 남편은 남편대로 아내는 아내대로, 부모는 부모대로 자식은 자식대로입니다. 형제간에 남남이 된 것은 벌써 옛날일입니다. 심지어 교회도 그렇습니다. 교회는 주님의 몸인데, 서로 소통이 안 됩니다. 그렇게 무관심할 수가 없습니다. 교회끼리, 목회자끼리, 교단끼리 과연 주님의 몸다운 믿음과 사랑이 있습니까?

이런 수준인데 무슨 일을 도모할 수 있겠습니까? 이 거대한 물신숭배적 자본주의의 고깃가마를 거부하고 하나님께서 명령하는 정의로운 세상을 향하여 출애굽의 대장정을 감행할 수 있을까요? 과연 "꼼짝 마라! 내 말 안 들으면 모두 죽어!" 하면서 생존의 위협을 가하는 이 죽임의 세력을 한 수 아래로 내려다보면서 나눔과 섬김으로 함께 살아가는 탁 트인 생명세상을 향하여 독수리 같은 부활의 날개짓을 시작할 수 있을까요?

우리가 그렇게 할 수 있는 길은 우리 모두가 각각 자기 몫의 십자가를 지는 것뿐입니다. 살기를 원하는 집마다 희생의 피를 흘려야 합니다. 살기를 원하는 자마다 자기 십자가를 지고 자기를 미워하면서 흔쾌히 주님을 따라가야 합니다. 피흘림이 없이는 사함이 없습니다. 제 욕심대로만 살아서는 모두가 망합니다. 의인 열 사람이 없어서 소돔과 고모라가 망했습니다. 살신성인하는 한 사람이 없어서 가정이 망하고 교회가 문을 닫습니다. 움켜쥔 것을 놓지 않는 그 완강한 아집으로 인하여 사람들의 몸과 영혼이 온갖 독으로 가득 차서 죽어가게 됩니다.

여러분, 우리 가정, 우리 골육친척, 우리 교회, 우리 시민사회, 우리나라, 이 신음하는 지구촌… 정녕 이대로 두어도 좋습니까? 여러분의 인생, 그냥 그렇게 방치해도 좋습니까?

여러분이 정녕 누구인가를 안다면 결코 함부로 아무렇게나 살 수 없을 것입니다. 하나님께서 그리스도 예수 안에서 여러분을 위하여 얼마나 놀라운 축복을 준비하고 계시는지 분명히 알고 믿는다면 결코 그냥 그렇게 미적지근하게 살 수는 없을 것입니다. 우리의 인생은 정녕 소중한 인생입니다. 하나님께서는 여러분을 위하여 참으로 놀라운 축복을 준비하고 계십니다. 그 소중한 미래를 사모하십시오.

그 무엇과도 여러분이 차지할 영적 축복을 바꾸지 마십시오. 그와 같은 거룩한 소명의식으로 살신성인의 헌신을 해나갈 때 하나님의 진노가 거두어질 것입니다. 저녁에는 울음이 기숙할지라도 아침에는 기쁨이 오게 될 것입니다.(시 30:5)

이제 그만 놓으십시오. 끊으십시오. 이제 그만 용서하십시오. 나누십시오. 감사하십시오. 기쁨으로 바쳐 보십시오. 꼭 막혔던 은혜의 문이 열릴 것입니다. 그럴 때 암덩어리처럼 여러분을 괴롭히던 모든 고질적인 문제들이 그 완강한 힘을 잃고 스스로 물러가게 될 것입니다. 틀림없이 기적이 일어날 것입니다.

그것이 바로 출애굽을 앞두고 양의 피를 바르도록 하신 이유요, 주님께서 부활 이전에 당신의 살과 피를 온전히 바치는 십자가 희생제사를 드린 이유입니다.

내 것을 희생하고 바침으로 우리 모두를 살리고 하나님의 뜻을 이루는 여러분이 되시기를 주님의 이름으로 축원합니다.

그것으로 되는 게야

눈꽃처럼 하얀 꽃가루 뿌려대던 벚나무
잔치는 벌써 끝났나 했더니,
이제는 잎사귀가 싱그럽다.
신록을 준비하는 듯 연둣빛깔이 상큼하구나.

아이들처럼 귀엽고 처녀들처럼 발그레하던 개나리, 진달래,
열흘을 못 가고 사라지나 했더니,
이제는 철쭉과 명자다.
열 배는 더 진하고 정열적인 붉은 입술로 마음을 빼앗는구나.

이건 무슨 냄새냐?
라일락 향내라오.
야, 정말 진하다, 아침부터 취할 것 같네!
붉은 입술이 없으니 찐한 향기로 말하는 거니?
몰라요,
좋으면 그냥 좋다고만 하세요.
황홀한 유혹, 충만한 기쁨, 행복한 고백,
돌아서도 눈 감아도 문 열여도 문 닫아도
가슴인지 마음인지 그윽하게 저미어오는
보랏빛 그리움이어라!

플라타나스의 키가 큰 줄은 진작에도 알았지만
오늘 보니 미국 샌프란시스코에서 보았던 그 큰 나무 못지 않게 크고,
날아다니는 새들 자세히 보니
참새, 찍새, 촉새, 까치, 비둘기,
아주 작고 날씬한 새, 작으면서도 통통한 새,
몸통이 하얀 새, 하도 잽싸서 무슨 색인지도 알 수 없는 새,
멋지게 선회하는 고상한 새, 찍찍 이리저리 까부는 까부리 새,
그 작은 새들 저쪽에서 이쪽으로 휙 날아와
북원초등학교 후문 옆에 있는 나무 품으로 쏙 들어가 앉을 때
작은 새는 작아서 아름답고
큰 나무는 커서 넉넉한데

풀들도 가지가지
민들레, 꽃다지, 망초대, 접시꽃, 은방울꽃,
애기똥풀, 별별 이름도 모르는 풀,
…….
보이니 봄이런가
봄이라 보이는가
봄으로 또 보고,
볼수록 봄은 또 봄이로다.

너 방금 철쭉꽃을 보면서 감동하였느냐?
명자꽃을 보면서도 감동하였습니다.
푸른 잎사귀 보면서 행복하였느냐?
라일락 향기에도 행복하였습니다.
작고 겸손한 민들레가 이쁘더냐?
구김살없이 까불어대는 새들도 귀여웠습니다.
걔네들을 품어주는 키 큰 나무들도 넉넉해보였구요.
아참, 어제 아이들하고 구경하고 온 배꽃과 복사꽃도 근사했습니다.
다들 나름대로 예쁘고 향기롭고 귀엽고 넉넉하고…… 그렇더군요.

그래 바로 그거야!
그래서 내가
공중을 나는 새를 보라고 그랬지?
또 들에 핀 꽃을 보라고 그랬지?
모두 다 아름답고 열심이고 행복하잖냐?
내일 일은 내일이 염려할 것이니
걱정하지 말고, 부러워하지 말고.
내가 보기엔 너도 멋있어.
너는 너다우면 그것으로 되는 게야.

평화의 아침

"안녕~"
"~야 인사해야지, 안녕하세요!"
…….
"그냥 두세요. 보면 인사지요."

아직 잠에서 덜 깼구나!
엄마하고 떨어지기가 싫었니?
말하지 않는 아이의 속사정을 다 알 수는 없으나
"목사님 안녕하세요!"
헤헤 호호 알랑방구 뀌면서 까불어대기에는 아직이다.

그래 왜 안 그렇겠니
그럼 내가 먼저 알랑방구다 히히크크
번쩍 안아 볼을 부비며 등을 토닥이면
아, 이 느낌, 포근하게 보드랍게 전해지는 생명의 숨결,
그 숨결에 접속되어 내가 숨결이 되고 사랑이 되는 아늑한 기쁨,
그 찡한 감동에 행복해다가
이제 그만, 살며시 내려놓는다.
아, 그때 아이의 눈망울은 어찌나 맑고 사랑스러운지
…….

생각해보면 나도 날마다 그렇게 깨어난다.
꼬기요~ 하고 새벽닭 울고,
어느새 일어난 부지런한 참새들 찍찍 조잘조잘 지저귈 때
정기서린 바람, 청명한 하늘,
창문을 열면 펼쳐지는 정갈한 새벽성찬에 감동먹으면서,
"아, 좋네, 고맙습니다"
하면서 일어나 하루를 시작하니까…….

안 그런 사람 어디 있겠나,
사랑은 언제나 내리사랑인데.

아무리 일찍 일어나도 새벽보다 일찍 일어나는 사람 있을까?
"나는 새벽을 깨우리로다" 말하기도 하지만
실은 그때도 새벽은 다만 정중동,
먼저 일어나
혹시 누구 깰세라 깊은 어둠 속 캄캄하게 목마른 영혼 위하여
정화수 같은 선물 정성껏 준비하고,
언제부터인지 도무지 모른다.
햇살은 진작에 그 먼 거리를 달려와 환한 웃음으로 하늘을 열고,
어느새 어머니는 덜그럭거리시고,
에헴, 자 모두들 일어나거라,
아니 도대체 아버지는 언제 일어나신거야.
…….

우리도 다 그렇게 컸다.
다 그렇게 먼저 일어난 사랑을 먹고
먼저 일어나 준비된 음식을 먹고
긴긴 세월 간단없이 무상으로 주어지는 내리사랑을 받으며
키가 크고 살이 찌고 어깨가 벌어지고 영혼이 영글었다.
부모는 평생 부모, 자식은 늙어도 자식
오늘도 그분은 정겨운 새소리로 정갈한 아침공기로 햇살로
먼저 인사하신다.
잘 잤니?
아, 고맙고 고마운 환한 웃음, 다정한 얼굴, 한결같은 축복,
어디서 찔리셨나 피묻은 가슴은 애써 감추고…….

심통난듯 보이는 너희들 얼굴을 보다가,
인사해도 받아주지 않는 너희들 무표정 땜에 삐질라고 하다가,
그럴수록 이쁘게 봐주시고
얼럴루 까꿍 어르시고 웃기시고 알랑방구 뀌시는
아부지, 엄마, 하나님, 그 아들 예수의 넉넉하신 유머에 말려들어
나도 모르게 배시시 웃게 되니,
아, 이 순간 나는
그분 품에서 걱정 근심없이 노는 어린아이, 구김살없는 자식,
틀림없이 그분 품이니 이게 바로 천국일거야,
알듯 모를듯 빙그레 히죽히죽
휘휘휘 휘파람, 흐흐흥 콧바람

 감자같은 희망

참 아름다와라 주님의 세계는~
아침해가 돋을 때 만물신선하여라~
만복의 근원 하나님 온 백성 찬송 드리고~

주님 고맙습니다.
이 아침, 저의 노래가 되어주셔서.
우리는 모두 주님 베푸시는 내리사랑 먹고 살아가는
당신의 자식, 당신의 제자, 당신의 양, 당신의 사랑…….

아, 이 샘솟는 기쁨, 뻗치는 기운,
주님 덕에 제가 웃네요.
주님 덕에 제가 사랑을 알았네요.
그 크신 사랑 여전히 우리와 함께 하시매
슬프고 괴로운 일 어처구니없는 일 끊이지 않는 세상이어도,
그럼에도 불구하고의 은총으로 살아나
저 다시 이렇게 일어나 힘을 냅니다.
알고 보면 모든 게 사랑,
그게 피묻은 가슴으로 원하시는 주님의 소원이고 또 내 소원이니
고맙습니다 주님!
사랑합니다 주님!
…….

"얘들아, 모두 모두 안녕~"
"목사님, 안녕하세요~"
"그래~~~쪽!!!!!"

아, 햇살처럼 퍼져가는
안녕한 아침,
부활의 아침,
평화의 아침이여…….

2부 여름

진실에의 용기

"… 너희가 사람의 잘못을 용서하면 너희 하늘 아버지께
서도 너희 잘못을 용서하시려니와 너희가 사람의 잘못을
용서하지 아니하면 너희 아버지께서도 너희 잘못을 용서
하지 아니하시리라" (마 6:5-15)

티벳에 사는 80이 넘은 어느 노(老) 스님이 그곳에서 일어
난 큰 박해를 피하여 히말라야 산맥을 넘어서 인
도에 도착하였습니다. 인도 사람들은 이 스님을 보자 놀라서 물었습니다.
"어떻게 젊은 사람도 넘어오기 힘든 저 험한 산을 넘어오셨습니까?" 그러
나 스님의 대답은 의외로 간단하였습니다. "한 걸음씩 걸어서 왔지요." 간
결하지만 많은 것을 생각하게 하는 얘기입니다.

인생길은 결국 한 걸음씩입니다. 한 걸음씩, 진실한 마음으로 사는 것이
성공적인 인생을 사는 비결이요 진리의 길입니다.

옛날에 한경직 목사님도 그 비슷한 말씀을 하셨습니다. 어느 젊은 목사가 머리가 허연 목사님을 찾아가서 물었습니다. "목사님, 어떻게 하면 목회에 성공할 수 있습니까?" 그랬더니 한경직 목사님은 한동안 침묵하시더니 "예수 잘 믿으세요" 하고 대답하셨다고 합니다.

여러분은 어떠실는지 모르나 저는 이 말이 참 깊은 울림으로 다가옵니다. 무슨 특별한 기술이 중요한 게 아니라는 것입니다. 또 그렇게 해서 외형적으로 성공을 이룬다 해서 그것이 진정한 성공도 아니라는 것입니다. 중요한 것은 내 마음속의 진실을 지켜가는 것입니다.

역시 깊은 깨달음을 얻은 분들의 말씀은 뭐가 달라도 다릅니다. 다른데 의외로 단순합니다. 또 쉽습니다. 진리의 길이 이런 것이라면 나도 다시 한번 해보고 싶다, 이런 용기를 불러일으킵니다.

힐렐이라는 랍비도 그랬다고 합니다. 로마군 장교 한 사람이 이 분을 불러서 갔더니 문제를 냈습니다. "내가 지금 한 쪽 발을 들고 있는데, 다른 쪽 발과 바꾸기 전에 너희 종교의 가르침을 한 마디로 요약해서 말해보라. 나를 감동시키지 못하면 살아남지 못하리라." 이때 랍비가 한 말이 뭔지 아십니까? "자신이 원하지 않는 것은 남에게도 시키지 말라" 였습니다. 이 말을 들은 로마군 장교는 할 말이 없었습니다. 할 말을 잊게 만드는 촌철살인의 대답이었기 때문입니다.

예수님은 이것을 적극적인 내용으로 바꿔서 말씀하셨습니다. "무엇이든지 남에게 대접을 받고자 하는 대로 너희도 남을 대접하라 이것이 율법

이요 선지자니라.” (마 7:12)

이 말씀을 들을 때 얼마나 간명합니까? 그리고 얼마나 쉽습니까? 성경의 가르침이 이런 것이라면 누구나 다 실천할 수 있는 것이고, 나도 한번 성심껏 열심히 살아보고 싶어지지 않습니까?

그렇습니다. 알고 보면 어렵지 않은 것이 진리의 길입니다. 진리는 무슨 특별한 사람만이 깨닫고 실천할 수 있는 것이 아니라, 진실한 마음만 있다면 누구나 깨닫고 실천할 수 있는 것입니다.

한 걸음씩 걷는 것 누가 못하겠습니까? 자신의 부족함을 알고 예수님을 믿는 것, 평범한 사람들일수록 잘 할 수 있는 일 아닙니까? 내가 원하는 대로 남을 대접해주는 것, 그것이 뭐 그리 어렵겠습니까? 하려고 마음만 먹으면 얼마든지 실천할 수 있는 것입니다.

“너희는 여호와를 만날 만한 때에 찾으라 가까이 계실 때에 그를 부르라 악인은 그의 길을, 불의한 자는 그의 생각을 버리고 여호와께로 돌아오라 그리하면 그가 긍휼히 여기시리라 우리 하나님께로 돌아오라 그가 너그럽게 용서하시리라”는 이사야 55장 6절 - 7절 말씀 또한 그런 말씀입니다.

하나님께 돌아오라는 것입니다. 그동안 너희가 겪을 만큼 겪어보았거니와 하나님의 품이 얼마나 좋으냐, 이제 너희가 나에게 돌아오기만 하면 너그럽게 용서하리라, 다른 조건 없다, 불의한 자는 그 가던 길을 돌이키고 허영에 들뜬 자는 생각을 고치고 돌아오라는 말씀입니다. 우리는 하나님께 나아가기만 하면 되는 것이고, 우리의 삶을 하나님께로 돌이키기만

하면 되는 것입니다.

복음서의 말씀도 마찬가지입니다. 여기서 예수님이 강조하시는 것이 무엇입니까? 진실하라는 것입니다. 은밀한 중에 보시는 하나님께서는 우리가 입을 열기도 전에 속 생각을 아시는데, 무슨 기도를 그리 복잡하게 하느냐? 그 누구의 눈치도 보지 말고, 그 어떤 가식도 품지 말고 오직 진실한 마음으로 아뢰라, 그러면 하나님께서 다 들어주신다는 것입니다.

특별히 용서에 관한 말씀을 강조하시는데, 그것은 그만큼 사람들의 마음 속에 깃들어있는 미움과 상처가 깊은 것을 아셨기 때문입니다. 이 문제를 해결하지 않고는 그 어떤 고상한 가르침도 공허한 울림으로 끝날 수밖에 없습니다. 천사의 말을 할지라도 사랑이 없으면 울리는 꽹과리와 같지 않습니까? 이 문제를 해결하기 위해서 예수님께서는 뭐라고 가르쳐주셨습니까?

우리가 우리에게 잘못한 이를 용서하듯이 우리의 잘못을 용서해달라고 빌라고 하셨습니다. 그리고 너희도 사람을 용서하라고 말씀하셨습니다.

이 용서의 가르침은 어찌 들으면 아주 어렵게 느껴지기도 합니다. 우리의 용서가 하나님의 용서의 전제조건이 되는 것처럼 느껴져, 너무 율법적인 가르침 아닌가, 이거 정말 예수님의 가르침이 맞나, 그런 생각이 들기도 합니다.

실제로 마태복음 18장 21절 - 35절에 기록된 '용서할 줄 모르는 종의 비유'를 읽어보면 예수님이 가르쳐주신 하나님의 용서는 조건부 용서가 아님니다. 일만 달란트의 빚을 탕감받은 종이 불과 100데나리온의 빚을 진 동료를 용서하지 못해서 고소하는 것이 말이 되냐, 너희 분수를 알고 진심으로 서로 용서하라, 그래야 너희가 받은 용서가 의미있게 되는 것 아니냐, 그렇지 않으면 하나님 아버지께서 너희가 가혹하게 한 것과 똑같이 너희를 가혹하게 대접할 것이다 라고 말씀하고 있습니다. 말하자면 너야말로 큰 용서를 받은 처지임을 알고 형제를 용서하는 일에 인색하지 말라는 것입니다.

이 비유에 비춰서 보면 오늘 본문의 말씀은 확실히 율법적인 느낌을 주는 것이 사실입니다. 너희가 남의 잘못을 용서하면 하늘에 계신 아버지께서도 너희를 용서하실 것이지만, 너희가 남의 잘못을 용서하지 않으면 아버지께서도 너희의 잘못을 용서하지 않으실 것이라고 하니 말입니다.

그러나 이 말씀을 들을 때, 말씀의 꼬투리를 잡고 따지는 자세로 듣지 말고, 겸손하게 청종하는 자세로 들으시기를 바랍니다. 이 말씀을 하실 때 이미 예수님은 듣는 모든 사람들을 당신의 사랑으로 품고 말씀을 하셨습니다. 이미 무수하게 정죄하고 정죄받아온 제자들을 향하여 "나는 너희를 정죄하지 아니하노라" 는 따스한 눈길을 보내시고, 그 온화한 품에서 진정 용서가 뭔지를 그들이 몸으로 느끼는 가운데, 이제 너희도 이와 같이 하라는 뜻으로 말씀하시는 것입니다.

같은 말이라도 누가 하느냐에 따라 다르며, 같은 길이라도 누구와 함께 가느냐에 따라 다른 법입니다. 사랑하는 분과 함께라면 험한 길도 갈 수 있는 것이 인생입니다. 사랑하는 분의 말씀이라면 혹 어려워도 순종할 수 있는 것이 사람의 마음입니다.

나를 함부로 판단하는 사람이 하는 말이면 아무리 쉬운 계명이라도 따르고 싶지 않은 고역이지만, 나를 진심으로 사랑하고 믿어주시는 분의 말이라면 아무리 어려운 계명이라도 힘을 다해 지키고 싶지 않겠습니까? 사랑하는 분과 함께 걷는 길이라면, 우리는 혹 힘이 들어도 한 걸음씩 한 걸음씩 걸어가지 않겠습니까?

사랑을 몰랐을 때야 빨리 가야 했고, 할 수만 있다면 건너뛰어서 가고 싶었지만, 이제 사랑을 알았으니 구태여 그럴 필요가 없지 않습니까? 오늘 우리가 서있는 이 자리가 얼마나 소중한가를 알았고, 우리가 하는 작은 몸짓들이 그분의 사랑 안에서 얼마나 소중한가를 알았으니, 우리는 이제 이전과는 다른 여유로운 발걸음으로, 다만 진실함으로 한 걸음씩 걸어갈 수 있는 마음이 되지 않았습니까?

예수님은 너희가 땅에서 매면 하늘에서도 매일 것이요 땅에서 풀면 하늘에서도 풀릴 것이라고 말씀하셨습니다. 우리가 하는 작은 일이 이렇게 중요하다는 것을 예수님은 가르쳐주셨습니다.

그러므로 이제 기쁜 마음으로, "천리길도 한 걸음부터"라는 마음으로 나아가십시오. 내 곁의 지극히 작은 이웃에게 정성을 다하고, 먼저 용서하고, 남이 풀어주기를 기대하고 하늘에서 풀어주기를 기대하기 전에 내가 먼저 풀면서 나아가야겠습니다. 예수 안에서, 십자가 안에서라면 할 수 있습니다.

이 시간 여러분 모두 진실하게 살기로, 내 곁의 한 사람 한 사람을 진실하게 대하기로 결심을 하십시오. 진실이 곧 힘입니다. 내가 진실한 만큼 나는 자유하며, 내가 진실한 만큼 문제가 풀리되, 하나가 풀리면 둘이 풀리고, 여기서 풀리면 저곳에서도 풀릴 것입니다. 진실에 대하여 진실로 응답하시는 하나님이 계시다는 사실을 기억하며 용기내시고, 누가 보든지 안 보든지 이 걸음으로 계속 걸어갑시다.

그리고 이제 좀더 나아가, 우리 이웃들을 향해서도 열린 마음으로 다가갈 수 있기를 바랍니다. 혹시 아직도 용서하지 못하는 사람이 있습니까? 부모님에 대해서, 형제에 대해서, 어떤 친구, 어떤 이웃에 대해서 미워하는 마음, 용서하지 못하는 마음, 용서하지 못해서 괴로운 마음 있습니까? 용서하십시오. 물론 쉽지 않은 일입니다. 그러나 그래도 해보십시오.

우리에게 용서하라고 말씀하시는 분이 바로 십자가 사랑으로 우리의 허물을 덮어주신 우리 주님 예수 그리스도 아니십니까? 참으시되 끝까지 참으시고, 용서하시되 온전히 용서하신 거룩하신 갈보리 십자가 사랑을 생각하면, 결코 용서할 수 없는 원수는 없을 줄 압니다.

여러분이 지금 여기서 매듭을 푸는 순간, 하늘에서도 매듭이 풀어진다고 하는 것이 주님의 약속입니다. 진정어린 마음으로 주님의 진실에 보답하려고 노력하는 그 정성 위에, 쉽지 않지만 마음을 비우고 용서하려는 그 마음 위에 하나님의 크신 축복의 손길이 함께 하시기를 주님의 이름으로 축원합니다.

자신감을 가지라

"내가 오늘 네게 명령한 이 명령은 네게 어려운 것도 아니요 먼 것도 아니라 … 오직 그 말씀이 네게 매우 가까워서 네 입에 있으며 네 마음에 있은즉 네가 이를 행할 수 있느니라 …" (신 30:11-20)

하나님께 일꾼으로 쓰임받는 사람의 필수요건이 바로 자신감입니다. 믿음의 조상 아브라함을 생각해 보십시오. 그가 부름받았을 때 나이가 75세인데, 그 나이에 뭘 하겠습니까? 그러나 하나님이 부르시니 군말없이 따라나서지 않습니까? 불러주시는 은혜에 감사하고, 해보겠다는 자신감이 있었습니다.

자신감은 다른 측면에서 보면 믿음입니다. 나는 부족하나 내게 능력 주시는 자 안에서 내가 모든 것을 해낼 수 있다는 믿음으로 자기 자신과 세상을 볼 때 자신감이 생기는 것입니다.

출애굽 일 세대 가운데 약속의 땅 가나안에 들어간 사람은 오직 여호수아와 갈렙뿐이었습니다. 다른 모든 사람들은 광야를 유랑하다 죽었는데 어떻게 여호수아와 갈렙은 가나안에 들어갈 수 있었습니까? 바로 자신감 때문이었습니다.

12명의 정탐꾼을 보내어 가나안 지경을 살펴보라고 하였더니 10명의 정탐꾼은 모두 두려움에 떨면서 부정적으로 보고하였기에 모든 백성이 두려워 떨었습니다. 하지만 여호수아와 갈렙은 담대하게 나서서 "우리가 두루 다니며 정탐한 땅은 심히 아름다운 땅이라 여호와께서 우리를 기뻐하시면 우리를 그 땅으로 인도하여 들이시고 그 땅을 우리에게 주시리라 이는 과연 젖과 꿀이 흐르는 땅이니라"(민 14:7-8)고 말했습니다.

하나님께서는 그 믿음, 그 자신감을 귀하게 보셨고, 그들로 하여금 가나안에 들어가는 기쁨을 누리게 하셨습니다.

기드온 300용사는 무엇을 말하고, 골리앗을 물리친 다윗은 무엇을 말해 줍니까? 역시 자신감입니다. 사람의 수를 의지하거나 그 때문에 좌절하지 않고 전능하신 하나님을 바라보는 믿음이 있었고, 그 믿음을 통하여 "너는 칼과 창을 가지고 나왔느냐? 나는 만군의 여호와의 이름으로 네게 가노라"는 자신감이 상황을 바꿔내고 전세를 역전시키는 원동력이었던 것을 성경은 말해줍니다.

물론 이런 자신감은 거저 생기는 것이 아닙니다. 듣고 믿고 따르는 과정, 부단한 학습과 도전과 시행착오의 과정, 그 모든 과정을 돕는 훌륭한 스승이 있었기 때문입니다. 아브라함이 처음부터 아브라함이었습니까? 모세는 처음부터 모세였고 다윗은 처음부터 다윗이었습니까? 저들 모두 처음에는 미미한 존재였습니다. 저들을 가르친 위대한 스승이 있었기 때문에 가능한 것이었습니다.

아브라함은 하나님이 직접 스승이 되셔서 가르치셨습니다. 다윗의 배후에는 하나님께서 세우신 종 사무엘이 있었습니다. 사무엘이 없었더라면 아마도 다윗은 그저 시골 목자 가운데 좀 뛰어난 목자였을 것입니다. 그러나 다윗을 귀하게 보고 성심껏 말씀을 심어 주고 가르친 사무엘 덕에 다윗은 많은 것을 배울 수 있었습니다. 잠재해 있는 자질을 발굴해내고 격려하고 조련해내는 탁월한 영적 스승의 도움 속에서 다윗이 정녕 다윗이 된 것입니다.

우리가 인간을 깊이 생각할 때, 특별한 자질은 기본적으로 누구에게나 웬만큼은 있는 것이라고 보아야 할 것입니다. 인간은 너나없이 하나님의 형상으로 지어진 하나님의 위대한 작품 아니겠습니까? 비유하자면 흙 속에 묻혀 있는 진주요, 닭장 안에 갇혀 있는 독수리입니다. 잘 닦아주기만 하면 빛나는 보석이 될 수 있고, 그 본래적인 가능성을 일깨워주고 자극을 주면 하늘을 나는 독수리가 될 수도 있는 존재가 바로 인간이라는 말입니다. 스스로 자신이 누구인가를 분명히 깨닫는 것이 중요합니다.

헬렌 켈러를 아실 것입니다. 그녀는 듣지도 못하고 보지도 못하고 말하지도 못하는 삼중고를 이기고 위대한 사회복지가로 저술가로 인류사에 큰 기여를 하였는데, 어떻게 그것이 가능하였습니까? 스승 설리반을 만나 자기 자신에게 있는 놀라운 가능성을 깨닫고, 자기 자신의 미래에 대해 자신감을 가졌기 때문에 가능했습니다.

그러나 이 모든 기적들보다 더 큰 기적이 있습니다. 바로 출애굽의 기적입니다. 여러분, 저 위대한 출애굽의 대장정을 감행한 사람들이 도대체 어떤 사람들이었습니까? 고대 중근동 지방을 떠돌아다니다가 이집트에서 노예생활을 하던 무지렁이, 하바리, 바로 하비루(Habiru)들이었습니다. 오랫동안 노예생활을 하면서 자신들이 누구이며 자신들이 무엇을 할 수 있는지 정체성을 잃어버리고 자신감을 상실한지 오래 된 사람들이었습니다.

그런 사람들이 그 길고 캄캄한 침체와 절망을 털어내고, 운명처럼 그들의 삶을 옥죄던 애굽의 종살이를 거부하고 홍해를 건너고 광야를 지나 약속의 땅 가나안에 들어가서 정의가 강물처럼 흐르는 새로운 나라를 세운 것입니다. 위대한 영적, 사회적, 정치적, 경제적, 문화적 혁명을 이루어 세계 역사의 흐름을 뒤바꿔놓은 사건이 바로 출애굽사건인 것입니다.

어떻게 그것이 가능했을까요? 전능하신 하나님 여호와가 총감독이 되셔서 저 무지렁이 인생들인 하비루들을 이끄시고, 그들은 듣고 믿고 따르는 가운데 넘치는 자신감으로 저 불가능의 바다와 강과 성을 향해 우리가 간다, 길이여 열려라, 하고 전진하는 가운데 이루어진 일입니다. 정녕 하나님은 모든 지혜의 근본이요, 스승 중의 스승이며, 감독 중의 감독이십니다.

그런데 참으로 감사하게도 그 하나님이 우리의 감독으로 부임하셨습니다. 돈 한 푼 안 받고, 배우고자 하는 열의만 있으면 누구나 가르쳐주는 감독으로 봉사하고 계십니다. 얼마나 가슴벅찬 일입니까? 우리에게 세계 최고의 감독이 오셨다는 사실이 얼마나 영광된 일입니까? 당신의 모든 것을 바쳐서 우리를 가르쳐주시겠다고 합니다. 우리같이 돈없고 모자라고 그늘진 사람들을 통해 세계를 깜짝 놀라게 할만한 기적을 만들어 온 세상 사람들에게 꿈과 희망을 주는 것이 우리 감독 하나님의 소원이신 것입니다.

오늘 본문에서 "내가 오늘 네게 명령한 이 명령은 네게 어려운 것도 아니요 먼 것도 아니라 … 오직 그 말씀이 네게 매우 가까워서 네 입에 있으며 네 마음에 있은즉 네가 이를 행할 수 있느니라"고 말씀하셨습니다.

좀 쉽게 말하면 말씀을 따라 사랑하며 사는 것, 성실하게 사는 것, 이웃을 배려하고, 바르게 일하고 바르게 벌어서 격조있게 살아가는 일, 그런 가문을 이루고 그런 공동체를 이루고 그런 나라를 이루는 일, 그건 하려고 마음만 먹으면 얼마든지 할 수 있는 일이다, 우리가 어떻게 그렇게 살 수 있느냐는 패배주의적인 생각은 가당치 않다, 네가 할 수 있다, 자신감을 가져라, 그런 말씀입니다.

왜 그것이 하려고 마음만 먹으면 얼마든지 할 수 있는 쉬운 일입니까? 우리는 하늘과 땅을 지으신 하나님의 형상으로 지어진 그의 자녀이기 때문입니다. 우리에게는 하나님의 씨가 있기 때문입니다. 우리는 본래 하나님의 성품을 나누어받은 존재이기 때문입니다. 여러분, 독수리가 닭장에서 사는 것이 자연스럽습니까, 푸른 하늘을 마음껏 날아다니는 것이 자연스럽습니까? 하나님의 자녀인 우리가 하나님의 말씀을 따라 사는 것이 쉽겠습니까, 하나님을 등지고 죄를 지으면서 사는 것이 쉽겠습니까?

생각하기 나름입니다. 믿기 나름입니다. 우리가 우리 자신을 누구라고 인식하느냐에 따라 우리는 이런 삶을 살 수도 있고 저런 삶을 살 수도 있는 것입니다. 인자하신 하나님 아버지께서 우리와 함께 하시며 우리의 감독이 되셔서 이끌어 주시겠다는데 안 될 일이 무엇이겠습니까? 아버지와 함께라면 우리는 할 수 있습니다.

그러나 혹 지난날의 죄로 인하여 마음이 무겁고 새 출발의 용기가 나지 않는 사람이 있을 수도 있을 것입니다. 죄짓는 일이 너무도 몸에 배었고, 나는 의지가 너무 약해서 틀림없이 말씀대로 살지 못하고 넘어지고야 말 것입니다, 그러니 차라리 그냥 이대로 살렵니다, 하면서 자포자기의 심정을 갖는 사람이 있을 수도 있을 것입니다. 이러저러한 패배주의가 우리의 마음을 짓누르고 있는 것이 사실입니다.

그러나 사랑하는 교우 여러분! 이것도 염려할 것 없습니다. 바로 그렇기 때문에 하나님께서는 당신 자녀인 우리를 도우시되, 자비와 긍휼이 풍성하신 우리 주 예수 그리스도를 통하여 우리를 도와 주십니다. 예수님의 도우심을 받으며 살아갈 때 우리는 누구든지 성공적으로 우리가 가야할 길을 가게 될 줄 믿습니다.

우리를 직접 지도하시는 우리 주 예수님께서는 우리의 연약함을 너무도 잘 아시는 분이십니다. 우리를 있는 그대로 받아주시고 우리의 형편에

맞춰서 우리를 가르치시고 인도해주시는 분이십니다. 목자가 양을 아무렇게나 함부로 몰지 않듯, 우리의 선한 목자되시는 예수님께서는 우리가 기가 살면 신바람나게 잘도 가지만 때로는 사소한 것에도 의기소침해져서 앞으로 가지 못하고 뒤로 쳐지기도 한다는 것을 잘 아십니다. 우리가 잘 해보려고 노력은 하지만 때로 잘 넘어지기도 한다는 것을 너무도 잘 아십니다. 그런 우리를 돕기 위해서 오신 분이 바로 예수님이십니다.

"너희 같은 사람들을 돕는 게 내 전공이야. 걱정하지 마. 믿기만 해"라고 말씀하십니다. "정 못하겠다면 네가 할 수 있는 범위가 어디까지냐? 거기까지만이라도 해 봐, 그러면 나머지는 내가 어떻게 해볼게"라는 것입니다. "안 된다는 생각, 할 수 없다는 생각만 버려! 하고는 싶은데 도저히 힘이 없다면 나를 불러! 내가 도와줄게." 그런 말입니다. "누구든지 주의 이름을 부르는 자는 구원을 받으리라"(롬 10:13)고 말씀하지 않으셨습니까?

이렇게 놀라운 은총의 주님이 함께하시므로, 진실로 우리는 뭐든지 해낼 수 있습니다. 엄두도 내지 못할 일, 시작조차 할 수 없는 일은 없습니다. 하려고만 하면 언제든지 할 수 있습니다. 하늘은 스스로 돕는 자를 돕는 법이고, 역사의 미래는 언제나 확신 속에서 자신감을 가지고 끝까지 힘써 일하는 자들의 것입니다.

여러분, "나는 할 수 있다! 나는 할 수 있다!"라고 크게 외쳐 보십시오. 정말입니다. 여러분은 할 수 있습니다. 하나님이 계시잖아요. 예수님께서 우리의 감독으로 부임해오셨잖아요. 여러분은 모두 하나님의 숨결이 꿈틀거리고 있는 하나님의 존귀한 자녀들이잖아요.

진실로 어떤 경우에라도 좌절하지 말고 자신감을 가지시기 바랍니다. 여러분 자신뿐만 아니라 여러분의 가족, 친구, 주변 모든 사람들에게 "할 수 있다"는 자신감을 일깨워주시기 바랍니다.

아름다운 꿈을 꾸시고, 그 꿈에 믿음과 소망과 사랑의 물을 부어주십시오. 여러분의 미래에 대하여, 여러분의 가문의 미래에 대하여, 우리의 교회와 이 나라의 미래에 대하여 우리를 통하여 하늘의 놀라운 일을 이루시기를 원하시는 하나님의 비전을 생각하며 꿈을 계속 키워가십시오.

우리의 감독되시는 예수 그리스도를 신뢰하면서 힘써 분발함으로 여러분도 저 위대한 믿음의 조상들처럼 기적의 역사의 주인공이 되시기를 주님의 이름으로 축원합니다.

내가 친히 가리라

"… 여호와께서 이르시되 내가 친히 가리라 내가 너를 쉬
게 하리라 모세가 여호와께 아뢰되 주께서 친히 가지 아
니하시려거든 우리를 이곳에서 올려 보내지 마옵소서 …"
(출 33:12-23)

인생에서 결혼만큼 의미있는 일도 드물 것입니다.
힘겨운 인생길을 걸어갈 때 고마운 사람이
어디선가 나타나서 "당신이 어디로 가든 나도 함께 가겠습니다" 하고 운
명을 함께하는 것이기 때문입니다. 광야 같은 인생길에서 이러한 든든한
동반자를 만난다는 것이 얼마나 큰 축복입니까?

롯기에 보면 나오미라는 여인이 나오는데, 이 여인은 참 처량맞은 사람
이었습니다. 본래 유다 베들레헴에서 남편과 함께 살았는데, 그곳에 기근
이 들자 모압땅으로 이사를 갔습니다. 그런데 안타깝게도 그곳에서 남편

이 나오미와 두 아들만 남기고 죽습니다. 두 아들은 그곳 모압 여인과 결혼하였는데, 그만 이 두 아들마저 죽고 집에는 나오미와 두 며느리(룻과 오르바), 이렇게 세 명의 과부만 남게 됩니다. 참으로 기구한 인생이요 소망없는 인생입니다.

어느 날 나오미는 두 며느리를 불러, 이제 나는 내 고향으로 갈 터이니 너희는 나를 따라오지 말고 재가하라, 각자 갈 길을 가라고 합니다. 그러자 오르바는 자신의 친정으로 갔습니다. 그런데 룻이라는 며느리는 한사코 가지 않고 울면서 시어머니에게 간청합니다. "내게 어머니를 떠나며 어머니를 따르지 말고 돌아가라 강권하지 마옵소서 어머니께서 가시는 곳에 나도 가고 어머니께서 머무시는 곳에서 나도 머물겠나이다 어머니의 백성이 나의 백성이 되고 어머니의 하나님이 나의 하나님이 되시리니 어머니께서 죽으시는 곳에서 나도 죽어 거기 묻힐 것이라."(룻 1:16-17)

결국 나오미는 룻을 데리고 베들레헴으로 갔습니다. 거기서 룻은 나오미를 잘 봉양하였고 나중에 보아스를 만나 아이를 낳게 되는데, 이 아이가 바로 다윗의 할아버지인 오벳이었고, 이분의 계보에서 훗날 메시야이신 예수 그리스도가 탄생하게 됩니다. 어려울 때 함께 간다고 하는 것이 얼마나 아름다운 일인지, 얼마나 큰 축복인지를 보여주는 이야기입니다.

본문에 하나님께서 모세에게 "내가 친히 가리라"고 말씀하셨는데, 모세와 이스라엘 백성에게 있어서 하나님이야말로 그들이 일평생 잊을 수 없는 동반자였습니다.

그들이 하나님을 만날 때 어떤 형편에 있었습니까? 남의 나라에서 종살이를 하고 있었습니다. 말하자면 직업도 변변치 못하고, 아무리 열심히 일해 봐야 먹고 살기도 바쁘고, 장래의 소망이 없는 인생, 도대체 오늘보다 내일이 나으리라는 그 어떤 기약도 보장되어 있지 않은 인생이었습니다. 종살이를 하는데 잠자리가 편합니까? 옷을 제대로 입습니까? 결혼을 맘대로 할 수 있습니까? 결혼하여 자식을 낳아봤자 교육을 제대로 시킬 수가 있습니까? 이름도 없고 빛도 없고 돈도 없고 빽도 없는 사람들이었습니다.

그런데 이 무슨 은혜인지, 그들에게 귀한 동반자가 생겼습니다. 그분은 아무런 조건없이 그들을 사랑하였습니다. 모든 어려움을 같이하였습니다. 외로울 때 친구가 되어주었고, 기쁨과 슬픔을 함께 나누었습니다. 이런 과정을 거치면서 참으로 놀랍게도, 이 사람들에게도 꿈이 생겼습니다. 사람답게 살아보고 싶은 꿈, 뜻을 펼쳐보고 싶은 꿈, 자유롭게 살고 싶은 꿈이 생겼습니다. 결국 그들은 그들의 동반자가 되어준 하나님의 인도하심으로 믿음과 소망과 사랑으로 그들이 그리는 꿈의 둥지를 향하여 길을 떠났습니다.

그분과 함께 가는 여행은 화려하지는 않았지만 재미도 있었습니다. 광야길을 걷고, 홍해를 건너고, 쓴물을 바꾸어 단물을 먹는 기적도 체험하고, 잠자리도 먹거리도 화려하거나 넉넉하지 않았지만 그렇다고 부족하지도 않았습니다. 고락을 같이하면서 정도 깊이 들었습니다. 사랑이 깊었으므로 힘든 것도 잊고, 때로는 힘든 줄도 모르면서 험한 길을 걸었습니다. 그렇게 꽤 먼 길을 걸었습니다.

그런데 이들에게 위기가 왔습니다. 이스라엘 백성의 부정 때문입니다.

모세가 산 위에서 하나님을 만나고 있는 사이, 그들은 황당하게도 하나님이 가증히 여기는 금송아지 신상을 만들어 그 앞에 절하면서 인생을 함께한 동반자라고 떠들어대고 그 우상과 정신적 간음을 범하고 만 것입니다. 그들은 어느새, 지난날 그 모든 고락을 함께해온 동반자는 까마득히 잊어버리고 그 금신상을 향하여 "이는 너희를 애굽 땅에서 인도하여 낸 너희의 신이로다"(출 32:4)하며 제단을 쌓았습니다.

참으로 기가 막힐 노릇 아닙니까? 그동안의 그들 인생길에 동반자가 되어 주셨던 여호와 하나님의 은공을 생각해보십시오. 그동안에 함께 했던 사랑의 세월을 생각해보십시오. 그들이 힘들고 어려웠던 시절에 그들을 진심으로 이해하고 그 모든 고통을 함께 나누며 절망과 무기력에서 벗어나 새로운 삶을 살 수 있도록 도와준 게 누구입니까? 어떻게 이렇게 쉽게 마음을 바꾸고 정조를 팔아버릴 수 있는 겁니까? 이들에 대해서 하나님이 어떻게 해야 옳습니까? 이 정도면 동반자 관계를 끝장낼 만한 사유에 해당한다고 보지 않으십니까? 하나님은 서운함을 넘어서서 견디기 어려울 정도로 분노하셨습니다. 그래서 복잡한 얘기를 줄여서 말하면, 하나님께서도 모든 걸 정리하기로 마음을 먹으셨습니다. "진멸하리라"(출 32:10), "지워버리리라"(출 32:33)는 말이 그것을 의미합니다.

그러나 여러분, 말이 그렇지 그게 쉬운 겁니까? 하나님이 그들을 사랑하여 친히 그들의 동반자가 되어주실 때 무슨 특별한 이유가 있어서였습니까? 그저 그들을 사랑하시고 측은히 여기신거지요. 당신이 먼저 시작하신 사랑이요, 그 사랑 때문에 여기까지 그들을 데리고 왔는데, 아무리 그들이 잘못했다 하기로 어떻게 하나님이 스스로 그 사랑을 거두시겠습니까? 사랑 때문에 너무 힘들어 말씀을 그렇게 한 것뿐이지요. 누가 있어 그 마음 알아줄까요?

다행스럽게도 모세가 그 마음을 알았습니다. 오랫동안 하나님을 깊이 겪어보아서 누구보다도 모세는 하나님이 어떤 분인지 깊이 알았기 때문일 것입니다. 하나님은 사랑이시라는 거, 결코 당신 백성을 지워버릴 수 없는 분이라는 거, 당신 백성을 지우고서는 고통스러워 스스로 견딜 수 없는 분이라는 거, 하나님은 그 누구보다도 홀로 아파하고 계시다는 거.

모세는 그 아픔을 조금이라도 위로해드리려고 갖은 노력을 다합니다. 모세는 하나님을 찾아 뵙고 간청을 합니다. 눈물로 호소합니다. "안 됩니다. 용서해주세요. 용서해주셔야 하나님도 편하시잖아요. 지금 저들을 지워버리시면 세상사람들이 뭐라고 하겠습니까? 그건 하나님의 명예에도 누가 되는 일이 아니옵니까?" 하고 말입니다. (출 32:11 - 13 · 31 - 32) 성경에 기록된 긴 말씀을 줄여서 말하면 그렇습니다.

이 간절한 눈물의 기도에 하나님은 조금 위로가 되셨던지, 진노를 누그러뜨리고 말씀하십니다. "이제 가서 내가 네게 말한 곳으로 백성을 인도하라 내 사자가 네 앞서 가리라" 진멸하고 지워버리겠다던 생각을 접으시고, 그들을 이끌고 약속의 땅으로 올라가라는 것입니다. 이제 용서하겠다는 의사를 보이신 것 아닙니까? 얼마나 다행스럽고 얼마나 감사한 일입니까?

그런데 이 말씀을 주의 깊게 들으면, 결코 그렇게만 생각할 수 없는 큰 아픔이 하나님께 남아있다는 걸 느끼게 됩니다. 하나님은 모세에게 이스라엘 백성들을 이끌고 약속의 땅으로 가라고 하면서도, 그리고 내가 천사를 보내어 너희를 도와주겠다고 말씀하시면서도, 정작 당신은 그들과 함께 가지 않겠다고 하셨기 때문입니다. (출 33:3)

무슨 말씀입니까? 내가 너희에 대한 사랑을 거둘 수는 없어 너희가 걱정 없이 살도록 천사를 시켜 도와는 주겠지만, 너희와 함께 가다가 내가 분노를 또 다시 터뜨리느니, 차라리 나 홀로 고독을 견디겠다, 차라리 내가 혼자 힘들어 하고 떨어져 아파하는 쪽을 감당하겠다 그런 뜻 아닙니까?

그 고통스러운 사랑의 마음을 생각할 때에 모세의 심정이 어떠했겠습니까? 만약에 "예, 알았습니다. 정 그러시다면 저희끼리 가겠습니다. 안녕히 계세요" 하고 말했다면 모세, 지도자의 자격이 없는 사람입니다. 사람이 그렇게 무정해서 쓰나요?

성경을 보니, 이 말씀을 듣고 이스라엘 백성은 모두 큰 소리로 울었다고 합니다. "이렇듯 가슴 아픈 말씀을 듣고 온 백성은 통곡하였다. 패물로 몸을 단장하는 사람은 하나도 없었다"(출 33:4) 당연히 모세는 한없는 슬픔에 사로잡혀 있었으리라는 것을 어렵지 않게 짐작할 수 있습니다.

돈이 많이 있으면 뭐합니까? 좋은 집에 살면 뭐합니까? 땅이 있으면 뭐합니까? 그 기쁨을 함께 나눌 사랑하는 사람이 함께 하지 않는데. 부모를 버리고 행복할 수 있는 자식이 어디 있고, 자식을 멀리한 채 행복할 수 있는 부모가 어디 있겠습니까? 목자 없이 행복한 양은 어디 있고, 양 없이 행복한 목자는 또 어디에 있습니까? 사랑하는 남편을 버리고 행복한 아내는 어디 있으며, 사랑하는 아내를 버리고 행복할 수 있는 남편은 또 어디에 있습니까? 그렇다면 그건 사랑이 아니겠지요. 사랑은 함께 가는 것입니다.

그것을 아는 까닭에 모세는 하나님께 다시 간절하게 기도합니다. (12절 이하) 이 말씀 저 말씀 드리는데, 가만히 음미해 보면 깊이 상처받으신 하나님께 어리광부리고 말씀을 건넴으로써 하나님의 사랑을 자극하는 어투입니다. 어떤 의미에서, 홀로 힘들어 하시는 하나님을 위로해드리는 어투라고 하겠습니다.

마지막 말씀이 뭉클합니다. "이 백성을 주의 백성으로 여기소서"(출 33:13)

왜 이 말씀이 가슴뭉클하게 들리는지는 32장 7절을 보면 잘 알 수 있습니다. "너는 내려가라 네가 애굽 땅에서 인도하여 낸 네 백성이 부패하였도다." 하나님이 얼마나 서운하고 배신감을 느끼고 그들에게 환멸을 느끼셨으면 "내 백성"이라 하지 않고 "네 백성"이라고 하셨겠습니까?

그런데 이제 하나님께 계속 매달려 기도하는 가운데 하나님의 마음이 어느 정도 풀어지고 하나님의 변함없는 그 깊은 사랑을 확인하자 모세는 이제 그 사랑을 자극하고 상기시키고, 그 사랑을 붙들고 호소하고 있는 것입니다. "이 족속을 주의 백성으로 여기소서"라고 말입니다.

결국 모세의 간절한 호소에 감동하신 하나님께서 마침내 "내가 친히 가리라"고 말씀하셨습니다. 그러니까 "내가 친히 가리라"는 말씀은 하나님께서 이스라엘 백성의 죄악으로 인하여 내리신 마음의 빗장을 스스로 풀고 당신의 백성과 완전히 화해하시는 뜻으로 하신 말씀입니다.

이어지는 말씀을 읽어보면 이때 하나님이 얼마나 기뻐하셨는가를 알수 있습니다. 하나님은 그야말로 기쁨을 이기지 못하시고, 하나님께서 당신 백성을 향하여 마음을 돌이킬 수 있도록 생명을 걸고 매달린 모세를 칭찬하시며 당신의 깊은 속까지 몸소 보여주십니다. 존엄하신 당신의 모습을 비록 뒷모습이지만 보여 주십니다.

생각해보면, "내가 친히 가리라"는 말씀에 얽힌 이 모든 이야기, 참으로 가슴 찡한 이야기입니다. 하마터면 파탄으로 끝날 뻔 했던 하나님과 당신 백성 사이의 사랑이 다시 회복되어 다시 그 아름다운 사랑을 가꾸어가는 이야기이기 때문입니다.

또한 이 이야기는 아름다울 뿐 아니라 감격적인 말씀입니다. 왜냐구요? 당신 백성이 거룩하고 흠 없이 사는데 이렇게 말씀해주셨다면 어느 정도 당연한 일로 여기질 것입니다. 그러나 저들의 형편을 살펴볼 때 하나님의 축복을 받기에는 너무도 부족한 사람들인데, 그 허물을 상관하지 아니하시고 회개하는 심령을 긍휼히 여기셔서 이 놀라운 축복의 약속을 주신 것을 생각할 때 감격하지 않을 수 없는 것입니다.

이사야 48장 9절에 "내 이름을 위하여 내가 노하기를 더디할 것이며 내 영광을 위하여 내가 참고 너를 멸절하지 아니하리라"고 말씀하셨습니다. 하나님이 길이 참으시기 때문에 오늘 우리가 여기까지 왔지, 만일 잘못할 때마다 징벌하신다면 우리 가운데 이 자리에 있을 수 있는 사람은 한 사람도 없습니다. 실수해도 거역해도 참고 기다리시고, 회개하면 또 용서해주시는 분이 바로 우리 하나님이십니다. 이 사실을 생각할 때 얼마나 큰 위로가 되는지요. 지난날의 죄를 불문에 붙이시고 우리에게 친히 오셔서 우리와 동행하시고 우리 가운데 계시는 하나님의 사랑을 생각할 때에 얼마나 감사한 일입니까?

저 역시 이 말씀에서 큰 위로를 얻습니다. 저 역시 가끔, 저 자신의 죄로 인하여 하나님께서 제게서 얼굴을 돌리시고 저를 향한 사랑을 거두시면 어쩌나 하고 두려워지는 때가 있습니다. 사랑이신 하나님께서 저를 차마 버리지는 못하시지만, 저 때문에 너무 속이 상하셔서, "좋다. 네가 갈 곳으로 올라가라. 내가 어떻게든 도와는 주겠다. 그러나 나는 너와 같이 올라가지 않겠다… 네가 잘나고 똑똑하니 네가 알아서 해 봐. 내가 모른 체는 안 하겠지만, 그러나 나는 너와 함께 하지는 않을 거야." 이렇게 말씀하시는 것만 같아서 근심에 사로잡힐 때가 가끔 있습니다. 그런 느낌이 들 때마다 너무도 슬프고 괴로워 하나님 앞에 무릎을 꿇습니다. 기도합니다. 회개하면서 제 중심을 아룁니다. "하나님 잘못했습니다. 용서해주세요." 그러면 그때마다 신비하게도 하나님은 그 따뜻한 사랑의 가슴으로 저를 끌어안아주시고 사랑의 음성으로 위로해주시는 것을 경험합니다. "걱정마. 죄짓기도 힘들지? 네 마음 내가 안다. 그래도 뉘우치고 나를 아버지라 불러주는 네가 나는 고맙다. 사랑한다. 나는 네가 좋다." 그러시는 것만 같습니다. 얼마나 감격스러운 은총인지요.

그리고 이와 같이 기도할 때 그 누구보다도 더 큰 위로를 주시는 분이 계십니다. 바로 언제나 내 편에서, 나를 사랑하시고 나를 위해 빌어주시는 주님 예수 그리스도이십니다.

어리석은 이스라엘 백성을 위해 모세가 하나님 앞에 매어달리며 "제발 용서해주세요. 용서해주시지 못하시겠거든 차라리 제 이름을 생명책에서 지워주세요" 하고 용서를 구한 것처럼 갈보리 십자가 위에서 아버지 하나님을 향하여 "아버지여, 저들은 자기의 하는 일을 알지 못하나이다" 하시며 빌어주시고, 끝내는 속죄의 피를 흘리기까지 한 그 사랑, 부활하시고 승천하셔서 하나님 보좌 우편에서 오늘도 나를 위해 중보의 기도를 드리고 계시는 예수 그리스도의 공로를 생각할 때마다 감히 하나님 앞에 나아가 기도할 용기를 얻게 됩니다.

누가 우리를 정죄하겠습니까? 그리스도께서 우리를 위하시는데 누가 우리를 그리스도 예수 안에 있는 하나님의 사랑에서 끊을 수가 있겠습니까?

애초부터 주님의 사랑에는 이유가 없습니다. 조건 없이 당신께서 먼저 우리를 택하사 불러주시고 씻어주시고 스스로 우리의 삶의 여정에 함께 해주심으로 깊어진 사랑입니다. 미우나 고우나 저와 여러분은 하나님의 사랑하는 피조물이요 그의 사랑하는 자녀이며 그의 신부요 그의 작품이요 그의 분신이요 어떤 의미에서는 그의 모든 것이 되어버린 존재들입니다. 우리의 죄로 인해 깊이 상처받기도 하시지만 우리가 뉘우칠 때 그 사랑을 이기지 못하시는 참으로 절절히 우리를 사랑하시는 분이 바로 우리 하나님이십니다.

 감자같은 희망

이 하나님을 동반자로 모시고 함께 걸어가는 것이 우리의 삶이라고 생각할 때 우리의 인생길은 얼마나 행복한 인생입니까? "내가 친히 가리라", "함께하겠다", "이 세상 끝날 때까지 떠나지 않고 함께하겠다"는 말씀 이상으로 위로가 되는 약속의 말씀이 어디에 있겠습니까?

하나님께서 우리의 동반자가 되어주시는 한 우리는 이 세상 누구보다 행복한 사람입니다. 아무 것도 걱정할 필요가 없습니다. 두려워할 것도 없습니다. 이 큰 사랑에 감사하고, 다만 믿음으로 하나님과 함께 저 약속의 땅을 향해서 씩씩하게 걸어가기만 하면 되는 것입니다.

혹시 실수한 것이 있어도, 혹시 거역한 적이 있어도, 우리의 모든 잘못을 불문에 부치시고 다시 우리를 찾아와서 "내가 친히 함께 가리라"고 말씀하시는 하나님의 사랑을 생각하며, 힘을 내어 믿고 사랑하고 섬기는 복된 삶을 끝까지 살아가시기를 주님의 이름으로 축원합니다.

두 가지 의(義)

"모든 세리와 죄인들이 말씀을 들으러 가까이 나아오니
바리새인과 서기관들이 수군거려 이르되 이 사람이 죄인
을 영접하고 음식을 같이 먹는다 하더라 …" (눅 15:1-7)

의(義) 중요성은 아무리 강조해도 지나침이 없을 것입니다. 성경을 보나, 우리 조상들의 역사를 보나 의를 참 중요하게 생각했습니다. 구약의 10계명을 보면 절반이 정의에 관한 가르침이라고 해도 과언이 아니고, 우리 조상들은 "소인은 이(利)를 탐하나 군자는 의를 따른다"고 가르쳤습니다.

삼강오륜(三綱五倫)에도 군신유의(君臣有義)라고 해서, 의에 관한 덕목이 있으며, 삼강오륜과 함께 유교의 핵심적인 가르침으로 알려진 오상(五常)인 인의예지신(仁義禮智信) 가운데도 의(義)가 들어 있습니다. 조선시대에 지어진 건축물 가운데 돈의문(敦義門, 서대문)도 오상(五常)을 따라서 이름을 지은 것입니다. 그만큼 의를 중요시했습니다.

그러나 이렇게 의가 중요함에도 불구하고 때로는 부작용이 없지 않습니다. 의는 옳음, 정당함을 추구하는 것으로 우리의 당연히 할 바임에도 불구하고 자기 스스로 자신의 의를 드러내려고 함으로 인해 문제가 발생합니다. 내가 다른 사람보다 더 의롭다고 생각해서 다른 사람을 판단하고 정죄하다 보면, 그것은 도리어 다른 사람들에게 상처를 주고 반발감을 불러일으키며, 결과적으로 공동체의 일치를 손상시키기 쉽습니다.

사도 바울이 볼 때 유대인들이 그랬습니다. 로마서 10장 2절 - 3절에서 바울은 유대인들에 대한 자신의 안타까움을 이렇게 표현합니다. "그들이 하나님께 열심이 있으나 올바른 지식을 따른 것이 아니니라 하나님의 의를 모르고 자기 의를 세우려고 힘써 하나님의 의에 복종하지 아니하였느니라."

본문의 말씀을 보면 바리새인과 서기관들이 그랬습니다. 세리와 죄인들이 예수님의 말씀을 들으려고 모여들었는데, 이것을 보고 "이 사람이 죄인을 영접하고 음식을 같이 먹는다"고 하며 못마땅해 하였습니다.

왜 못마땅해 하였을까요? 그 밑바탕에는 자기들이 다른 사람들보다 특별히 더 의롭다는 생각이 깔려 있기 때문입니다. 자신들이 다른 사람들보다 더 의롭다는 자부심이 그들의 삶을 지탱하고 있는 큰 힘인데, 그들이 불의한 사람들이라고 단죄한 세리와 죄인들이 예수님 주변에 모여들어 말씀을 듣고 같이 있게 되니 자신들의 자존심에 심각한 상처를 받게 된 것입니다. 그래서 아무 잘못이 없는 예수님께 사사건건 시비를 걸게 된 것입니다.

그런데 이런 의인의식(義人意識)은 정신적 미성숙에서 비롯된 것입니다. 우물안 개구리가 넓은 세상 볼 줄 모르듯이, 모든 것을 자기중심적으로 보는 사람들이 이런 의인의식에 빠집니다. 너희 가운데 죄없는 사람이 돌로 치라고 했을 때 나이든 사람부터 자리를 떠났다고 했습니다. 성숙한 사람은 누가 뭐라고 하지 않아도 자신의 허물을 알고 있습니다. 그래서 의인의식보다는 "오, 주님, 저는 죄인입니다! 저는 죄인의 괴수입니다! 제가 잘못했습니다!' 하는 죄인의식을 가지고 있습니다. 그리고 그와 동시에 은혜의식을 가집니다.

사도 바울이 뭐라고 그러셨습니까? 자신을 일컬어 "죄인 중의 괴수"(딤전 1:15)라고 했습니다. 하루하루 사는 것이 은혜요, 나의 나 된 것이 은혜로 된 것임을 알았기에 그 은혜 앞에서 늘 자신은 부족한 존재임을 느낀 것입니다. 그저 고마움으로 살고, 은혜의식으로 살았습니다. 그랬기에 그를 통해서 많은 사람들이 주님께 돌아오고, 교회가 살았다는 것을 우리는 기억해야 합니다.

역설적인 것은 스스로 의인이라고 생각하는 사람들이 많으면 그곳에는 냉랭함이 감돌고, 스스로 죄인이라고 생각하고 은혜의식을 가진 사람들이 많으면 그곳에는 따뜻한 사랑이 감돌게 됩니다. 스스로 의인이라고 생각하는 사람, 곧 자기의에 대한 확신이 있는 사람의 눈에는 모든 것이 부족해보이고 자꾸만 다른 사람의 약점이 보이는 반면, 스스로 죄가 많다 생각하고 은혜의식으로 살아가는 사람의 눈에는 모든 것이 감사해 보이고 다른 사람의 모습을 볼 때도 그들의 연약함을 긍휼히 여기게 되고 또 그 연약함을 덮어주고자 하는 마음을 갖게 됩니다.

한자로 의(義)라는 글자를 풀어보면 참 재미있습니다. 나(我) 위에 양(羊)이 있어요. 무슨 뜻일까요? 양은 희생, 속죄를 뜻합니다. 그러니 내가 속죄의 피공로를 덧입은 것이 바로 의요, 한걸음 더 나아가서 내가 양처럼 남을 위하여 희생하는 것이 의가 되는 것입니다. 내가 다른 사람들보다 더 의롭다는 생각으로 자신을 추켜세우는 것하고는 전혀 관계가 없는 것이 바로 의입니다. 오히려 다른 사람의 고마움을 알고, 은혜를 아는 것이 의의 출발이요, 다른 사람을 살리기 위하여 자신을 희생하고 사랑의 수고를 감당하는 것이 의의 내용이 되는 것입니다.

제가 존경하는 치과교수 한 분이 이와 관련하여 참 재미있는 말씀을 하신 것이 생각납니다. 치과치료를 하다 보면 그 속에 구원의 진리가 고스란히 들어있다는 것을 알 수 있다고 합니다. 자연치아와 그와 연관된 조직이 결손되었을 때, 인공적으로 대치하는 보철물을 의치(義齒)라고 하는데, 이는 자신을 희생해서 약점을 덮어주고 살리는 역할을 하기 때문이라고 합니다.

의(義)라고 하는 글자의 기원을 다르게 설명하기도 합니다. 옛날에 중국의 어느 선비가 세상이 싫어서 양을 한 마리 데리고 산으로 갔습니다. 산에서 양을 키우며 사는 그는 항상 '저 양이란 놈은 내가 없으면 곧 죽겠구나' 라는 생각을 하고 있었다고 합니다.

그러던 어느 날 아침, 양의 젖을 짜서 먹는데 문득 '이 양이란 놈이 없으면 바로 내가 죽는구나' 라는 것을 깨닫게 되었다고 합니다. 그동안 내가 양을 먹여 살리는 줄 알았는데, 사실은 양이 젖을 내어 나를 먹여 살렸다는 사실을 알고 그만 부끄러워지고 말았습니다. 그리하여 '옳다' 라고 하는 말은 '내가 양을 받드는' 것을 뜻하게 되었다는 것입니다.

어떤 식으로 설명하든 신기하게도, 의(義)라고 하는 한자어는 성경에서 말하는 하나님의 의와 일맥상통하는 것 같습니다. 하나님께서 세우신 의는 누구를 판단하여 저 사람보다 내가 더 의롭다는 식의 의가 아닙니다. 누구누구를 죄인으로 낙인찍고 그들과 함께하려는 것을 사사건건 물고 늘어지는 독선적 자기의(自己義)하고는 상관이 없습니다. 오히려 하나님의 의는 그의 아픔이 바로 나의 아픔인 것으로 인식하며, 그를 살리기 위하여 그가 서있는 곳으로 내려가고 그를 위하여 희생하며 사랑의 수고를 감당하는 관계적 의요 사랑의 의입니다. 우월한 입장에서 시혜를 베푸는 식이 아니라 그가 없으면 나도 없다는 자기인식과 함께 겸손하게 섬기는 것이 바로 "하나님의 의" 인 것입니다.

이 말씀의 뜻을 깊이 생각할 때에 우리가 결코 다른 사람들을 함부로 대할 수 없다는 것을 깨닫게 됩니다. 그리고 그보다 더 먼저, 우리가 누구인지에 대하여 새로운 존재론적 자기이해를 갖게 됩니다.

하나님께서 우리를 위하여 의를 이루셨다는 말은 하나님께서 우리를 대하실 때에, "나는 너 없이는 못살겠구나!" 하고 생각하셨다는 말입니다. 우리가 하나님께는 그렇게도 소중한 존재라는 것입니다. 하나님께서 우리를 위해 독생자 예수 그리스도를 보내사 그분 안에서 당신이 친히 피흘리는 사랑을 베풀어주신 이유가 더 가슴저미게 느껴집니다. "나 없이는 네가 죽겠구나"가 아니라, "너 없이는 내가 죽겠구나" 하고 생각하실만큼, 저와 여러분은 하나님에게 있어서 소중한 존재요, 존재이유요, 존재목적이며, 존재근거라는 것입니다.

부모에게 있어서 자식이 존재이유요 존재목적이며 존재근거인 것처럼 우리가 하나님께 그렇게 소중한 존재라는 것입니다. 하나님께서 우리를 그렇게 여겨주셨고, 아니 그러실 수밖에 없다는 것입니다. 하나님에게 있어서 우리는 뗄래야 뗄 수 없는 분가분리적 존재라는 것입니다. 도대체 내가 무엇이길래 나를 그토록 귀하게 여겨주시는 것입니까? 도대체 나는 어떻게 생겨먹은 물건이기에 그 사실을 모르고 이날까지 스스로를 가볍게 여겼으며, 내 형제와 이웃을 홀대하였다는 말입니까?

사랑하는 교우 여러분, 이 말씀의 귀중한 뜻을 생각할 때에, 우리가 가정에서나 교회에서나 직장에서 좀 다른 관점에서 사람을 대해야 할 줄 압니다. 나 때문에 저 사람이 살지, 저 사람 인생에 내가 끼친 공이 얼마야, 이런 생각을 하기 시작하면 이상하게 관계가 썰렁해지고 나 자신이 마음의 평화를 잃게 됩니다.

왜 그럴까요? 그것은 진실에 근거한 것이 아니기 때문입니다. 진실은 무엇입니까? 저 사람 때문에 내가 사는 것입니다. 하늘의 은혜로 내가 사는 것입니다. 저 사람 덕분에 오늘 내가 이 자리에서 이 만큼이라도 살고 있으며 그나마 구원의 끈을 놓치지 않고 하나님의 사람으로 살게 된 것입니다.

그게 진실입니다. 물론 나 때문에 저 사람이 사는 측면도 없는 것은 아니지만, 그 이전에 저 사람 때문에 내가 산다는 사실을 잊어서는 안 되는 것입니다. "저 양이 없으면 내가 죽겠구나!" 그것을 잊어서는 안 된다는 것입니다.

자녀들을 기르면서 느끼는 것이지만 정말 내 덕에 자식이 사는 것이 아니라, 자식 덕에 내가 살아가는 것임을 깨닫게 됩니다. 목회도 마찬가지입니다. 목사 덕에 교인이 사는 것이 아니라, 교인 덕에 목사가 사는 것입니다. 그 사실을 깨달아야 공동체에 따뜻한 온정이 오고갑니다. 반대로 내 덕에 네가 산다, 너는 왜 맨날 그 모양이냐, 그렇게 자신을 의롭게 생각하는 사람이 많으면 그 공동체는 냉랭해집니다.

우리 모두가 서로에 대해서 진심으로 고마움을 느낄 수 있기를 바랍니다. 오늘 집에 돌아가서서 아내는 남편에게, 남편은 아내에게 고맙다는 인사를 하시기 바랍니다. 말로 하는 것이 쑥스럽거든, 안마를 해 주든지 집안일을 도와주든지 아니면 따뜻한 눈길을 보내며 미소지어 주든지 그저 그 고마움을 정성껏 표현해보시기 바랍니다. 왜 그러느냐고 묻거든, "당신한테 너무 고마워서…"라고 대답해 주십시오.

부모는 자식에게, 자식은 부모에게, 선생님은 제자에게, 제자는 선생님에게, 의사는 환자에게, 환자는 의사에게, 경영자는 노동자에게, 노동자는 경영자에게 진심으로 그런 마음일 수 있기를 바랍니다.

그것이 바로 진정한 의미의 "의"(義)입니다.

하나님께서 예수 그리스도를 통하여 그렇게 의를 이루셨습니다. 그 의로 말미암아 우리가 의롭다함을 얻어 평화를 누리며 살게 되었습니다. 우리도 그렇게 해야 합니다. 나는 저 사람보다 잘난 의인이 아니라 또 모든 것이 나의 공로가 아니라 저 사람 때문에 내가 산다, 모든 것이 하나님의 은혜다 라는 깨달음으로 진정한 의를 실천하며 살아가는 여러분이 되시기를 주님의 이름으로 축원합니다.

가장 큰 계명

"… 너는 마음을 다하고 목숨을 다하고 뜻을 다하고 힘을
다하여 주 너의 하나님을 사랑하라 하신 것이요 둘째는
이것이니 네 이웃을 네 자신과 같이 사랑하라 하신 것이
라 이보다 더 큰 계명이 없느니라 …" (막 12:28–34)

요즘 너도 나도 어렵다는 말을 많이 합니다. 미국발 금융위기
는 금융시장, 은행의 위기에 이어 실물경제의 위기로 이
어지고, 그것은 다시 실직, 개인파산, 가정파탄의 위기로 이어지고 있습니
다. 신문을 펼쳐들면 증시폭락으로 인해 하루만에 수십조 원이 날아갔다
는 얘기가 보도되는가 하면, 재산은 반 토막이 나고 집은 두 토막이 났다
는 자극적인 제목이 인터넷 포털사이트에 뜨고 있습니다.

저 같은 사람이야 지금까지 주식을 한 번도 사본 적이 없어서 실감을 못
하겠지만, 가히 공황상태인 모양입니다. 최근 미국에 유학중인 지인 한 사
람이 저한테 편지를 보내왔는데, 한국경제에 대해 아주 비관적 전망을 하

면서, 하루 속히 대비하라고 했습니다. 가진 것이 없어서 잃을 것도 없으니 뭘 어떻게 대비해야 할지 모르겠지만, 여러 가지 징후로 미루어 볼 때, 올해는 아주 힘든 발걸음이 될 것 같습니다.

이런 환경 속에서 우리는 어떻게 세상을 이겨낼 수가 있을까요? 세계가 이미 하나인 지구촌에 살고 있기 때문에 우리는 과거 어느 때보다 서로에 깊이 의존하고 있다는 사실을 깊이 유념하면서 살아야겠습니다.

상대방의 불행이 곧 나의 행복이 된다고 하는 사람이 있다면 그런 생각은 빨리 버려야 합니다. 옆 사람이 잘 돼야 나도 잘 되고, 옆 사람이 망하면 나도 망할 가능성이 커진다는 것을 깨달아야 합니다.

다른 사람이 힘들고 어려우면 손을 내밀어 주십시오. 내가 힘들면 도움을 청해 보십시오. 힘들고 어려워도 서로가 힘이 되어 주며, 서로를 격려하고, 모이기에 힘쓰고, 서로 긍정적인 말을 하고, 십시일반 상부상조의 정신으로 나아간다면 오늘의 고난이 전화위복의 계기가 될 것입니다. 우리가 서로 마음을 합하면 그 어떤 어려움도 헤쳐나갈 수 있습니다.

인도의 성자라고 불리는 선다씽의 체험담입니다. 이분이 히말라야 산맥을 여행하는 중 눈보라를 만났습니다. 길을 가다 보니 어떤 사람이 쓰러져 죽어가고 있었습니다. 어찌해야 하나 안타까워하고 있는데 또 한 사람이 힘겹게 올라 오고 있었습니다.

선다씽이 그에게 "우리 이 사람을 교대로 업고 가는 것이 어떻겠습니까?"라고 했더니, 그 사람은 "나 혼자도 살기 어려운데 어떻게 그 사람을 업고 가느냐"고 하면서 그냥 가버렸습니다. 하는 수 없이 선다씽은 혼자서 그 사람을 들쳐업고 걸어야 했습니다.

얼마쯤 가다 보니 조금 전에 혼자 살겠다고 가버린 사람이 길바닥에 쓰러져 있었습니다. 가까이 가서 확인해보니 그는 얼어 죽어 있었습니다. 혹독한 추위 속에서 저체온증으로 죽은 것입니다.

선다씽이 살아남을 수 있었던 것은 자신이 들쳐업은 사람의 체온 덕분이었던 것입니다. 어려움에 빠진 이웃을 어떻게든 살려보려고 애쓰는 가운데 자신도 살게 된 것입니다.

그런데 깊이 생각해보면 이러한 삶의 이치는 큰 고난 속에서만 참인 것이 아닙니다. 인간은 평상시에도 서로에게 의존해야만 살 수 있습니다. 우리가 먹는 밥, 우리가 입는 옷, 우리가 마시는 물, 우리가 살고 있는 집, 그 어느 것 하나 나 혼자만의 힘으로 만들어낼 수 있는 것이 있습니까? 이웃의 도움이 없이는 그 어느 것도 누릴 수 없습니다. 과거에도 그랬지만 오늘날은 더욱 그러합니다.

세계가 이웃인 지구촌 시대에는 우리가 누리는 거의 모든 것이 지구촌의 다른 사람이 만든 것입니다. 지구촌 시대, 세계화 시대는 곧 세계적 차원의 나눔과 연대의 시대요, 세계적 차원의 아가페 시대입니다. 지구적 차원의 비즈니스와 이익추구로 살아가는 시대라는 뜻만 있는 것이 아닙니다. 오늘 전세계적으로 벌어지고 있는 경제위기는 그것을 제대로 깨닫지 못함으로 인해서 생기는 위기입니다.

사람을 나타내는 한자어 인(人)을 생각해보십시오. 둘이 기대어 있는 형상인 것처럼 우리는 더불어 사는 존재입니다. 우리의 팔 모양과 길이를 생각해보세요. 서로 보듬어 안아주면 딱 맞도록 만들어주셨습니다. 두 손으로 껴안도록 만드신 것은 하나님께서 인간을 서로 사랑하는 존재로 만드셨다는 뜻입니다.

서로 사랑하면서 살아가십시오. 가만히 보면 형편이 좀 어려워지면 사람들이 서로를 아끼고 사랑하다가 좀 편해지면 서로를 멀리하고 따로따로 사는 경향이 있습니다. 옛날에 가난하던 시절에는 식구들이 모두 같이 일하고 같이 밥먹고, 괴로우나 즐거우나 운명을 같이했습니다. 그만큼 가족끼리나 친구 사이가 좋았습니다.

그런데 요즘에는 사람과 사람 사이에 끼어 있는 것이 너무 많습니다. 텔레비전, 컴퓨터, 각종 문명의 기기로 인해서 사람과 사람이 서로 따뜻하게 체온을 나누며 살 기회가 너무 적어졌습니다. 사람보다 기계를 더 좋아합니다. 뿐만 아니라 각자 따로 따로의 삶을 삽니다.

이런 것을 생각하면 우리가 좀 가난해질 필요가 있습니다. 정말 이것이 우리에게 꼭 필요한 것인가, 한번 더 생각해보고, 소유와 소비를 줄일 필요가 있습니다. 텔레비전을 좀 끄십시오. 가능하면 자동차를 타지 말고 함께 손잡고 걸어보십시오. 식구수에 맞지 않게 넓은 집에서 각자의 방으로 들어가 따로 살지 말고, 좀 좁게 좀 작게 좀 불편하게 좀 가난하게 살아보십시오. 의외로 가족들끼리 더 가까워지고 서로를 이해할 수 있고 또 인생의 의미를 배울 수 있게 될 것입니다.

다시 말하거니와 우리 인생에서 가장 중요한 것은 뭐니뭐니해도 사랑입니다. 인생은 사랑이요, 첫째 가는 계명이 사랑입니다. 사랑할 때 우리는 행복을 느끼고 사랑하지 않으면 불행을 느끼게 됩니다.

미국항공우주국(NASA)에서 전해오는 이야기 한 토막입니다. 밀폐된 좁은 공간에서 공동생활을 하지 않으면 안 되는 우주 비행사들이 봉착하게 되는 어려움이란 엄청난 기술적 문제이기보다는 사소한 일들, 이를테면 누가 화장실을 오래 쓴다거나 깨끗하게 쓰지 못한다는 등의 아주 작은 갈등에서 비롯되는 일들이라고 합니다.

지상국에서 그런 기미를 감지하게 될 때 쓰는 방법이 있습니다. 일부러 기체에 고장을 유발해서, 그 고장을 해결하지 않으면 다시 귀환할 수 없도록 어려운 국면을 만든다고 합니다. 그러면 승무원들이 다섯 시간 정도 이 일에 몰두해서 고장난 것을 수리하고 나면, 그들 사이에서 꿈틀거리던 갈등도 어느덧 해결되어 하나가 된다고 합니다. 함께 고난을 극복하는 데서 우정이 영글어가는 것입니다. (여운학,《지하철 사랑의 편지》34면, 규장)

하나님께서 십계명을 주셨는데, 이 계명을 주신 때가 언제였습니까? 광야에서였습니다. 하나님께서 왜 이스라엘 백성을 광야로 인도하셨을까요? 인생에서 절대로 잊어서는 안 되는 소중한 진리를 몸으로 깨닫게 하시기 위함이었습니다. 그것이 무엇입니까? 우리의 삶은 나 혼자의 능력만으로 살 수 있는 것이 아니라는 것입니다.

우리가 낯선 곳을 여행하다 보면 실감하는 것입니다만, 어려운 상황에 부딪히면 서로 협동하게 됩니다. 서로 사랑하게 됩니다.

하나님께서 지금 우리에게 고난을 주시는 것은 사랑 없는 이 세상에 사랑이 회복되고 이 기회를 통해서 서로서로 사랑하며 살아가도록 하시기 위함임을 깨닫게 됩니다. 그리고 하나님께 간구하고 하나님을 더욱 의지하며 살아가도록 하시기 위함임을 깨닫습니다.

예수님은 장차 이 세상에 환난이 임하리라고 알려주셨는데, 이때 가장 염려한 것은 경제가 어려워지는 것이 아니라 사람들의 마음 속에서 따뜻한 사랑을 찾아볼 수 없게 되리라는 것이었습니다. (마 24:12)

그러므로 예수님께서는 간곡히 당부하셨습니다. "새 계명을 너희에게 주노니 서로 사랑하라 내가 너희를 사랑한 것같이 너희도 서로 사랑하라."(요 13:34)

너도 나도 어렵다는 말을 입에 달고 살지만, 너무 걱정하지 마십시다. 고린도전서 10장 13절에 이런 말씀이 있지요. "사람이 감당할 시험 밖에는 너희가 당한 것이 없나니 오직 하나님은 미쁘사 너희가 감당하지 못할 시험 당함을 허락하지 아니하시고 시험 당할 즈음에 또한 피할 길을 내사 너희로 능히 감당하게 하시느니라."

사랑만 있으면 못 이겨낼 시련이 없습니다. 사랑에는 두려움이 없습니다. (요일 4:18) 사랑은 모든 허물을 덮습니다. (벧전 4:8) 사랑은 모든 것을 견뎌냅니다. (고전 13:7) 하나님을 사랑하는 자, 곧 그 뜻대로 부르심을 입은 자들에게는 모든 것이 합력하여 선을 이룹니다. (롬 8:28)

전 세계적으로 쉽지 않은 상황이 계속되고 있지만 이 모든 어려움을 오히려 사랑 회복의 기회로 삼아 그 모든 고난을 이겨내는 여러분이 되시기를 사랑 많으신 주님의 이름으로 축원합니다.

응답받는 기도

"… 여호와여 내게 응답하옵소서 내게 응답하옵소서 이
백성에게 주 여호와는 하나님이신 것과 주는 그들의 마음
을 되돌이키심을 알게 하옵소서 하매 이에 여호와의 불이
내려서 번제물과 나무와 돌과 흙을 태우고 또 도랑의 물
을 핥은지라 …" (왕상 18:20-40)

기도해본 적 있느냐고 물으면 실례되는 말이겠지
요? 그러면 기도해보니 어떻습니까, 하고
물으면 대답이 쉽지만은 않을 것입니다. 기도해보니 즐겁더라, 아니 더 답
답하더라 / 내 기도를 들어주시더라, 아니 백날 기도해도 내 기도는 안 들
어주시는 것 같더라 / 기도하니까 소망이 생기더라, 아니 기도해도 안 들
어주니 의심만 생기고 좌절감만 오히려 깊어지더라 / 기도가 응답되니 자
꾸만 기도하고 싶더라, 아니 해봤자 소용없으니 기도할 마음이 전혀 안 생
기더라… 다양한 대답이 나올 것 같습니다.

성경을 보면 예수님의 제자들도 기도에 대해 큰 관심을 가졌습니다. 그들은 예수님께 기도하는 법을 가르쳐달라고 했습니다. 왜 이런 부탁을 했을까요? 보니까 예수님의 그 모든 능력이 기도에서 나오는 것 같았고, 예수님의 기도는 즉각적으로 응답되었기 때문입니다.

그래서 제자들은 '왜 예수님의 기도는 즉각적으로 응답되는데 우리의 기도는 응답이 되지 않을까? 무슨 차이일까?' 하고 생각하다가 예수님께 "우리에게 기도하는 법을 가르쳐 주세요" 하고 말씀을 드린 것입니다.

이 질문을 귀하게 여기시고 예수님께서는 몇 번 기도에 대한 가르침을 주셨습니다. "너희는 기도할 때에 외식하는 자와 같이 하지 말라 그들은 사람에게 보이려고 회당과 큰 거리 어귀에 서서 기도하기를 좋아하느니라 내가 진실로 너희에게 이르노니 그들은 자기 상을 이미 받았느니라 너는 기도할 때에 네 골방에 들어가 문을 닫고 은밀한 중에 계신 네 아버지께 기도하라 은밀한 중에 보시는 네 아버지께서 갚으시리라 또 기도할 때에 이방인과 같이 중언부언하지 말라 그들은 말을 많이 하여야 들으실 줄 생각하느니라 그러므로 그들을 본받지 말라 구하기 전에 너희에게 있어야 할 것을 하나님 너희 아버지께서 아시느니라." (마 6:5-8)

그리고 그 모범으로 주기도문을 가르쳐 주셨습니다. "하늘에 계신 우리 아버지여 이름이 거룩히 여김을 받으시오며 나라가 임하시오며 뜻이 하늘에서 이루어진 것 같이 땅에서도 이루어지이다 오늘 우리에게 일용할 양식을 주시옵고 우리가 우리에게 죄 지은 자를 사하여 준 것 같이 우리 죄를 사하여 주시옵고 우리를 시험에 들게 하지 마시옵고 다만 악에서 구하시옵소서(나라와 권세와 영광이 아버지께 영원히 있사옵나이다 아멘)”

이 주기도문은 기도의 모범중에 모범입니다. 무엇보다도 이 기도에는 하나님에 대한 사랑과 우리 이웃에 대한 깊은 사랑이 담겨 있습니다.

하나님을 뭐라고 부릅니까? “우리 아버지”라고 부르고 있습니다. 하나님을 아버지라 부르며 하나님의 자녀됨을 고백하는 기도인 것입니다. 아버지께 나아가는 기도입니다.

그리고 나 혼자의 욕심을 이루어달라는 기도가 아니라, 저 놈들 꼴보기 싫으니까 내 소원만 들어주고 저 놈들은 망하게 해달라는 기도가 아니라, 내 형제, 내 자매, 내 이웃 그 모든 사람들도 똑같이 사랑하는 마음으로 품는 기도입니다.

“오늘 우리에게 일용할 양식을 주시옵고”를 보면 나만의 양식을 달라는 기도가 아님을 알 수 있습니다. 양식이 없어 고통을 당하는 형제의 아픔을 나누어가지면서, “아버지여, 지금 동생이 먹을 것이 없어 고통을 당하는 것 같은데, 아버지, 도와주세요. 저도 함께 나누겠습니다”하는 마음으로 기도하라는 것이요, 그런 심정으로 하루하루를 살아가라는 것입니다.

그러므로 주님이 가르쳐주신 기도는 우리 모두의 아버지이신 하나님의 이름을 부르면서 그와 동시에 아버지의 마음으로 우리 모든 형제들의 아픔을 향하여 어느새 내가 일어서는 것입니다. 사랑이요 연대지요.

예수님께서는 누가복음 18장 1절 - 8절에서도 기도에 대해 말씀하셨습니다. 항상 기도하고 낙심하지 말라고 말씀하시며 과부와 재판장의 비유를 말씀하셨습니다.

하나님은 때때로 시간을 지체하시고 묵묵부답인 것처럼 보이기도 합니다. 그럴 때 좌절하거나 기도를 포기하는 어리석음을 범하면 안됩니다. 우리는 한계가 있는 연약한 존재임을 알아야 합니다. 우리는 전체를 보지 못하고 부분에 집착할 수 있습니다. 하나님이 보실 때 내게 가장 필요한 것이 "참을성"일 수 있으며, 다른 사람 혹은 상황의 변화보다는 "나 자신의 변화"일 수 있습니다. 그리고 하나님은 내가 지금 구하는 것이 정말 나의 간절한 소원인지 확인하고 싶어 하실 수도 있습니다. 이런 여러 가지 이유로 하나님께서는 응답을 미루실 수 있습니다.

하나님이 무정해서 혹은 무능해서 응답하지 않는 경우란 있을 수 없습니다. 육신의 부모도 제 자식에게 그럴 수 없는데, 어찌 만백성의 어버이신 하나님께서 그러실 수 있겠습니까? 절대로 그럴 수 없다는 것이 예수님의 말씀입니다.

이 모든 말씀들을 생각할 때, 우리는 그저 진실하게 기도하면 됩니다. 어떤 경우에라도 낙심하지 말고 꾸준하게 기도하면 됩니다. 더 근본적으로 우리가 무엇을 달라고 구하기 하기 전에, 하나님 아버지의 나라와 그가 옳게 여기시는 것을 구하는 삶을 성심껏 살아가면 됩니다. 내 말이면 뭐든지 믿어주실 만큼 그렇게 진실된 마음으로 살아가는 것, 그것이 기도의 핵심입니다.

그렇게 살아갈 때 아버지께서는 우리의 필요를 미리 아시고 채워주시고, 우리가 "아버지, 이것이 필요합니다" 하고 요구하면 즉각적으로 응답해주신다는 것이 바로 예수님의 가르침입니다.

성경을 보면 기도의 모범을 보여준 사람들이 수없이 많이 있는데 대표적으로 본문에 등장하는 엘리야를 들 수 있습니다. 하나님께서는 엘리야의 기도를 무조건적으로 응답해주셨습니다. 그가 기도한즉 3년 6개월 동안 비가 내리지 않았고, 그가 다시 기도한즉 다시 비가 내리고 땅에서는 곡식이 열매를 맺게 되었습니다.

어떻게 이런 일이 있을 수 있을까요? 하나님께서는 당시 시대상황을 보며 분노하시고, 어떻게 하면 이 백성이 회개할까, 어떻게 하면 정신을 차릴까 하고 생각하셨는데 그때 엘리야의 판단을 하나님께서 그대로 지지하고 따르셨다는 것을 알 수 있습니다. 그것은 엘리야가 하나님의 사랑과 하나님의 마음으로 백성들을 사랑하고 헌신하고 안타까워하며 살았기에 가능한 일이었습니다. 예수님께서 "나는 아버지 안에 있고 아버지는 내 안에 계시다"고 말씀하셨는데, 하나님께서 엘리야의 기도에 응답하실 때 엘리야의 영적 상태가 바로 그와 같았다는 것입니다.

우리에게도 그럴 때가 있지 않습니까? 자식이 정말 효성스럽고, 부모의 뜻을 거스르지 않고 무슨 일이든 최선을 다해서 하면 어떻게 됩니까? 그 자식이 하는 말이면 100% 다 믿게 됩니다. 자식이 아니어도 그렇습니다. 충성스럽게 일하는 사람에게는 때로 전권을 위임하기도 하는 것입니다. 그가 원하는대로 즉각 들어주고, 그가 계획한 바를 전폭적으로 지지해 주는 것입니다. 그러나 뜻에 맞지 않을 때는 그를 지지해 줄 수 없는 것이고 그의 요구에 응답할 수 없는 것입니다.

하나님께서도 하나님의 뜻에 맞는 엘리야의 기도는 즉각적으로 응답하셨지만 하나님의 뜻에 맞지 않는 아합왕의 기도에는 침묵하셨습니다.

갈멜산 위에 바알 예언자들이 몇 명이 있었습니까? 거기 아합왕은 또 어떤 사람입니까? 그도 따지고 보면 하나님의 이름으로 기름부음받은 왕입니다. 그러나 그 모든 사람들의 기도에 하나님은 침묵하셨습니다. 소리를 지르고 춤을 추고 다리를 저는 시늉을 하고 온갖 푸닥거리를 다 했지만 묵묵부답이셨습니다. 그러나 엘리야가 기도했을 때 기도가 끝나자마자 즉각적으로 응답하셨습니다.

무슨 이유에서였을까요? 야고보서 5장 16절에 그 답이 나와 있습니다. "의인의 간구는 역사하는 힘이 큼이니라." 엘리야가 평소에 어떻게 살았느냐, 그의 진정성을 보시고 하나님께서 응답해주셨다는 것입니다.

우리의 기도에 하나님께서 응답해주시느냐 응답해 주시지 않느냐는 우리 삶의 진정성 여부에 전적으로 달렸습니다. 눈속임으로 일관하고 하나님의 뜻이 아닌 자신의 요구를 구하는 자, 자신의 욕심을 만족시키기 위하여 사는 자는 하나님의 이름을 부르며 "주시옵소서" 하고 백날을 부르짖어도 소용이 없습니다.

누가 보든지 진정어린 마음으로 아버지의 뜻대로 살아보려고 애쓰며 안타까운 심정으로 눈물지으며 기도할 때 하나님께서는 즉각적으로 응답하시는 것입니다. 아니, 우리가 구하기도 전에 이미 우리의 소원을 아시고 우리가 원하는 것을 채워주시는 것입니다.

하나님은 우리에게 좋은 것을 주시지 못해 이제나 저제나 기다리시는 분이십니다. 주시고자 하는 하나님께 받을 수 있는지 없는지는 언제나 나에게 달렸습니다.

엘리야가 어떻게 기도하는가 눈여겨보십시오. 우선 그는 확고한 믿음으로 기도를 드렸습니다. 아합왕, 450명의 바알 예언자, 침묵하는 수많은 백성 앞에서도 결코 흔들리지 않습니다. 우리 편이 몇 명인가, 몇 명 모였는가, 저쪽은 몇 명이 모였는가, 이런 것에 의하여 전혀 요동치 않습니다. "천만인이 나를 에워싸 진 친다 하여도 나는 두려워하지 아니하리이다"(시 3:6)는 굳센 믿음입니다.

어떻게 이런 믿음이 가능했을까요? 사람을 의지하지 않고 하나님만을 의지했기 때문입니다. 사람의 수를 의지한다면 저 세상권세를 잡은 자들의 수를 당할 수 있겠습니까? 무력을 의지한다면 저 무소불위의 권력을 휘두르는 아합왕과 그 주위에 포진한 모리배들과 바알 예언자들을 상대할 수 있겠습니까? 사실 폭력은 믿음이 연약한 사람들이 내면의 불안 때문에 그것을 감추기 위해서 휘두르는 것에 불과합니다. 굳센 믿음의 사람은 그렇지 않습니다. 언제나 고요하고 단정합니다. 전적으로 진리 안에 거하기 때문입니다. 전능하신 하나님 안에 머물기 때문입니다. 아니, 그의 마음 속에 전능하신 하나님이 거하시기 때문입니다. 엘리야가 그러했습니다.

둘째로 엘리야의 기도는 사랑이 있는 기도였습니다. 그는 그 절체절명의 순간에도 하나님의 존귀하신 이름, 그의 명예를 생각하였습니다. 그는 허물어진 여호와의 제단을 보면서 상한 심령을 가졌습니다. 그리고 허물어진 여호와의 제단을 고쳐 쌓았습니다. 사랑하는 하나님의 제단이 허물어진 것을 보면서도 그냥 그대로 방치해둔다면 어찌 그것을 사랑이라고 말할 수 있겠습니까? 우리가 누구를 사랑한다면 그와 관계된 것을 아무렇게나 함부로 할 수 없습니다. 그런데 여호와의 제단은 오랫동안 허물어진 채 방치되어 있었습니다. 돈에 팔려, 쾌락에 팔려, 향락주의적 바알문화에 넋이 팔려 그 어느 누구도 허물어진 여호와의 제단을 보면서도 그것을 고쳐 쌓을 생각을 하지 않았습니다. 그러나 엘리야는 이스라엘 열 두 지파를 상징하는 돌 12개를 집어다가 다시 여호와의 제단을 쌓았습니다. 하나씩 하나씩 정성껏, 아마도 비통한 눈물을 흘리면서 쌓았을 것입니다.

여호와의 제단을 쌓을 때 12개의 돌을 가져다가 쌓았다는 것은 무슨 뜻일까요?

당시 이스라엘은 남북으로 분단되어 있습니다. 어디 남북뿐이겠습니까? 지파 간에, 계층 간에, 세대 간에 갈갈이 찢긴 상태였습니다. 탐욕의 신 바알우상을 섬기면 그렇게 될 수밖에 없습니다. 만신창이가 된 사회에 대하여 문제의식을 안 느끼는 건 아니지만 모두 뿔뿔이 흩어져, 과연 저들이 애굽의 압제를 벗어나 홍해를 건너고 광야를 지나고 시내산에서 계약을 맺고 요단강을 건너 믿음으로 가나안에 입성하여 하나님의 말씀에 따라 정의가 강물처럼 흐르는 신정 이스라엘을 건국한 거룩한 백성이던가, 도무지 흔적도 찾아볼 수 없이 되어 버렸습니다.

비록 이렇게 무너져버린 나라이지만, 그래도 포기하지 않고 이 나라를 통해서 세계구원의 꿈을 이루고자 하시는 아버지 하나님의 간절한 심정이 절절히 가슴 속으로 느껴지기에, 엘리야는 수많은 사람들이 보는 앞에서, 12개의 돌을 하나씩 하나씩 집어들어 여호와의 단을 정성스럽게 쌓아올리기 시작합니다. 얼마나 지극한 사랑입니까?

무릇 기도는 이러해야 합니다. 나 혼자만 잘 살겠다는 기도를 하나님은 기뻐하지 않으십니다. 헐벗은 형제의 아픔을 외면하고 내 자식이나 잘 되게 해달라는 기도를 하는 자들을 보시면 하나님은 너무도 속상해하십니다. "그래도 너 정도면 내 마음을 알아줄만한데, 아직도 너의 마음그릇이 그 정도밖에 안 되느냐?" 안타까운 심정으로 그저 듣고만 계실 것입니다.

그러나 엘리야는 그렇지 않았습니다. 그것은 사도 바울이 "나의 형제 곧 골육의 친척을 위하여 내 자신이 저주를 받아 그리스도에게서 끊어질지라도 원하는 바로라"(롬 9:3)고 말한 것 같은 그런 심정이었을까요? 엘리야는 잃어버린 한 마리 양을 찾아나서는 목자의 심정, 모든 죽어가는 것들까지 사랑하는 주 예수의 심정에 잇닿아 있는 사랑이 있었습니다.

마지막으로 엘리야의 기도는 자신의 소중한 것을 다 바쳐서 드리는 희생의 기도였습니다. 그는 제단 주위에 크게 도랑을 팠습니다. 그리고 그 위에 물을 붓되, 가득 채워다가 번제물과 장작 위에 쏟기를 세 번 하였습니다. 그래서 제물은 물론 제단 주위로 물이 넘쳐 흘러 옆 도랑에까지 가득 괴게 합니다.

왜 그렇게 했을까요? 혹시라도 번제물 밑에 불을 숨겼다가 제물에 불이 붙었다고 할 수도 있는 모든 가능성을 차단하고, 스스로 무슨 인간적인 수

단을 가할 수 있는 일체의 빌미를 끊어버린 것입니다.

그때 당시 가장 귀한 것이 무엇이겠습니까? 3년 6개월 동안 비가 안 내렸으니 당연히 물이었을 것입니다. 그런데 그 물을 네 동이씩 세 번이나 쏟아 붓게 합니다. 불이 안 내린다면 물만 축냈다고 욕만 바가지로 얻어먹을 상황이지만 엘리야는 전혀 개의치 않습니다. 어찌 보면 너무도 무모합니다. 그러나 그것이 얼마나 어린 아이처럼 단순한 믿음입니까? 물론 지금 당장 물은 아깝습니다. 그러나 그것은 전혀 아까워할 필요가 없는 것입니다. 불을 내리실 하나님은 곧 물을 내리실 하나님이시기도 하기 때문입니다. 하나님께 비를 내려달라고 기도할 것이면서 물 몇 동이가 아까워 벌벌 떤다고 해서야 어찌 그것을 제대로 된 믿음이라고 하겠습니까?

전능하신 하나님을 온전히 바라보고, 그분을 얻기 위하여 나의 모든 것을 희생하고 버리고 비울 수 있는 마음, 그것을 행동으로 옮기는 믿음, 그것이 바로 엘리야의 믿음이요 기도였던 것입니다.

이러한 기도에 어떻게 응답하지 않으실 수 있겠습니까? 100% 응답하십니다. 입에서 떨어지기가 무섭게 응답하십니다. 아니 진작부터 준비내놓고 계십니다. 꼭 필요한 때, 결정적일 때 응답하셔서 당신의 영광을 드러내시고, 또한 우리를 수치에서 건져내시고 친히 높여주십니다.

엘리야는 우리와 같은 인간이었지만 비가 오지 않게 간절히 기도하자 3년 6개월 동안이나 땅에 비가 내리지 않았습니다. 그리고 그가 다시 기도하자 하늘은 비를 내렸고 땅에서는 곡식이 열매를 맺게 되었습니다. (약 5:17-18)

이런 얘기를 들으면 어떤 분은 혹시 의기소침해질지 모르겠습니다. 엘리야 같은 사람의 기도에 응답하시는거야 당연하지만, 나 같은 사람은 엘리야와는 비교도 할 수 없을 만큼 허물이 많은 사람이요, 하나님 앞에 아무런 의도 내세울 게 없는 사람인데, 그러면 나 같은 사람은 어쩌란 말입니까하고 생각할 수도 있습니다.

그러나 이 역시 걱정할 필요가 없습니다. 엄밀한 의미에서 하나님 앞에서 의를 주장할 수 있는 사람은 없습니다. 엘리야도 마찬가지입니다. 다만 하나님께서 먼저 우리를 사랑하신 것이요, 그 사랑에 보답하기 위하여 꾸준히 자신을 고쳐나가고 자신의 삶에 정성을 기울이는 가운데 그 마음이 하나님의 마음을 닮고, 그 소원이 하나님의 소원대로 살고자 하는 것으로 바뀌어, 무슨 일을 하든지 하나님 안에서 하나님과 함께 하는 삶으로 변화되었다는 의미에서 의인인 것입니다. 그가 우리 같은 인간이 일반적으로 가지고 있는 연약함을 모두 초월하였다는 의미에서의 의인은 아닙니다.

엘리야도 우리와 같은 인간이었지만 그럼에도 불구하고 그를 사랑하시고 그를 쓰시는 하나님의 사랑이 전제되어 있었던 것입니다.

삼손을 생각해보십시오. 그는 날 때부터 나실인으로 성별된 사람이었고, 모든 사람들이 부러워할 만큼 인물이 잘난 사람이었지만 그것을 제대로 관리하지 못한 사람이기도 합니다. 청춘의 유혹을 견디지 못하고 들릴라라는 여인을 앞세운 미인계에 넋이 빠져 그만 자신의 사명을 망각하고 허송세월을 하였습니다. 그러다가 적군에게 잡혀 눈알이 빠지고 맷돌을 돌리는 비참한 신세가 되고 말았습니다.

그러다가 자신의 죄를 회개하고 하나님께 부르짖습니다. 그는 "주 여호와여 구하옵나니 나를 생각하옵소서 하나님이여 구하옵나니 이번만 나를 강하게 하사 나의 두 눈을 뺀 블레셋 사람에게 원수를 단번에 갚게 하옵소서"(삿 16:28) 하고 기도한 후 있는 힘을 다하여 신전의 기둥을 밀자 그 신전이 무너져 내렸습니다. 그래서 삼손이 죽으면서 죽인 사람이 살아서 죽인 사람보다도 더 많았습니다.

비록 지은 죄로 인하여 하나님 앞에 차마 설 수 없는 죄인이지만, 그가 진심으로 참회하고 하나님의 의를 세우기 위하여 몸부림치며 나아갈 때에 그의 삶이 끝내 허무한 것이 되지 않도록 하나님께서 결정적인 순간에 그와 함께해주셨습니다.

역시 중요한 것은 우리의 진정성입니다. 어떤 상황에서든지 우리가 진실한 마음으로 온 힘을 다해 하나님 앞에 나아갈 때 절대로 우리를 버릴 수 없는 분이 바로 우리의 하나님이십니다. 그분은 우리의 아버지이시기 때문입니다.

시편 91편 14절 - 15절에 "그가 나를 사랑한즉 내가 그를 건지리라 그가 내 이름을 안즉 내가 그를 높이리라 그가 내게 간구하리니 내가 그에게 응답하리라 그들이 환난 당할 때에 내가 그와 함께 하여 그를 건지고 영화롭게 하리라"고 말씀하셨습니다.

그러므로 담대해야 합니다. 내가 기도할 때 하나님께서 반드시 귀 기울이시고 들으십니다. 지체된다고 해서 안 들으시는 것이 아닙니다. 하나님의 사랑과 능력에 대해서 터럭만큼의 의심이라도 품지 마시기 바랍니다. 중요한 것은 우리의 진실함과 사랑입니다. 문제는 언제나 우리들이지 하나님이 아닙니다.

우리가 하나님의 뜻에 합당하게 살아가고 진실하게 살아가며 그 뜻대로 구할 때 하나님은 반드시 응답하십니다. 엘리야처럼 담대한 믿음으로, 사랑하는 마음으로, 희생의 기도를 드림으로 응답받고 하나님의 은혜 가운데 살아가는 여러분이 되시기를 주님의 이름으로 축원합니다.

명품인생

“… 너희가 요단을 건너 너희의 하나님 여호와께서 너희에게 주시는 땅에 들어가서 그 땅을 차지하려 하나니 반드시 그것을 차지하여 거기 거주할지라 내가 오늘 너희 앞에 베푸는 모든 규례와 법도를 너희는 지켜 행할지니라” (신 11:26-32)

이 땅에 존재하는 모든 것은 그 자체로 귀합니다. 하나님이 말씀으로 창조하셨기 때문입니다. 그러나 특별히 더 귀한 것이 있습니다. 어찌어찌 하는 과정에서 진짜도 있고 가짜도 있게 되었기 때문입니다. 요즘 가짜가 얼마나 많습니까? 짝퉁 천지입니다. 옷, 신발, 가방, 화장품, 발명품, 학위, 음식… 도대체 믿고 살 수가 없고 믿고 먹을 수 없는 세상입니다.

그럴수록 사람들은 진짜를 열망합니다. 생산력의 수준이 높아져 이런 저런 물건이 많이 쏟아져 값싸고 쉽게 구할 수 있지만, 그럴수록 진실한 것에 대한 목마름도 큽니다. 진짜라면 불원천리하고 달려가고, 좀 비싸더라도 삽니다. 소위 명품에 대한 열망이 커졌다고 할 수 있습니다.

　얼마 전에 인터넷상에서 "미네르바"라는 필명으로 활동하는 사람이 검찰에 의해 체포되어 구속수감되었습니다. 검찰발표에 의하면 이 사람은 전문대 졸업자에 체계적으로 경제학을 공부한 적이 없는 사람으로서 그가 발표한 글들은 모두 남의 글을 짜깁기한 것이라고 합니다. 말하자면 진짜가 아니라 가짜라는 것입니다. 경제대통령이라고까지 불린 사람이기에 좀 충격적이었습니다.

　그런데 이것은 다른 질문으로 이어집니다. 그가 가짜라면, 진짜라는 사람들은 정말 진짜일까? 그를 가짜요 짝퉁으로 몰고가는 경제관료들, 고위 권력자들은 그동안 뭘 했는가? 오죽했으면 대중이 익명의 미네르바에게 열광했을까? 문제가 그리 간단하지 않다는 것을 알 수 있습니다.

　인터넷 공간에는 소위 '집단지성'이 발휘된다는 말을 합니다. 진실을 향한 대중의 열망이 결국은 거짓의 정체를 드러내고, 역사가 바른 방향으로 가도록 힘을 발휘한다는 것이지요. 몇 년 전, 황모박사의 줄기세포 문제로 세상이 시끄러울 때도 그랬습니다. 결국은 젊은 지성들이 뭔가 이상하다는 낌새를 알아차리고 그의 주장이 가짜인 것을 입증해냈습니다. 이런 세상이니 짝퉁이 넘쳐나는 것입니다. 하지만 동시에 진짜에 대한 열망도 커진 세상입니다.

　결국에는 진짜가 인정받고, 가짜는 부끄러움을 당하게 되어 있습니다. 대중의 수준이 높아진 만큼, 소위 명품 수준의 진실이 뒷받침되어야 합니다. 그렇지 않으면 살아남을 수 없습니다.

교회도 마찬가지입니다. 요즘 한국교회의 성장이 정지되었다는 말을 많이 합니다. 그 요인이 무엇일까요? 이 역시 진짜가 희귀한 현실과 관계가 있을 것입니다. 교회에도 짝퉁이 너무 많습니다. 그분이라면 무조건 믿고 따르고 가까이하여 배우는 명품신앙인들이 별로 없기 때문입니다.

이런 때 우리는 남의 탓을 할 것이 아니라 내가 먼저 진짜가 되어야 합니다. 하나님께서 인정하시는 진짜가 되어야 합니다. 그리고 한 걸음 더 나아가 명품이 되어야 합니다.

그러면 명품이 되기 위해서 어떻게 해야 합니까? 하나님께 뿌리를 내려야 합니다.

지난 겨울 제가 봉화산에 갔을 때의 일입니다. 겨울이라 소나무 이외에는 다 죽어 있을 줄 알았는데 의외로 잎사귀가 파란 풀들이 많이 있었습니다. 혹시 가짜 풀인가하고 가보았더니 틀림없이 진짜 살아있는 풀이었습니다. 그래서 살짝 잡아당겨 보았더니 어찌나 뿌리를 깊이 박고 있는지 잘 뽑히지 않았습니다. 그때 깨달았습니다. 아, 결국은 '뿌리박기다' 하고 말입니다. 어디에 있든지 땅에 깊이 뿌리를 내려 땅의 기운을 흡수하고 하늘의 기운을 사모하여 열심히 받으니 추운 겨울에도 죽지 않고 살아있을 수 있었던 것입니다.

최고의 명품 바이올린 재료가 어디에서 납니까? 록키 산맥의 수목한계선에서 자라는 나무가 제일 좋은 바이올린을 만든다고 합니다. 비바람이 몰아치고 춥고 물이 부족한 척박한 곳이지만 자신의 환경을 탓하지 않고 묵묵히 버티는 세월 속에서 단단해진 나무가 바로 세계 최고의 명품 바이

올린의 재료가 된다는 것입니다.

산삼도 그렇습니다. 산에 있다고 해서 다 산삼이 아닙니다. 오랫동안 사람들의 눈에 띄지 않고 묵묵히, 그저 그곳에 꿋꿋히 존재했기에 산삼이 되는 것입니다. 요컨대, 명품의 비밀은 견고한 뿌리내리기입니다.

본문은 모세가 가나안 입성을 앞두고 있는 이스라엘 백성에게 주는 유언적 설교의 일부입니다. 이 말씀의 요지는 "너희가 요단을 건너 너희의 하나님 여호와께서 너희에게 주시는 땅에 들어가서 그 땅을 차지하려 하나니 반드시 그것을 차지하여 거기 거주할지라 내가 오늘 너희 앞에 베푸는 모든 규례와 법도를 너희는 지켜 행할지니라"는 말씀입니다.

즉, 하나님의 말씀에 깊이 뿌리를 내리라는 것입니다. 하나님의 말씀에 뿌리내리는 삶이 얼마나 중요한지를 각인시켜 주기 위해 모세는 백성을 둘로 나누어서 한쪽은 그리심 산에 올라가 복을 선포하게 하고, 다른 한쪽은 에발 산에 올라가 저주를 선포하게 합니다. 크게 복창하고, 그것을 마음에 깊이 새겨, 어떤 상황이든지 잊지 말고 꼭 지키라고 했습니다.

지금 이 말씀을 듣는 사람들이 어떤 사람들입니까? 경제력이 있는 사람이 아닙니다. 군사력이 우세한 사람들도 아닙니다. 애굽에서 종살이하다 나온 힘없는 하비루들이요, 저 난공불락의 요새 여리고성과 그 배후의 가나안 일곱부족에 비하면 하찮기 이를 데 없는 사람들입니다.

그럼에도 불구하고 이 세상의 헛된 풍조에 마음을 빼앗기지 말고 오직 일념으로 하나님의 말씀을 따라 정진하기만 하면, 하나님께서 반드시 남부럽지 않은 늘 푸른 희망의 나무가 되게 하여 주시리라는 것입니다. 천하에 경이와 희망을 나누어주는 명품인생, 명품가문, 명품백성, 명품나라가 되게 하여주시리라는 것입니다.

명품이라고 하니 혹 나와는 별 관계가 없는 말이라고 생각하거나 어려운 일이라고 생각하는 사람이 있을지 모르겠습니다. 하지만 그렇지 않습니다. 하나님께 뿌리를 내리고 나의 자리에 의연하게 존재하면 내가 바로 명품이 되는 것입니다.

반드시 그렇게 되도록 하나님께서 세상을 지으셨습니다. 하나님이 이 지구를 어떻게 만드셨나요? 둥글게 만드셨습니다. 중심과 주변이 따로 없습니다. 위도 없고 아래도 없습니다. 만물을 다 말씀으로 창조하셨습니다. 말씀으로 지어지지 않은 것이 하나도 없습니다. 그러므로 그 원리를 알고, 말씀을 깊이 깨우쳐 그 말씀에 깊이 뿌리를 박고 성심껏 살다 보면 그가 누구든지 어느 곳에 살든지 반드시 길이 열리게 되어 있습니다. 그것이 바로 하나님의 창조원리입니다. 말씀을 붙들고 끝까지 오래 참으며 사는 자는 누구나 때가 되면 존재가치를 찬연히 발하는 명품인생이 되는 것입니다.

그러므로 지금 혹시 좀 힘들고 외롭더라도 낙심하지 마시기 바랍니다. 모진 시간이지만 그 세월 속에서 여러분은 지금 견고한 명품인생이 되어 가고 있는 것입니다.

하나님의 목표는 생각보다 원대하십니다. 우리를 통해서 삶의 신비를 드러내고, 당신의 영광을 드러내기를 원하십니다. 세상이 얼마나 다채롭고 아름다운지, 그중에서도 우리 인간이 얼마나 멋진 하나님의 작품인지, 우리의 삶을 통해서 생생한 증거를 보여주기를 원하십니다.

"너희는 스스로를 저평가하지 말라. 힘써 정진해서 너희가 이 세상에 뭔가를 보여 주어라. 내가 누군지 네가 보여 주어라. 그래서 천하 만민이 너를 보고 나에게 돌아오게 하여라." 이것이 하나님의 뜻입니다.

하나님께서 일흔다섯의 노인 아브라함에게도 "너는 복의 근원이 될찌라"고 말씀하셨습니다. 그런데 무엇 때문에 낙심하십니까?

"네가 나를 보여 주어라!" 이것이 여러분을 향한 하나님의 뜻이니 여러분 스스로를 절대로 하찮게 생각하지 마십시오. 믿는 즉시 여러분은 이미 명품인생이 되는 것입니다. 하나님은 우리를 절대로 하찮게 창조하지 않으셨습니다.

요한복음 3장 16절에 "하나님이 세상을 이처럼 사랑하사 독생자를 주셨으니 이는 그를 믿는 자마다 멸망하지 않고 영생을 얻게 하려 하심이라"고 말씀하셨습니다. "하나님이 세상을 이처럼 사랑하사" 이 말씀에 온갖 보화가 담겨 있습니다. 그 크신 사랑에 합당하게 자신감을 가지고, 자존감을 가지고, 하루하루 성심껏 살아가는 여러분 되시기 바랍니다.

물론 말씀대로 사는 일이 하루아침에 되지는 않을 것입니다. 노력하면 노력할수록 못미치고 아쉬운 점이 있을 것입니다. 때로 자신의 죄를 보면서 슬픈 마음이 드는 때도 있을 것입니다. 그러나 그래도 낙심하지 마시기 바랍니다. 하나님의 크신 사랑을 생각하며, 여러분도 사랑으로 몸과 마음을 곧게 세우고, 다시 힘을 내서 정진하시기 바랍니다. 하나님 앞에서 나

의 곤궁함이 느껴지고 어찌할 수 없는 나의 무능과 죄로 인하여 슬픈 마음
이 든다고 할지라도 그것이 바로 큰 축복인 것입니다. 천국이 그러한 사람
들의 것이요 하나님께서 위로해 주실 것이라고 예수님께서 가르쳐 주시
지 않았습니까?

잘 되는 것만이 아니라 설령 잘 되지 않는다 할지라도 그것이 하나님의
말씀대로 살아보려고 애쓰는 가운데 겪는 것이라면 그것은 오히려 복된
고통이라는 것이 예수님의 말씀입니다. (마 5:1-12)

진실하신 하나님께서는 반드시 진짜를 알아보십니다. 절대로 모른 체
하지 않으십니다. 반드시 기억하시고, 도와주시고, 통하게 하시고, 합력해
서 당신의 선하신 뜻을 이루게 하십니다. 결국에는 세상 사람들도 그쪽 방
향으로 움직입니다. 우리나 저들이나 그 근본은 하나님의 진실, 하나님의
숨결이 들어가 있는 명품중의 명품이기 때문입니다.

한번뿐인 소중한 인생, 멋진 꿈으로 도전하시되 이 무더위를 무색케 하
는 은근과 끈기로 끝까지 참아내어 세월과 함께 견고하게 여물어 가십시
다. 명품이 따로 있습니까? 자신의 자리에서, 주의 말씀을 따라 성심껏 버
티면 되는 것입니다.

감자 같은 희망

강원도는 감자바위라지?
서늘한데서 잘 자라는 감자가 많이 나니까,
좋은 뜻으로 하는 소리겠지!

행여 감자 무시하지 마시오.
배고프던 시절, 우리 조상들을 구해준 구황작물,
구세주 같은 식물이라오.
혹시 누가 먹으라고 주거든,
시장에 나가면 흔하디 흔한 게 감자인데
뭘 이런 걸 보냈느냐,
절대로 이런 시건방진 소린 하지 마시오.
감자라고 속이 없는 줄 아시오?

내가 제일 자신있게 할 줄 아는 요리가
감자 썰고 호박 넣고 고추장 된장 풀어서 끓이는 찌게와
감자볶음이라는 얘기는 너무 사적인 얘기니까 생략하고,
어쩌다 있는 감자 다 못 먹어 썩어서 버리게 되거들랑
버리기 전에 한번 쪼개든지 잘라라도 보시오.
먹을 수 있으면 먹고,
정 안 되면 어디 부드러운 흙에 묻어보시오.
구세주 같은 식물이라 구세주처럼
흙무덤에서 살아날지도 모르오.
물론 될 수 있는대로 썩히지는 말고…….

믿든지 말든지
나는 보았소!
안 먹어서 썩어 곰팡이가 나는 감자에서
날씨가 따뜻해지니까 싹이 나오려 하는데,
그걸 그래도 우리 장모님이 칼로 잘라서 밭에 던졌더니
봄이 가고 여름이 되자
글쎄 그게 정말로 싹이 나고 줄기가 자라더니
놀라워라, 신통하고 방통해라,
거기서도 새끼를 깠소.

보시오, 얼마나 이쁘고 통통하오?
보니까 장모님 생각도 다시 나고,
삶의 지혜, 인내, 경륜, 생명의 신비, 볼품없이 평범한 것의 소중함,
참으로 깨닫는 것이 많소이다.
흙묻은 감자 보니까 느낌이 오지 않소이까?

그러니 여보시오들,
썩은 감자라도 함부로 버리지 마시오.
차마 함부로 버리지 않으면
썩은 감자에서도 구세주 같은 감자가 나올 수도 있나니,
희망이란 것도 본시 그런 게 아닐까 싶소.
하찮은 모습이라고 함부로 여기지 않고,
차마 버릴 수 없는 마음으로
혹시나 하고 사랑을 거두지 않고
믿고 뿌리고 기다리는 곳에서 싹트는 것,
믿는 만큼 자라는 것,
아니, 믿은 것보다 훨씬 더 크게 자라서
뜻밖의 희망으로 열매 맺는 것,
그래서 눈물 나는 감동으로 우리를 살리는 것······.

누군가 차마 버리지 않고 밭에라도 던져주니
모양은 거시기해도 얼마나 사랑스럽소?
'감자 같은 희망'이라고 말해도 그럴듯할 것 같지 않소?
다른 건 다 그만두고서,
저것을 조려서 먹으면 얼마나 맛있겠소?
그러면 감자가 죽어 당신 안에서
새로운 생명으로 부활할 것 아니겠소?
저 볼품없는 것이 죽어서
멋진 당신으로 다시 살아날 터이니
그 얼마나 아름답고 고마운 생명의 신비냐 그 말이오.

말이 되오?
믿든지 말든지······
웬만하면 좋은 말로 할 때 믿으시오!

믿고 또 가보자

잘 모르는 길을 여행하는 건
불안하기도 하지만 재미있기도 하다.
길 가에는 어떤 풍경들이 펼쳐질까?
이 여행길에서는 또 어떤 새로운 사람들 만나고
새로운 진리를 배울까?
또 이 길 끝에는 무엇이 기다리고 있을까?
아마도 그맛에 사람들은 산을 오르고 바다밑으로 내려가고
무전여행 같은 것에 도전할 것이다.

거창하게 무전여행을 들먹거릴 필요도 없다.
그저 걷기만 해도 신비는 쫙 깔렸다.
시시각각으로 보이고 들리고 마주치는 것들 속에서
평소에 알지 못하던 새로운 세계로 통하는
신비한 창을 발견할 때가 많다.
어느새 잎사귀가 다 떨어진 나무, 맑게 드러나는 하늘,
상큼한 바람, 다시 나타난 까치……
아, 벌써 계절이 바뀌었구나!
모든 게 살아있고, 내가 이렇게 살아있구나!
참 친구들이 많구나!
일상의 작은 현실에서도 경험하게 되는 감동이다.
…….

그러나 걷지 않는다면 이 모든 걸 어떻게 알 수 있겠는가?
닫힌 내 방문을 열고,
문 밖 저쪽의 세계를 향하여 믿고 떠나지 않으면
이 신비하고 재미있는 세상을 어떻게 맛볼 수 있겠는가?
모든 걸 내려놓고 떠나는 여행을 시도하지 않고서
어떻게 저 신비한 창을 발견하고
창 너머 저쪽의 신세계를 예감이라도 할 수 있겠는가?

그날의 새벽길도 그랬다.
홍성이면 원주에서 꽤 먼 길이지만

진작부터 이 길을 떠나기로 마음을 먹었다.
뜻하신 계획이 있으니 사람들이 모이겠지.
그러니 내 마음이 동하겠지.
기대하는 마음으로,
평소보다 부지런을 떨어 설교준비를 다 끝내놓고,
오늘 모임을 위하여 제가 뭐 준비할 일 없겠습니까?
몇 가지 묻고 준비한 다음,
설레는 마음으로 홍성으로 출발하였었다.
와보니 역시 오기를 잘 했다.
길이 막혀 배고프고 고단하긴 했지만,
얘기가 무르익어가면서 피곤을 다 잊었다.
얘기 속에서 새로운 에너지가 충전되었기 때문이다.
그렇게 얘기하다 보니 새벽 2시 30분,
또 다시 먼 길을 가야하지만,
갈 길이 걱정되지 않는 것은
이 길에도 뭔가 재미있는 일이 기다리고 있을 거라는
믿음 때문이었으리라.

먼저는, 친절한 동행이었다.
짙은 안개가 깔렸지만,
20년은 더 젊게 변해버린 송집사가 인공위성까지 동원하여
내 길을 선도하니 시작이 좋다.
"목사님, 이리로 가면 홍성 I.C가 아니라 광천 I.C가 나옵니다."
"목사님, 고속도로에 진입하면 그냥 각자 가도 되겠지요?"
"목사님, 곧 휴게소가 나오는데 커피 한 잔 하고 가실래요?"
중간중간에 전화까지 넣어주는, 아 친절한 우리 송집사님!

또 다른 재미는 예기치 않은 위기를 통해서 왔다.
휴게소에서 커피 한 잔 하고 가자는 송집사의 제안을 사양하고
그냥 내처 달린 게 위기의 발단이었는지 모르겠다.
안개길에서 신경을 곤두세우며 달리다 보니 피곤이 겹쳐서 그런가
졸음이 밀려왔다.
할 수 없이 화성휴게소에 차를 세우고 한숨을 잤는데……
이게 웬일인가?
자고 일어나 시동을 거니 시동이 걸리지 않는다.
아뿔싸, 라이트를 켜놓은 채 잠을 잤고,

그 사이에 베터리가 모두 방전되어 버린 것이다.
혹시나 하고 다시 걸어보기를 수 차례,
그러나 별무소용이었다.
아, 낭패로세,
이 밤에 이 낯선 곳에서 어떡하면 좋단 말인가?

혹시 하는 마음으로 몇 사람에게 도움을 청하였다.
"혹시 점프선 준비된 거 있나요?"
모두 나 같은 사람들뿐인지, 아무도 없었다.
주유소에 들어가서 물어보았지만, 거기도 없었다.
"보험회사에 전화해보세요."
누가 그걸 모르나? 그러자면 시간이 걸릴테니까 부탁하는거지.
결국, 보험회사직원에게 전화를 해야만 하였다.
"여보세요. 저 지금 고속도로 휴게소에 있는데,
문제가 생겨서 전화드렸습니다."
"무슨 일이세요?"
…….
…….
곧 구조차량이 출동할거라는 얘기를 들으니
모든 걱정이 다 사라졌다.
이제 편안한 마음으로 기다리기만 하면 된다.
갑자기 배가 고파졌다.
유부우동이나 한 그릇 먹을까?
여유만만하게 뜨뜻한 국물과 함께 우동을 먹고 있는데,
생각보다 구조차량이 일찍 왔다.
비상연락망이 가동되었고,
근처에 있는 카센터에서 신속하게 달려온 것이다.
점프선을 연결하고 시동을 거니
즉각 부르릉 하고 시동이 걸렸다.
야, 됐다!
"금방 되네요. 감사합니다!"

보험을 들어두기를 참 잘했다는 생각과 함께,
이때 좀 엉뚱한 생각이 들었다.
"알고 보니 나 참 빽 좋은 사람이네."

새벽 5시에 전화해도
불평 한 마디 없이 친절하게 전화받아주는 사람 있고,
도움을 청하니 인공위성을 통하여 전화 주고 받고
캄캄한 길을 헤치고 구조차량이 달려와
척척 문제를 해결해주고……
근데, 내가 더 큰 어려움에 닥쳐 하나님께 도움을 청하면
그때 하나님도 이렇게 척척 도와주실까?

보험료 낸 덕분에 보험회사에서 이렇게
척척 나서서 도움을 주는데,
자식이 아버지 하라는 대로 열심히 일하다가
도움이 필요해서 SOS를 치면
아버지는 이보다 더 즉각적으로 도움주시겠지?
보험회사 직원은 자다가 한참만에 전화를 받았지만,
우리 아버지는 졸지도 않으시고 주무시지도 아니하시는 분,
사랑하는 자식이 살려달라고 부르짖으면 만사 제치고 일어나
자, 비상! 내 아들을 구하라, 모두 출동!
그러시겠지?

하나님, 맞지요?
틀림없이 그렇게 해주실 거죠?

!@#^&*_*

짜식, 그걸 꼭 말해야 하니?

예기치 않은 어려움을 겪긴 했지만,
휴게소를 출발하여 원주를 향해 달리는 길은 뿌듯했다.

그래, 나는 정말 빽 좋은 사람이다.
꼭 필요할 때는 즉각적으로 일어나
비상, 모두 출동, 내 아들을 살려라!
명령하시는 전능하신 하나님, 자비하신 아버지가 있고,
그 명령에 불평없이 즉각적으로 출동하는,
어디가나 나타나는 홍반장 같은 구조대원, 친구, 천군천사…….
통칭하여 막강한 빽이 있다.

황홀한 착각인가?
착각이라고 생각하는 건 그 사람의 자유고,
이런 황홀한 생각을 하면서 고속도로를 달리는 주일 새벽길,
이번에도 여행길은 즐겁고 뿌듯했다.
믿고 나서지 않았더라면
어찌 이런 상상이라도 할 수 있었겠는가?

하나님과 함께 떠나는 여행,
어디로 인도하시건,
자, 오늘도, 믿고 또 가보자.

3부 가을

헛되지 않은 씨뿌림

"… 눈물을 흘리며 씨를 뿌리는 자는 기쁨으로 거두리로
다 울며 씨를 뿌리러 나가는 자는 반드시 기쁨으로 그 곡
식 단을 가지고 돌아오리로다" (시 126:1–6)

요즘 입만 열면 어렵다는 소리입니다. 자연히 사람들의 마음
이 많이 위축되어 있습니다. 어느 회사가 부도가 났다, 일
자리가 점점 줄어든다, 대학졸업해도 취직이 안된다… 이런 말들을 자꾸
들을 때 마음이 어두워집니다. 그러다 보니 너무 안전위주로만 사는 경향
이 있습니다. 미래를 위해 적극적인 투자를 하지 않습니다.

그런데 오히려 이것이 더 심각한 문제를 야기할 수 있습니다. 우리가 낭
비를 줄이고, 허황된 욕심에서 깨어나는 것이야 빨리 깨어날수록 좋은 것
이지만, 미래에 대한 근거없는 비관적 전망 때문에 지금 꼭 뿌려야 할 씨
를 뿌리지 않고 해야 할 준비를 안한다면 그것이야말로 나중에 큰 문제가

될 수 있습니다. 이런 때일수록 근본적으로 생각하고, 자신의 삶에 대하여 중장기적 전망을 가지고 매일, 착실하게 뿌려야 할 씨를 뿌리고 준비할 것을 준비해나가는 믿음과 끈기가 필요합니다.

노아는 세상이 암담하고 어지러울 때에도 하나님의 말씀에 순종해서 착실하게 방주를 만들고 심판 이후의 새로운 세상을 위하여 종자씨를 구별해놓았습니다. 그랬기에 나중에 다시 씨를 뿌려, 스스로 생존하였을 뿐 아니라 생명의 대를 이어갈 수 있었습니다.

대를 잇는 것이 얼마나 중요한지 여러분 아시지요. 하나님께서 인간에게 주신 가장 기본적인 사명이 바로 대를 이어가는 것입니다. 하나님 나라가 이루어질 때까지 믿음에서 믿음으로 이어가야 합니다. 그 귀한 생명의 역사가 나로 인해 끊어지는 일이 없도록, 우리는 어떻게 해서든지 낳고 가르치고 씨를 뿌리고 키워야 합니다. 그리고 종자를 보전해야 합니다. 새로운 생명의 역사를 위하여 종자씨를 구별하였다가 뿌리고 키워가는 것, 꾸준히 준비하는 것, 그것이 바로 믿음의 기본입니다.

"내일 지구의 종말이 올지라도 나는 한 그루의 사과나무를 심겠노라"고 한 스피노자의 말처럼 어떤 상황 가운데서도 희망을 포기하지 않고 하루하루 최선을 다하는 것, 그것이 바로 하나님께서 기뻐하시는 믿음이요 오늘 이 시대 그리스도인들이 세상 사람들에게 보여주어야 할 믿음입니다.

현실에 대한 예언자적 문제의식을 갖는 건 좋지만, 그것이 지나쳐 미래에 대한 음울한 패배주의에 사로잡히는 것을 경계해야 합니다. 하나님을 믿고, 그의 나라와 그의 통치, 그의 약속을 믿는 사람에게 비관주의나 냉소주의는 합당치 않습니다.

우리에게는 무지개 언약이 있습니다. "다시 오겠다"고 말씀하신 주 예수의 약속이 있습니다. "끝까지 견디는 자는 구원을 받으리라" (막 13:13)고 주님께서 말씀하셨습니다. 그러므로 아무리 힘들고 어려워도 우리는 믿고, 오래 참으면서, 하루하루 성심껏 할 일을 해야 합니다.

오바마를 생각해보십시오. 그렇게 사연이 많은 가정에서 자란 사람도 꿈을 가지고 열심히 정진하니까 대통령까지 되지 않았습니까? 그가 어렸을 때 어머니가 매일 새벽 4시에 깨워 마르틴 루터 킹 목사님의 "나에게는 꿈이 있다"(I have a dream)는 연설문을 읽어줬다고 합니다.

그때 그 시절, 저 흑인들의 삶이 얼마나 고달픈 삶이었겠습니까? 그러나 말씀을 붙들고, 믿고 힘내서 꾸준히 씨를 뿌렸더니 결국 거두었습니다. 오바마 개인만이 아니라 그의 어머니, 그의 할머니, 할아버지, 모든 흑인들, 혼혈인들, 소수민족들, 주변 사람들, 아직 충분히 만족할만한 수준은 아니지만, 옛날에 비해 많이 변했습니다. 꾸준히 노력하니까 과거와는 상상할 수 없을 만큼 많은 변화가 이미 이루어졌습니다.

이런 것을 보더라도 우리는 낙심하면 안됩니다. 낙심하는 사람에게 한번 더 생각해보라고 말해주어야 합니다. 어떤 상황에서든 믿고 긍정하고 감사하고 준비하고 정성껏 씨뿌리는 사람이 되어야 합니다.

본문은 지금으로부터 2500년 전쯤 바빌론의 포로생활에서 돌아와 폐허

속에서 재건과 회복을 갈망하며 헌신하던 어느 시인이 쓴 시로 보입니다. 수십 년만에 돌아온 그 고향에 도대체 뭐가 제대로 남아 있었겠습니까? 집이 제대로 남아 있었겠습니까, 밭이 제대로 남아 있었겠습니까, 성벽이 제대로 남아 있었겠습니까, 성전이 제대로 남아 있었겠습니까? 포로생활에서 해방되어 나올 때는 정말로 꿈을 꾸는 것 같았고, 입에서 찬송이 그치지 않았겠지만, 시간이 지나면서 그 기쁨은 사라지고 힘들고 어려운 현실 속에서 많이 지치고 주저앉고 싶었을 것입니다.

그러나 그는 그러지 않았습니다. 한 가닥 희망을 찾아서 모색하고 또 모색하였습니다. 특별히 지나온 세월을 회상하였습니다. 말하자면 역사를 돌이켜본 것입니다. 역사를 왜 돌이켜 봅니까? 오늘의 좌표를 알고, 가야 할 길을 찾기 위해서입니다. 그래서 역사는 귀감(龜鑑)이라고 했습니다. 그리고 "역사는 과거와 현재의 대화"라고도 했습니다. (E.H.카)

그렇게 역사를 성찰하다 보니까 현실을 보는 새로운 안목을 갖게 되었습니다. 믿음의 안목을 갖게 된 것입니다. 그리고 그 안목으로 현실을 보니 이제는 현실이 다르게 보였습니다. 도저히 넘어설 수 없는 불가능의 장벽이 아니라, 하나님이 함께하시는데 불가능이 어디 있느냐, 까짓것 별거 아니다, 해보자, 우리는 할 수 있다, 그렇게 생각하게 되었습니다.

이 시인이 옛날을 회고하면서 부르는 찬송을 들어보십시오.

"여호와께서 시온의 포로를 돌려보내실 때에 우리는 꿈꾸는 것 같았도다 그때에 우리 입에는 웃음이 가득하고 우리 혀에는 찬양이 찼었도다 그때에 뭇 나라 가운데에서 말하기를 여호와께서 그들을 위하여 큰 일을 행하셨다 하였도다 여호와께서 우리를 위하여 큰 일을 행하셨으니 우리는 기쁘도다 여호와여 우리의 포로를 남방 시내들 같이 돌려 보내소서 눈물을 흘리며 씨를 뿌리는 자는 기쁨으로 거두리로다 울며 씨를 뿌리러 나가는 자는 반드시 기쁨으로 그 곡식 단을 가지고 돌아오리로다.”

한숨과 낙담 대신에 적극적인 기도를 하고 있습니다. 간절한 마음으로 이제 더욱 열심히 씨를 뿌려보겠노라고 다짐합니다.

참으로 놀라운 변화입니다. 이것이 바로 바른 역사의식이요 바른 신앙입니다. 그동안 함께해주셨던 하나님의 은혜를 기억하며, 그 은혜에 합당하게 마음과 뜻과 정성을 모아 헌신을 결심하고 그것을 행동으로 옮기는 것 말입니다.

그림 하나를 보겠습니다. 이 그림이 참 의미심장합니다. 보시는 것처럼 높은 장벽이 있습니다. 이 장벽을 웬 아주머니가 뛰어넘습니다. 체형이 어떻습니까? 좀 뚱뚱하지요? 그러나 이 아주머니가 이 높은 장벽을 넘습니다. 어떻게 넘습니까? 성경에 십자가 장대를 갖다 대고, 그 탄력을 이용해서 거뜬히 넘습니다.

이것이 바로 신앙의 신비입니다. 오늘 성경본문의 시인도 바로 그겁니다. 그날 웃었던 웃음, 그날 사람들이 했던 부러움의 찬사, 그 날 감격해서 불렀던 찬송, 그 모든 지나간 세월 속에서 함께해주셨던 하나님의 크신 사랑을 기억하면서, 믿음을 새롭게 함으로 오늘의 높은 장벽을 어느새 훌쩍 넘어서고 있지 않습니까?

진실로 하나님은 자비로우시고 은혜로우신 우리 아버지이십니다. 당신의 뜻대로 살아보려고 뉘우치고 울며 매달리는 자식을 결코 외면할 수 없는 분이십니다. 이 하나님을 기억하는 순간, 절망의 문이 닫히고 희망의 문이 열리는 것을 기억하시기 바랍니다. 믿고 매달리는 자식을 외면할 수 없는 하나님이 바로 나의 하나님, 나의 아버지라고 하는 사실이야말로 우리 희망의 궁극적 근거입니다.

이 하나님을 믿고 힘을 내시기를 바랍니다. 이 하나님을 믿고, 혹시 잘못한 것이 있다면 이제라도 속히 고치시기를 바랍니다. 이제라도 믿고 준비합시다. 이제라도 종자씨를 구별해서 열심히 뿌려봅시다. 오늘 우리가 바치는 눈물의 헌신이 결코 헛되지 않도록 하나님께서 축복의 손으로 함께해주실 것입니다.

이스라엘 백성은 바로 이러한 믿음으로 꿋꿋하게 세상을 이겨나갔습니다. 어떤 상황에서든 믿고 순종하고, 믿고 준비하고, 믿고 씨를 뿌리고, 믿고 기다리고, 그날이 이미 온 것처럼 늘 깨어서 살았습니다.

여러분! 올 1년 작황이 어떻습니까? 얼만큼 뿌리고 얼만큼 거두셨습니까? 모르긴 몰라도 뿌린대로 거두었을 것입니다. 적게 뿌렸으면 적게 거두었을 것이고, 많이 뿌렸으면 많이 거두었을 것입니다. 혹 늦게 뿌렸더라도 뿌리기만 했으면 웬만큼은 거두었을 것입니다. 뿌린 대로 거두는 것을 보고 더욱 힘내서 열심히 살아보라고 하나님께서 결실의 기쁨을 맛보도록 해주셨을 것입니다.

구태여 말하지 않아도 하나님께서 어떻게 우리가 뿌린 씨가 헛되지 않게 축복해주셨는가는 여러분이 더 잘 알고 계십니다. 이 은혜에 우리는 어떻게 보답해야 할까요? 흔들어 넘치도록 큰 은혜를 받았으니 그저 더욱더 충성해야겠다는 생각뿐입니다. "네가 내 일을 하면 내가 네 일을 하리라"는 하나님의 약속이 틀임없이 이루어지는 것을 경험하였으니 고맙기도 하고 두렵기도 합니다. 겸손하게 충성하는 것 말고 무슨 다른 생각을 품을 수 있겠습니까? 바라기는 이 기쁨이 여러분 모두의 기쁨이 되기를 바랍니다.

어렵다고 위축되지 말고, 우리 모두 어려울수록 더욱 분발해서 뿌려야 할 씨를 부지런히 뿌려봅시다. 성심껏 종자씨를 구별하고, 열심히 씨를 뿌리는 가운데 뿜어져 나오는 더운 입김과 체온으로 이 시대의 추위를 넉넉하게 이겨내십시다. 우리가 하나님의 뜻을 따라 열심히 일할 때 전능하신 하나님께서는 당신의 거룩한 영을 통하여 우리와 함께해주실 것입니다.

우리의 씨뿌림이 결단코 헛된 씨뿌림이 되는 일이 없도록 축복의 손길로 함께해주실 하나님을 믿고 열심히 믿음의 씨, 소망의 씨, 사랑의 씨, 충성의 씨, 봉사의 씨, 겸손의 씨, 섬김의 씨, 전도의 씨, 나눔의 씨를 뿌리는 여러분이 되시기를 주님의 이름으로 축원합니다.

거저 주시는 은혜

"… 주께서 과부를 보시고 불쌍히 여기사 울지 말라 하시
고 가까이 가서 그 관에 손을 대시니 멘 자들이 서는지라
예수께서 이르시되 청년아 내가 네게 말하노니 일어나라
하시매 죽었던 자가 일어나 앉고 말도 하거늘 … "
(눅 7:11-17)

흔히 세상에는 공짜가 없다고 합니다. 뭘 주면 반대급부로 반드시 뭘 요구한다는 것입니다. 돈을 내라든지, 회원에 가입하라든지 등의 조건이 따릅니다.

그러나 정말로 공짜가 없습니까? 가만히 생각해보면 공짜가 많습니다. 아니 진짜 우리가 살아가는 데 필수적인 것은 거의 다 공짜입니다. 우리가 매일 맑은 공기를 마십니다만, 숨을 쉬는 데 돈 내고 쉬는 사람은 없습니다. 햇볕을 쬐는 것도, 사시사철 변하는 아름다운 계절을 누리는 것도 다 공짜입니다.

예수님께서 공중에 나는 새를 보라. 아버지께서 기르시지 않느냐? 들에 핀 백합화를 보라. 아버지께서 입히시지 않느냐? 그러므로 너희는 무엇을 먹을까, 무엇을 마실까, 무엇을 입을까, 염려하지 말라 (마 6:26-31)고 말씀하셨습니다. 그리고 마태복음 6장 33절에 "그런즉 너희는 먼저 그의 나라와 그의 의를 구하라 그리하면 이 모든 것을 너희에게 더하시리라"고 말씀하셨습니다.

세상 물정 모르는 순진한 분이라서 그렇게 말씀하신 것입니까? 아닙니다. 다른 사람이 보지 못하는 것을 보는 특별한 안목이 있기 때문입니다. 바로 아무런 조건 없이 공짜로 베풀어주시는 은총의 세계를 보았기 때문입니다.

예수님께서 보시고 믿으시고 생활하신 세계는 인자하신 하나님 아버지께서 넉넉하게 베풀어주시는 충만한 은총의 세계입니다. 그 은총의 세계를 살아가면서 예수님께서는 언제나 사랑과 기쁨으로 충만하셨습니다. 차고 넘치는 사랑과 기쁨으로 다른 사람에게도 사랑과 기쁨의 파장을 일으키셨습니다. 그를 제대로 만난 사람들은 한결같이 넉넉해지고 한층 업그레이드되는 경험을 하였습니다. 그분에게서 나오는 넉넉한 에너지로 말미암아 긍정적인 영향을 받았기 때문입니다.

이러한 경험을 사도 요한은 "말씀이 육신이 되어 우리 가운데 거하시매 우리가 그의 영광을 보니 아버지의 독생자의 영광이요 은혜와 진리가 충만하더라" (요 1:14)고 말했습니다.

본문은 과부의 아들을 살리신 이야기입니다. 예수님께서 길을 가시다가 장례행렬과 마주치셨습니다. 죽은 사람은 어떤 과부의 외아들이었는데 동네 사람들이 큰 떼를 지어 과부와 함께 상여를 따라오고 있었습니다. 주께서 그 과부를 보시고 측은한 마음이 드시어 "울지 마라"고 위로하시며 앞으로 다가서서 상여에 손을 대셨습니다. 그리고는 "청년아 내가 네게 말하노니 일어나라"고 명령하셨습니다. 그러자 죽었던 젊은이가 벌떡 일어나 앉으며 말을 하기 시작하였습니다. 예수님께서는 그를 그 어머니에게 돌려주셨습니다.

이 이야기를 읽으면서 여러분은 어떤 느낌이 드십니까? 여러분, 예수님이 이 과부를 측은히 여기실 때 무슨 특별한 연고가 있었기 때문입니까? 그 과부가 예수님을 알아보고 "오, 그리스도시요 살아계신 하나님의 아들이신 예수여, 주는 부활이요 생명이시오니 제 아들에게 손을 얹으사 일으켜 세워주시옵소서" 하면서 신앙고백을 하였기 때문입니까? 아니면 이 여인이 특별히 평소에 선행을 많이 하여서, 누군가 나서서 예수님께 다가와 "예수님이시여, 다른 사람은 몰라도 이 여인은 꼭 봐주서야겠습니다. 주는 무슨 일이든 다 하실 수가 있으시니, 이 여인에게 은총을 베풀어십시오" 하고 청탁을 하였기 때문입니까?

아닙니다. 그 어떤 고백도, 그 어떤 청탁도 없었습니다. 다만 예수님께서 보시고 측은한 마음이 드셔서 다가가서 "울지 마라" 하고 위로하시며 상여를 멈추게 하시고 그녀의 외아들을 살려주신 것입니다.

참으로 놀랍게도 이렇게 아무런 조건 없이 거저 베풀어주시는 은혜의 세계가 있다는 것을 발견하게 됩니다. 그 크신 은혜를 베풀어주시고도 돈 한 푼 받지 않고, 이렇게 해라 저렇게 해라 아무런 조건도 붙이지 않고, 예수님께서는 그를 그 어머니에게 돌려주셨습니다. 그게 전부였습니다.

요즘 세상에 이런 분이 어디 있습니까? "아무리 그래도 그렇지, 뭔가 바라는 게 있었겠지, 그냥이야 그렇게 좋은 일을 해주었겠어?" 이렇게 생각하는 게 이 세상인심에 닳고 닳은 우리네 같은 보통 사람들의 반응일 것입니다. 부모 아닌 다음에야 이 세상에서 누가 그렇게 다른 사람의 아픔을 보고 같이 아파하고, 아무런 조건 없이 은혜를 베풀어주겠습니까?

그러나 예수님께서는 정말 아무런 조건 없이 죽은 사람을 살려주시고 그를 그 어머니에게 돌려주셨습니다. 이 모습을 보고 사람들은 그저 놀랄 뿐이었습니다.

모든 사람들이 두려워하며 "큰 선지자가 우리 가운데 일어나셨다", "하나님께서 자기 백성을 돌보셨다"고 하며 하나님께 영광을 돌렸고 이 소문은 온 유대와 사방으로 두루 퍼졌습니다.

여러분, 하나님의 은혜는 거저 주시는 은혜입니다. 에베소서 2장 7절 - 8절에 "이는 그리스도 예수 안에서 우리에게 자비하심으로써 그 은혜의 지극히 풍성함을 오는 여러 세대에 나타내려 하심이라 너희는 그 은혜에 의하여 믿음으로 말미암아 구원을 받았으니 이것은 너희에게서 난 것이 아니요 하나님의 선물이라"고 말씀하셨습니다.

하나님께서 아무런 조건 없이 베풀어주시는 은총으로 말미암아 지금 우리가 이 자리에 이렇게 살고 있는 것입니다. 우리가 구원받은 것도 값없이 주시는 하나님의 선물이며, 지금 이렇게 아름다운 환경 가운데서 햇살과 바람과 나무와 새와 꽃 향기를 누리면서 살고 있는 것도 다 하나님의 선물이며 은혜입니다.

이 가운데 우리가 만든 것이 하나라도 있습니까? 다 공짜로 누리는 은혜입니다. 이 은혜를 베푸시면서 하나님께서 무슨 조건을 붙이셨습니까? 아무 조건도 붙이지 않으셨습니다. 그냥 베풀어주실 따름입니다.

우리가 주 예수를 만나게 된 것도, 교회에 나오게 된 것도, 교회에서 형제자매들을 만나 교제하고 함께 신앙생활을 하는 것도 다 하나님의 은혜입니다. 어느 것 하나 하나님의 은혜가 아닌 것이 없습니다. 모든 것이 다 하나님의 은혜입니다.

우리가 과연 하나님을 흡족하게 해드릴 만큼 최선을 다하고 잘한 것이 있어서 받는 것입니까? 아닙니다. 너무 많이 부족해서 하나님 앞에 설 수도 없지만 하나님께서는 우리의 허물을 다 덮어주시고, 다 용서해주셨습니다. 그리고 아무런 조건도 없이 대가도 없이 베풀어주시는 것입니다.

일방적으로 베풀어주시는 하나님의 은총이 아니면 어떻게 우리가 여기 이렇게 있을 수 있겠습니까? 그 은총을 생각할 때, 그저 고맙고 황송할 따름입니다. 얼마나 감사한 일입니까? 무슨 불만이 있을 수 있습니까? 죽도록 충성하는 것 말고 달리 뭐 할 일이 있겠습니까?

오늘도 하나님께서 조건 없이 베풀어주시는 은혜로 말미암아 이 팍팍한 세상을 넉넉히 이기며 살아갈 수 있는 것입니다.

물론 세상 흐름이 결코 녹록지 않은 것도 사실입니다. 모두 어서어서, 내 몫을 챙겨야 한다고 야단들입니다. 그러나 이러한 세상 풍조에 마음을 빼앗기지 마시기 바랍니다. 하나님께서 값없이 베풀어주시는 은총으로 우리가 생명을 얻었으며 오늘도 행복을 누릴 수 있는 것임을 잊어버리는 순간, 우리는 즉시로 마음의 평화를 잃어버리고 세상 사람들과 똑같이 무한경쟁의 늪에 빠질 수밖에 없습니다.

그러면 마음이 인색해지고, 여유가 없어집니다. 자꾸만 사람과의 관계에 있어서도 문제가 생깁니다. "왜 너는 맨날 그 모양이냐?", "너 때문에 스트레스 받아서 못 살겠다"하고 다른 사람에 대해서나 스스로에 대해서나 다투고 원망하고 비교하고 정죄하게 됩니다. 삭막한 인생이 되는 것입니다. 우리 심령 속에 은혜의식이 고갈되면 나도 모르게 그렇게 되는 것입니다.

그러나 이 세상 모든 사람들이 다 그렇게 인색한 마음으로 사는 것이 아니라는 것을 알아야 합니다. 모든 것을 꼬치꼬치 따지고, 까다로운 반대급부를 바라면서 돈내고 돈먹는 식의 냉정하고 계산적인 세계만 있는 것은 아닙니다.

거저 주시되, 흔들어 넘치도록 베풀어주시는 은총의 세계가 분명히 존재합니다. 우주만물의 창조주요 우리의 아버지이신 하나님께서는 언제나 한결같이 우리에게 그러한 무조건적이고 무한한 은혜로 다가오시고 자비를 베풀어주십니다. 그 은혜로 이 아침에도 우리를 소생시켜주셨으며, 이곳으로 우리를 인도해주셨습니다.

중요한 것은 우리가 어떤 나라에 우리의 마음을 두느냐입니다. 어떤 나라에 가치를 부여하고 중심을 실어서 살아가느냐에 따라 우리는 인색한 삶을 살 수도 있고, 자유롭고 넉넉한 삶을 살 수도 있습니다.

성경이 우리에게 권면하는 것은 우리의 시선이 언제든지 은혜의 하나님을 바라보아야 한다는 것입니다. 우리가 인생의 근본이신 하나님의 은혜에 기초하여 살아갈 때 복된 삶을 살 수 있다는 것입니다. 종교개혁자들의 구호대로, 솔라 그라티아(Sola Gratia), 오직 은혜로! 은혜를 회복할 때 우리는 이 팍팍하고 고단하고 여유없는 지옥살이에서 벗어나서 훈훈하고 자유롭고 넉넉한 천국의 삶을 누릴 수 있습니다. 첫째도 은혜요, 둘째도 은혜요, 셋째도 은혜입니다.

이 은혜를 늘 충만하게 누리며 사는 여러분이 되시기 바랍니다. 마음이 외롭고 답답할 때마다 넘치도록 후하게 은혜 베풀어주시는 하나님 아버지의 이름을 부르며 기도해보십시오. 감사한 마음으로 찬송해보십시오. 하나님 아버지의 크신 은혜를 묵상하시되, 여러분의 가슴이 그 크신 은혜와 사랑으로 가득 채워질 때까지 묵상해보십시오.

우주만물을 창조하신 분이 바로 우리의 아버지이십니다. 그리고 우리는 그분의 자녀입니다. 자녀인 우리에게 베풀어주신 그 은혜를 하나 둘 세어 볼 때에 시편 기자가 고백한 것처럼 세고 또 세어도 헤아릴 수 없이 많은 것을 발견하게 될 것입니다. (시 139:18)

본문에 나오는 사람들이 예수님께서 은혜를 베푸사 과부의 아들을 살려 주신 것을 보고 "하나님께서 자기 백성을 돌보셨다"고 말한 것처럼, 우리의 아버지 하나님께서 우리를 눈동자처럼 지키고 돌보시며, 우리가 당신을 필요할 때 어김없이 친히 찾아오셔서 위로하시고 도와주신다는 것이 믿어질 것입니다.

믿고, 그 은혜를 마음껏 누리시기 바랍니다. 누림으로 넉넉해진 가슴으로 도움이 필요한 이웃들을 향하여 흔쾌히 나갈 수 있기를 바랍니다. 그래서 "너희 아버지의 자비로우심 같이 너희도 자비로운 자가 되라"(눅 6:36)는 예수님의 말씀대로 살 수 있기를 바랍니다. 어제의 실수를 묻지 않고 이 아침에도 풍성한 수확의 계절을 무상으로 허락해주신 이 귀중한 이 은혜에 또한 감사하면서, 여러분의 가정과 일터에 하나님의 은혜로부터 말미암는 사랑과 생명의 넉넉한 기운이 약동하기를 주님의 이름으로 축원합니다.

받은 은사가 적지 않다

"각각 은사를 받은 대로 하나님의 여러 가지 은혜를 맡은
선한 청지기 같이 서로 봉사하라 만일 누가 말하려면 하
나님의 말씀을 하는 것 같이 하고 누가 봉사하려면 하나
님이 공급하시는 힘으로 하는 것 같이 하라 …"
(벧전 4:10-11)

옛 어른들이 하시던 말 가운데 세월이 갈수록 소중하게 생각되는 말들이 많습니다. 그중 하나가 "사람은 다 저 먹을 복을 타고 난다"는 말입니다. 인생에 대한 깊은 긍정이 담겨있는 말입니다. 사람 하나하나가 정말 귀합니다. 그 가치를 인정하고, 귀하게 대접해주면 나름대로 제 역할을 하는 것이 사람입니다. 참새 한 마리, 들꽃 한 송이가 귀한데 하물며 사랑하는 자녀에게 좋은 것 주시지 않겠느냐고 예수님께서도 말씀하시지 않았습니까?

우리에게 이런 긍정이 필요합니다. 세월이 어렵게 느껴질수록 더욱 그러합니다. 모든 것은 생각하기 나름입니다. 자기 자신을 긍정하십시오. 다

른 사람을 긍정하십시오. 천지만물을 낳으시고 기르시는 하나님을 긍정하십시오. 믿고 열심히 일하십시오.

본문에 "각각 은사를 받은 대로 하나님의 여러 가지 은혜를 맡은 선한 청지기 같이 서로 봉사하라"고 말씀하셨습니다. 여기서 '은사'란 원어로 '카리스마'입니다. 카리스마란 다른 사람을 휘어잡는 특별한 능력을 말하지 않습니다. 물론 그런 의미도 아주 없지는 않습니다. 그 사람만의 고유한 능력을 말하니까요. 그러나 더 본질적인 것은 그것이 선물이라는 점입니다. 하나님께서 공동체의 유익을 위하여 봉사하라고 주신 특별한 선물이 바로 카리스마입니다.

이 카리스마란 어느 특별한 사람에게만 주어진 것이 아니라 모든 사람에게 다 주어졌습니다. 사랑의 하나님이 누구에게는 선물을 주고 누구에게는 선물을 안 주실 리가 없습니다. 저마다 나름대로 기여할 수 있도록 그에게 맞는 뭔가를 주셨습니다.

마태복음 25장 14절 - 30절은 달란트의 비유입니다.

어떤 사람이 타국에 갈 때 그 종들을 불러 각각 그 재능대로 다섯 달란트, 두 달란트, 한 달란트를 주고 떠났습니다. 그 종들이 받은 선물의 분량은 결코 적지 않습니다. 1달란트는 6천 데나리온에 해당하는데, 1데나리온은 노동자의 하루 품삯을 말합니다. 그러므로 오늘날의 임금으로 따져 노동자의 하루 품삯을 10만 원으로 치면, 1달란트는 무려 6억 원이 되는 큰 돈입니다.

가장 적게 받은 사람이 6억이고, 12억, 30억 이렇게 맡겼다는 것입니다. 예수님께서 우리에게 이렇게 큰 선물, 은사를 맡겨주셨습니다. 우리가 얼마나 귀하면 그렇게 주셨겠습니까? 그러므로 우리는 절대로 자신을 우습게 여기면 안됩니다. 다른 사람들을 우습게 여겨서도 안됩니다. 서로서로 귀하게 여겨야 합니다. 그리고 그 달란트를 잘 활용하여야 합니다. 묻어두면 안됩니다.

그런데 꼭 기억해야 할 것이 있습니다. 달란트는 어디까지나 은사라는 것입니다. 즉, 자신의 소유가 아니라, 우리 인생의 주인되시는 하나님께서 공공의 선을 위하여 우리 각자에게 맡겨주신 선물이라는 것입니다. 그러므로 은사는 다른 사람을 위해 봉사하는 데 사용되어야 합니다.

자신의 유익을 구하려 한다면 그것은 은사의 본질을 제대로 이해하지 못한 것입니다. 아무리 많은 은사를 받았다 하더라도, 만약 그가 봉사하려는 마음이 없다면 그 은사는 자신에게 아무런 소용이 없다는 말입니다. 그 은사를 봉사하는 데 쓰지 않고 썩혀두거나, 자신의 욕심을 위하여 오용한다면 그것은 은사를 주신 분을 모독하는 것이니 하나님께서는 그 잘못을 추궁하실 것이요, 회개치 아니하면 그 은사를 거두어가실 것입니다. 재물을 거두어가실 것이요, 건강을 거두어가실 것이며, 재능을 거두어가실 것이며, 끝내는 생명을 거두어가실 것입니다.

열심히 봉사하는 것이 성공적인 삶을 사는 비밀입니다. 건강을 원하십니까? 새벽부터 일어나 기도하고 마당을 쓸고 만나는 사람마다 정다운 인사를 하는 습관을 들이십시오. 그리고 몸을 놀리고 근육을 써서 많이 봉사하십시오. 노래를 잘 부르기 원하십니까? 열심히 찬송하고, 소리내서 기도하십시오.

물질적으로 부요해지기를 원하십니까? 얼마의 재물이 생기든 그것을 귀하게 사용하는 습관을 들이십시오. 하나님의 선하신 일을 위하여 아낌없이 돈을 쓰십시오. 그리하면 물질의 주인이신 하나님께서 은밀한 중에 보시고, 쟤한테 물질을 맡기면 참 유익한 용도로 사용하는구나, 더 맡겨야지, 그런 생각을 하시며 더 큰 복으로 채워주실 것입니다.

지혜로운 사람이 되기를 원하십니까? 자신의 지식을 사장시키지 말고, 부지런히 이웃 사람과 함께 나누십시오. 물질이든, 지식이든, 건강이든, 재능이든 당신에게 맡겨진 선물로써 이웃의 삶을 윤택하게 하십시오.

사도행전 10장에 보면 하나님께서 고넬료를 기억하시고 베드로를 보내사 그에게 성령으로 세례를 베풀어주시는 얘기가 나오는데, 하나님께서 고넬료의 어떤 점을 귀하게 보셨다고 말씀하고 있습니까? 바로 평소에 바친 기도와 자선이었습니다.

미국역사상 최고의 부자로 일컬어지는 록펠러에게는 남다른 습관이 있었다고 합니다. 어머니의 철저한 가정교육을 통해서 갖게 된 습관이었는데, 수입이 생기면 언제나 십일조를 오른쪽 주머니에 따로 넣었다고 합니다. 그리고 예배 때는 앞자리에 앉아라, 목사님을 아버지처럼 잘 섬겨라, 다른 사람에게 피해가 되는 방법으로 돈을 벌지 말아라 등의 가르침을 받았는데, 그 가르침은 모두가 다른 사람을 배려하고 하나님 나라의 가치를 위해 헌신하라는 것이었습니다. 하나님은 어머니의 신앙교육대로 열심히 산 록펠러에게 많은 물질의 축복을 주셨습니다.

록펠러는 부자가 된 뒤에도 그 돈을 자신을 위해서 쓰지 않았습니다. 막대한 돈을 공익적 일을 위하여 기부하고 다른 사람들을 도왔습니다. 이것이 기독교적인 물질관이요 은사관입니다.

은사는 우리 인생의 주인되시는 하나님께서 당신의 일을 하라고 맡겨주신 선물이기에 우리는 그 선물을 받은 자로서 맡은 바 충성을 다해야 하는 것입니다.

하나님은 가르치는 은사, 구제하는 은사, 지혜의 은사, 지식의 은사, 믿음의 은사, 병 고치는 은사, 능력 행함의 은사, 예언의 은사, 영들 분별함의 은사, 방언의 은사, 방언 통역의 은사, 기도하는 은사, 찬양하는 은사, 봉사하는 은사, 서로 돕는 은사 등 각 사람에게 알맞은 은사를 주셨습니다.

고린도전서 12장 4절 - 7절에 "은사는 여러 가지나 성령은 같고 직분은 여러 가지나 주는 같으며 또 사역은 여러 가지나 모든 것을 모든 사람 가운데서 이루시는 하나님은 같으니 각 사람에게 성령을 나타내심은 유익하게 하려 하심이라"고 말씀하셨습니다.

성령은 한 분이시지만 각각의 은사는 모두 다르게 주십니다. 혹시 나에게는 아무 은사도 없다고 생각하는 사람 있습니까? 하나님은 하나님의 뜻대로 각 사람에게 은사를 주셨습니다. 우리가 받은 은사를 아직 발견하지 못하고 깨닫지 못했을 뿐입니다.

하나님께서 나에게 주신 은사를 발견하여 그 은사를 잘 활용함으로 하나님께 영광돌리고 또 이웃들에게 큰 유익이 될 수 있기를 바랍니다.

인터넷에 들어가면 별별 정보가 다 있습니다. 가령 네이버의 지식인으로 들어가서 여러가지 궁금한 것을 검색하면 알고 싶었던 것을 쉽게 찾아볼 수 있습니다. 누군가가 자신이 알고 있는 바를 올려 놓았기 때문입니다. 그것을 왜 올려 놓았을까요? 다른 사람에게 도움이 되고자 함입니다.

그러면 그것을 올려 놓은 사람의 것이 줄어들었습니까? 아닙니다. 나눌수록 커지는 것이 인터넷의 세계입니다. 자신의 지식으로 남을 도와주다 보면 세상을 유익하게 할 뿐 아니라 결과적으로 자신도 이익을 얻습니다. 자신의 희미한 지식이 확실해지고, 자신의 뇌기능을 한층 업그레이드시키며, 경우에 따라서는 많은 친구를 얻을 수도 있습니다. 지식으로 봉사하는 것이 이렇게 귀한 일입니다.

요컨대 당신이 받은 은사를 어떻게 사용하느냐가 이렇게 중요합니다. 우선은 맡겨주신 하나님께 감사하고 그것을 귀하게 여기십시오. 당신이 받은 은총의 선물은 결코 적지 않습니다. 받은 은혜에 감사하고, "내게 주신 모든 은혜를 내가 여호와께 무엇으로 보답할까"(시 116:12)의 심정으로 그 선물을 적극 활용하여 봉사하십시오.

그러면 은사를 주신 분, 곧 은총의 선물을 주신 하나님께서 당신의 믿음을 보시고, 그 사랑과 헌신을 보시고 더욱더 풍성한 은총으로 채워주시리라는 것이 주님의 약속입니다.

하나님께 받은 은사대로 충성함으로 "잘하였도다 착하고 충성된 종아 네가 적은 일에 충성하였으매 내가 많은 것을 네게 맡기리니 네 주인의 즐거움에 참여할지어다"(마 25:21, 23) 하고 칭찬받고, 다른 사람들을 위하여 귀하게 사용함으로 하나님께 영광돌리는 여러분이 되시기를 주님의 이름으로 축원합니다.

감사하는 사람은 적다

"… 그 중의 한 사람이 자기가 나은 것을 보고 큰 소리로 하나님께 영광을 돌리며 돌아와 예수의 발 아래에 엎드리어 감사하니 그는 사마리아 사람이라 예수께서 대답하여 이르시되 열 사람이 다 깨끗함을 받지 아니하였느냐 그 아홉은 어디 있느냐 …" (눅 17:11-19)

기독교 신앙은 감사신앙이라고 할 만큼 성경은 '감사하라' 는 말로 가득차 있습니다. 구태여 어디라고 특정할 필요가 없을 만큼 감사의 고백이 넘쳐납니다.

사도바울은 "항상 기뻐하라 쉬지 말고 기도하라 범사에 감사하라 이것이 그리스도 예수 안에서 너희를 향하신 하나님의 뜻이니라" (살전 5:16-18) 고 하였습니다. 여기서 "범사에 감사하라" 는 말은 어떠한 처지에서든지 감사하라는 뜻입니다. ~ 때문에 감사하는 것이 아니라, ~에도 불구하고 감사하는 전천후 감사신앙을 요구하고 있습니다. 그것이 하나님의 뜻, 즉 하나님의 명령이라는 것입니다.

그리고 하나님께서 그렇게 명령하신 것은 우리가 할 수 있으니까 하라고 하신 것입니다. 언뜻 보면 할 수 없는 것 같지만, 깊이 생각하면 할 수 있으니까 하라는 것입니다. 영어에서도 Think와 Thank가 같은 어원이라고 하지요? 생각하면 감사할 수 있다는 뜻입니다.

스펄전 목사님은 "촛불을 보고 감사하는 자에게 하나님은 전깃불을 주시고, 전깃불을 보고 감사하는 자에게 달빛을 주시고, 달빛을 보고 감사하는 자에게 햇빛을 주시고, 햇빛을 보고 감사하는 자에게 영원토록 사라지지 않는 천국의 영광을 비쳐주신다"고 말했습니다. 한 가지에 감사하면 두 가지 감사로 이어지고, 두 가지 감사는 네 가지 감사로 이어져서 두루두루 전체가 감사해진다, 하나님의 마음과 통하게 된다는 뜻입니다. 그만큼 감사하는 마음을 갖는 것이 중요한 것입니다.

그런데 안타까운 것은 감사하는 사람이 의외로 적다는 사실입니다. 감사할 이유가 없다면 모르지만 마땅히 감사해야 할 이유가 있는 사람임에도 불구하고 감사하지 않는 경우가 너무도 많습니다. 그럴 때 참 안타까운 생각이 듭니다. 더더욱 안타까운 것은 그로 인해서 우리가 마음의 상처를 입을 수 있다는 것입니다. 내가 상대방에게 호의를 베풀었는데 상대방이 냉정하게 거절할 때, 무슨 억하심정인지 감사하다는 말 한 마디도 없이 모르는 척 할 때, 오히려 나에게 은혜를 원수로 갚을 때, 인간이 어쩜 저럴 수가 있나, 참 괘씸하구나, 그런 생각을 하게 됩니다. 그러면 상대방의 무례한 행동 때문에 나까지도 마음의 상처를 입고 부정적인 기운에 사로잡히게 되는 것을 종종 경험합니다.

참 연약한 우리들의 모습인데, 이럴 때 우리는 다른 사람들의 행동에 영향을 받지 말고 다른 사람에 의해서 나의 마음이 휘둘리게 하지 말고 나 자신을 잘 추스리고 마음을 다잡아야 합니다.

얼마 전에 자살한 모 탤런트의 경우에서도 볼 수 있는 바와 같이, 우리는 다른 사람들의 인정이나 칭찬에 필요 이상으로 좋아하고, 다른 사람들의 무관심이나 비난에 필요 이상으로 상처를 받는 경향이 있습니다. 다른 사람들의 반응에 마음을 너무도 크게 다쳐 목숨까지 스스로 끊는 경우도 있는데 참 심각한 문제가 아닐 수 없습니다.

본문은 감사를 드린 한 명의 문둥병자에 대한 말씀입니다. 예수님께서 예루살렘으로 가실 때 사마리아와 갈릴리 사이로 지나가게 되었습니다. 그런데 여기서 한 가지 짚고 넘어가야 할 것은 정상적인 경로라면 갈릴리를 출발해서 사마리아를 거쳐서 예루살렘으로 올라가셨어야 하는데 왜 예수님께서 사마리아를 거치지 않고, 사마리아와 갈릴리 사이에 있는 길로 가셨느냐 하는 것입니다.

우리는 그 이유를 누가복음 9장 51절 - 56절에서 찾을 수 있습니다. 즉, 예수님이 예루살렘에 가시기로 마음을 정하시고 심부름꾼들을 앞서 보내시매, 그들이 길을 떠나 사마리아 사람들의 마을로 들어가 예수님을 맞이할 준비를 하려고 하였으나, 그 마을 사람들이 예수님을 맞아들이지 않으려 하였다고 기록되어 있습니다. 이때 예수님도 마음이 크게 상할 수 있었을 것입니다. 요한과 야고보는 화가 잔뜩 나서 "주님, 저희가 하늘에서 불

 감자같은 희망

을 내리게 하여 그들을 불살라 버릴까요?"라고 할 정도였습니다. 그러나 예수님은 그들을 꾸짖으시고, 일행과 함께 다른 마을로 가셨습니다.

요컨대 예수님은 사람들이 당신을 몰라준다고 해서, 맞아들이지 않으려 한다고 해서 그것으로 인해 마음의 상처를 입지 않으셨습니다. 사람들이 예수님을 거부한다고 해서 왜 내 마음을 몰라주느냐고 섭섭함을 토로하거나 분노로 맞대응을 한 것이 아니라, 조용히 우회해서 다른 길을 이용하신 것입니다. 마치 물처럼 흐르셨습니다. 물이 어떻게 흐릅니까? 웅덩이가 있으면 다 찰 때까지 기다렸다가 다 찬 다음에 흐르고, 장애물이 있으면 돌아서 흐릅니다. 구태여 자신을 강요하지 않고 늘 낮은 곳을 찾아서 흐르기 때문에 다툼이 일어나지 않고, 천천히 가는 것 같지만 강에 이르고, 마침내 바다에 이르는 것입니다.

예수님께서 그렇게 사마리아와 갈릴리 사이로 지나가시다가 한 마을에 들어가셨습니다. 이 마을은 예수님을 어떻게 대했을까요? 나병환자 열 사람이 마을 입구로 달려와서 예수님의 이름을 부르며 "우리를 불쌍히 여기소서" 하고 소리쳤으니 적어도 배척하는 분위기는 아니었다고 볼 수도 있습니다. 그러나 마을의 다른 사람들의 반응에 대해서는 전혀 언급이 없는 것을 보면 한계상황으로 내몰린 나병환자들만 나와서 예수님을 불렀을 뿐, 나머지 사람들은 무덤덤하였을 가능성도 큽니다.

그리고 예수님이 그들의 문둥병을 고쳐주셨는데, 돌아와 감사를 드린 사람이 열 명 가운데 단 한 명밖에 없었던 사실을 생각해보십시오. 이 마을에서도 예수님이 별다른 환대를 받지 못하였다는 것을 짐작할 수 있습니다. 그러나 그럼에도 불구하고 예수님은 마음의 상처를 입지 않으셨습니다.

예수님께서 "열 사람이 다 깨끗함을 받지 아니하였느냐 그 아홉은 어디 있느냐 이 이방인 외에는 하나님께 영광을 돌리러 돌아온 자가 없느냐"고 말씀하셨지만 평소 예수님의 마음가짐이나 언행을 생각할 때에 예수님이 돌아와 감사의 인사를 하지 않은 나머지 아홉 사람에 대해 크게 서운함을 느꼈을 것 같지는 않습니다.

오히려 이런 말씀을 하신 이유는 나중에 이와 비슷한 일을 겪게 될 제자들을 생각해서 하신 말씀인 듯합니다. 나중에 제자들이 복음을 전하는 과정에서 참 많은 어려움을 겪을 것입니다. 사람들의 무관심, 핍박, 배은망덕… 이런 일들을 겪으면서 얼마나 많은 사람들이 마음의 상처를 입겠습니까? 연약할수록 사람들의 반응에 신경이 쓰입니다. 인정받고 칭찬을 받으면 기운이 나다가 핍박을 받고 은혜를 모르는 사람들을 만나면 기운이 쭉 빠집니다. 이럴 때 어떤 메시지가 그들에게 힘을 줄 수 있겠습니까? 동병상련, 바로 자신들과 똑같은 아픔을 겪으신 스승 예수님의 이야기 아니겠습니까?

그런 일을 예견하신듯 예수님께서는 "제자가 그 선생보다, 또는 종이 그 상전보다 높지 못하나니 제자가 그 선생 같고 종이 그 상전 같으면 족하도다"(마 10:24-25)고 말씀하셨습니다. 도대체 고마운 줄을 모르는 무정한 세태로 마음의 상처를 입을 때마다 이 이야기는 그들을 추스르는 귀한 메시지가 되었을 것입니다.

본문의 열 명의 문둥병자 이야기가 말하고 있는 바와 같이 감사하는 사람은 적습니다. 으레 그런 것입니다. 사람들이 예수님께도 그러했는데 우리에게야 어떻게 하겠습니까? 당연히 고마움을 모르지 않겠습니까? 그럴 때 그러려니 하고 마음을 먹어야 합니다. 어떻게 제자가 스승보다 더 높은 대접을 받으려고 하겠습니까? 일단 마음을 이렇게 먹으면, 혹 상처를 받아도 그 상처에 사로잡히는 일은 없게 될 것입니다.

무릇 크게 실망하는 것은 크게 기대하기 때문입니다. 애당초 기대를 하지 않으면 실망할 일도 없습니다. 그리고 그렇게 되면 어떤 일을 당하든지, 사람들의 반응에 의해 마음이 휘둘리지 않고 평상심을 가지고 맡은 일에 충성할 수 있게 됩니다.

생각해보면 우리가 사람들의 반응에 그렇게 쉽게 휘둘린다고 하는 것은 그만큼 우리가 연약하다는 반증입니다. 사람들은 언제 바뀔 지 모릅니다. 믿을 수 없는 것이 사람입니다. 오늘 좋다고 하다가도 내일 비난할 수도 있습니다.

우리는 이러한 것에 마음을 쓰는 것이 아니라 하나님께 깊이 뿌리를 내려야 합니다. 그러면 쉽게 흔들리지 않습니다. 혹 사람들의 반응이 신통치 않고, 겉으로 볼 때 대단히 우울하고 곤혹스러운 일이 터질지라도, 어제나 이제나 동일하신 하나님의 변함없는 사랑 안에서 다시 생각하여(Think), 낙심 대신에 다시 감사(Thank)의 심정을 가지고 갈 길을 갈 수 있습니다.

요즘 보면 모든 것이 너무 감각적이고 즉각적입니다. 특히 인터넷의 세계를 보십시오. 얼마나 빠르고 얼마나 감각적이고 얼마나 즉각적입니까? 글을 올리면 즉각적으로 댓글이 달리고, 그러면 금방 기뻐하고, 또 금방 실망하고… 이런 문화에 익숙하다 보면 우리 마음도 자연히 급해집니다.

기다림의 미학이 없습니다. 기다리면서 생각하다 보면 다른 것이 보일 수 있는데, 조급하게 서두르다가 그만 마음의 평정을 잃고 큰 사고를 저지르기도 하는 것입니다.

성경은 우리에게 이러한 세태를 본받지 말고 저항하여 예수님을 생각하라고 말합니다. "너희가 피곤하여 낙심하지 않기 위하여 죄인들이 이같이 자기에게 거역한 일을 참으신 이를 생각하라." (히 12:3)

본문의 말씀도 우리에게 생각하여 믿음을 회복하고, 생각하여 감사의 심정을 회복하여 살아가라는 뜻으로 기록된 것입니다. 혹 이 세상 사람들이 날 몰라주고, 마땅히 감사해야 할 사람들이 감사는커녕 배은망덕의 길을 갈 때에도, 오늘 본문이 말해주고 있는 바와 같이 "감사하는 사람은 적다"는 것을 생각하시기 바랍니다. 그런데도 상처받지 않고 의연하게 할 일을 해나가신 예수님을 생각하시기 바랍니다. 그 비밀이 무엇일까? 예수님의 그 믿음과 사랑을 배우시기 바랍니다. 여러분의 생각의 뿌리를 믿을 수 없는 사람의 인정과 칭찬에 두지 말고, 믿을 수 있는 예수 그리스도, 그분의 아버지이신 영원하신 하나님께 두시기 바랍니다. 그래서 이 얄팍한 세대의 참을 수 없는 뿌리없는 가벼움에서 벗어나 흔들림없이 의연하게 갈 길을 가는 여러분이 되시기를 주님의 이름으로 축원합니다.

내려놓기

"… 그런즉 누구든지 사람을 자랑하지 말라 만물이 다 너
희 것임이라 … 너희는 그리스도의 것이요 그리스도는 하
나님의 것이니라" (고전 3:18–23)

옛날에는 먹을 것이 없어서 고생하고 건강을 잃는 경우가 있었지만, 요즘은 너무 많이 먹어서 고생이요 건강상의 문제가 생기곤 합니다. 너무나 단순한 진리를 우리는 종종 잊어버리는데, 건강의 비결은 많이 먹는 데 있지 않고 적절한 순간에 숟가락을 내려놓는 데 있습니다.

우리가 지금 숨을 쉬고 있습니다만, 숨을 쉬는 것도 그렇습니다. 한자어로 호흡(呼吸)인데, 이는 숨을 내쉬고 들이쉬는 것을 뜻합니다. 숨을 들이쉬기만 하면 어떻게 되겠습니까?내쉬는 것은 들이쉬는 것 만큼 중요합니다.

마태복음 19장 16절 - 22절은 한 부자 청년의 이야기입니다. 어느 날 한 부자 청년이 예수님을 찾아와서 "선생님이여 내가 무슨 선한 일을 하여야 영생을 얻으리이까" 하고 물었습니다. 이에 예수님은 "어찌하여 선한 일을 내게 묻느냐 선한 이는 오직 한 분이시니라 네가 생명에 들어 가려면 계명들을 지키라"고 대답하셨습니다.

이 말을 듣고 청년은 "어느 계명이오니이까" 하고 다시 물었습니다. 이에 예수님께서는 "살인하지 말라, 간음하지 말라, 도둑질하지 말라, 거짓 증언하지 말라, 네 부모를 공경하라, 네 이웃을 네 자신과 같이 사랑하라 하신 것이니라"고 대답하셨습니다.

그러자 청년은 "이 모든 것을 내가 지키었사온대 아직도 무엇이 부족하니이까" 하고 말했습니다. 참 대단한 청년입니다. 이렇게 자신있게 말하기가 쉽지 않은데 말입니다. 그러나 이 청년은 스스로 어떤 번민이 있었음에 틀림없습니다. 그렇지 않았다면 예수님을 찾아오지 않았을 것입니다. 아직도 뭔가가 부족하기 때문에 온 것입니다.

예수님께서는 청년에게 "네가 온전하고자 할진대 가서 네 소유를 팔아 가난한 자들에게 주라 그리하면 하늘에서 보화가 네게 있으리라 그리고 와서 나를 따르라"고 말씀하셨습니다.

한 마디로 말해서 내려놓으라는 것입니다. 계명을 지킨 것은 잘 한 일이지만, 영원한 생명을 얻기 위해서는 어떤 일을 하고 안 하고의 문제보다도 믿음을 통해서 하나님과의 바른 관계를 맺어야 하는데, 하나님과 함께라면 하나님 한 분만으로도 충분한 것이니 이제 너의 모든 소유를 내려놓으라고 말씀하신 것입니다. 아브라함이 하나님의 말씀을 좇아 본토 친척 아비집을 떠난 것에 비유할 수 있을 것입니다. 그러나 이 청년이 재물이 많으므로 이 말씀을 듣고 근심하며 갔습니다.

사실 진리를 따라가는 수행자에게 있어서 재산이라는 것은 있어도 그만 없어도 그만입니다. 아니 더 정확하게 말하면 있어서 불편할 때가 훨씬 더 많습니다. 재산을 관리하는 사명을 받은 사람이 아니라면, 버리라면 버리는 것이 온당한 수행자의 자세일 것입니다. 전능하신 하나님의 은혜로 살겠다면서 각종 동산 부동산, 무슨 보험 무슨 보험, 이중 삼중으로 들어 놓고 사는 것은 아무리 생각해도 맞지 않는 것 같습니다.

이용규 선교사의 《내려놓음》이라는 책에 이어 《더 내려놓음》이라는 책이 많은 사람들에게 사랑을 받으며 베스트셀러가 되었습니다. 내려놓음이라는 책의 부제가 "내 인생의 가장 행복한 결심"이고, 더 내려놓음이라는 책의 부제가 "내 인생의 가장 소중한 은혜"입니다.

여러분의 인생에서 있어서 가장 행복한 결심과 가장 소중한 은혜가 무엇입니까? 내려놓음입니까? 소유입니까? 하나님을 주님으로 섬기면서 무엇 때문에 그렇게 잔뜩 움켜쥐고 있습니까? 어차피 하나님의 품 안에서 살면서 말입니다. 이제 내려 놓으십시오. 힘들지만 그렇게 결심하고 나면 가장 소중한 은혜 가운데 거하게 될 것입니다.

형의 뒤꿈치를 움켜쥐고 태어난 야곱의 이야기가 상징적으로 보여주듯이 우리는 너나없이 움켜쥐려고 하는 본성이 있습니다. 물론 어떤 의미에서 이것이 필요하기도 합니다. 그러나 그것만 가지고는 살 수 없는 것이 또한 인생입니다.

움켜쥘 때가 있으면 펼 때도 있는 법입니다. 펴야 할 때 펴지 않으면 문제가 생깁니다. 만약에 우리가 숨을 들이마시기만 하고 내쉬지 않는다면 어떻게 되겠습니까? 만약에 우리의 근육이 수축만 하고 이완은 못 한다면 어떻게 되겠습니까?

그러므로 전도서 3장 1절 - 8절에 "범사에 기한이 있고 천하 만사가 다 때가 있나니 날 때가 있고 죽을 때가 있으며 심을 때가 있고 심은 것을 뽑을 때가 있으며 죽일 때가 있고 치료시킬 때가 있으며 헐 때가 있고 세울 때가 있으며 울 때가 있고 웃을 때가 있으며 슬퍼할 때가 있고 춤출 때가 있으며 돌을 던져 버릴 때가 있고 돌을 거둘 때가 있으며 안을 때가 있고 안는 일을 멀리 할 때가 있으며 찾을 때가 있고 잃을 때가 있으며 지킬 때가 있고 버릴 때가 있으며…"라고 말씀하셨습니다.

요컨대 내려놓을 때 내려놓아야 합니다. 그래야 인생이 정상적으로 살아지는 것입니다. 그렇지 못할 때 문제가 생기고, 막히는 인생이 되는 것입니다.

그런데 감사하게도 우리 인생에는 내려놓는 기쁨을 맛볼 수 있는 계기가 가끔 주어집니다. 가령 큰 병이 들면 돈, 명예, 권세 그런 것들이 건강에 비해 얼마나 하찮은 것인가를 절감하게 됩니다. 간절한 마음으로 하나님의 자비를 구하게 되고, 살아있는 것 자체만으로도 감사하게 됩니다. 살려만 주시면 제가 뭐라도 하겠습니다, 그런 심정이 됩니다. 그렇게 겸손집니다.

또 사업에 실패해서 쪼들려보고, 이런저런 허드렛일을 해야 하는 상황에 처하고 보면, 그런 일들을 하는 가운데 뜻밖에도 부부간에 금슬이 좋아지고, 어려운 사람들의 마음을 헤아릴 수 있게 되고, 작은 것의 소중함을 느끼게 되는 등 그 가운데서 기쁨을 맛볼 수 있게 됩니다.

그러므로 시편기자는 "고난 당한 것이 내게 유익이라 이로 말미암아 내가 주의 율례들을 배우게 되었나이다"(시 119:71)고 고백한 것입니다.

아이들을 키우거나 가르치다 보면 아이들을 통해서 배우는 것이 참 많습니다. 하나님께서 아이들을 통해서 별 거 아닌 이유로 시들어버린 어른들의 활력을 회복시켜주시는 것을 느낍니다. 아이들에게는 긍정적인 에너지가 가득차 있습니다. 어디서 그런 에너지가 나올까 생각해보았는데, 바로 아무 걱정 근심을 하지 않는 '내려놓음'에 있다는 것을 알았습니다.

움켜쥐고 지배하려는 욕심이 아이들한테는 없습니다. 움켜쥐지 않고 내려놓으니까 아이들은 항상 밝고 행복하고 기쁨에 가득한 것입니다. 작고 약하지만 내려놓고 믿어주는 마음이 있기에 어른들까지 행복하게 해주는 큰 힘을 가지고 있는 것입니다.

아이들 때문에 웃고, 아이들 때문에 풀어지고, 아이들 때문에 부드러워지고 통하는 은혜를 경험하게 됩니다. 그러니 시인 워즈워드가 말한 것처럼 아이들이 어른의 아버지입니다. 선생이에요.

본문은 고린도교회를 향하여 사도 바울이 보낸 편지입니다. 고린도교회는 꽤 시끄러웠습니다. 아무도 인간을 자랑해서는 안된다고 한 것을 보면 뽐내고 파당을 지어 분란을 일으키는 사람들이 많았던 모양입니다.

앞의 내용을 보면 고린도교회에는 "나는 바울파다", "나는 아볼로파다", "나는 베드로파다" 하면서 세속적인 지혜를 자랑하는 사람들이 많았고, 심지어 "나는 그리스도파다"라고 주장하는 사람들까지 있었습니다. 사실 이 정도면 갈 데까지 간 것입니다. 바울파, 아볼로파, 베드로파도 낯 뜨거운데 그리스도파가 도대체 뭡니까?

교회는 오직 그리스도의 교회입니다. 신학적인 용어로 말하면 "하나의 거룩한 보편적"(one and holy catholic Church) 교회입니다. 개체교회는 다양하지만 본질은 하나, 말하자면 다양성 속의 일치 그것이 본래의 교회인데, 고린도교회는 그 원리가 이미 깨져 있었습니다. 다양성 속의 일치를 이루는 것이 아니라, 너희는 틀렸다, 너희는 가짜다, 우리만 옳다, 이런 교만과 경쟁심리가 교회를 지배하게 되었으니 말입니다.

사실 교회 안에는 이런 사람 저런 사람이 많이 있습니다. 그러므로 다양한 목소리가 있는 것이 이상한 것은 아닙니다. 오히려 문제가 되는 것은 다양성, 혹은 다름을 인정하지 않고 자기만 옳다고 주장하며 다른 사람들을 설득하여 굴복시키려 하고, 더 나아가서 정죄하려 하는 독선입니다.

이 사람 저 사람 각자 다 다른 것이 정상인데 그것을 이해하지 못했기에 문제가 되는 것입니다. 좀 다르면 참고 기다리면서 대화하고 품으면 되는데, 그게 안되는 것입니다. 급하기 때문이고, 이기려는 승부욕 때문이고, 높은 자리에 앉고 싶은 교만 때문입니다. 한 마디로 움켜쥐려는 욕심 때문입니다. 그 욕심이 교회의 일치를 깨는 주범입니다. 어떻게 여기서 벗어날 수 있을까요? 두 말할 필요 없이 그 욕심을 내려놓으면 됩니다.

 감자 같은 희망

그러면 어떻게 그 욕심을 내려놓을 수 있을까요? 무엇보다도 은혜의식을 회복해야 합니다. 자신이 죄인이라는 마음, 스스로의 힘으로는 구원받을 수 없는 무자격자임을 알고 아버지여 이 죄인을 불쌍히 여겨 주세요 하면서 울며 매달리던 가난한 마음, 살려만 주시면 주 뜻대로만 살겠고 맡겨만 주시면 뭐든지 하겠고 말씀만 하시면 아골 골짝 빈들에도 가리라던 간절한 마음, 그리고 나를 향한 끝없는 사랑에 감격하던 맨 처음의 은혜의식을 회복해야 하는 것입니다.

나의 나 된 것이 나의 지혜, 나의 공로로 된 것 아니라 오직 주님의 은혜로 된 것이요 미련한 십자가의 도(고전 1:18)로 된 것임을 기억할 때 어떻게 그렇게 함부로 목소리를 높이고 다른 사람을 판단할 수 있겠습니까? 주님 앞에서 나는 오직 감사함으로 살아가는 종일 뿐입니다. 그럴 때 우리는 하찮은 우월감과 교만을 내려놓고 행복한 삶을 살아갈 수 있습니다.

미국 오하오 주 나이마에 '스탠리 팜'이라는 사업가가 있었습니다. 그는 젊은 나이에 첫 사업을 시작하면서 "하나님, 제가 이제 사업을 시작합니다. 이 일이 주님을 위한 사업이 되기를 원합니다. 이 사업을 통해 최상의 것을 주님께 드리며 영광 돌리기 원합니다. 그렇게 할 수 있도록 지혜로운 경영방법을 가르쳐 주시기 바랍니다" 하고 기도했습니다.

그는 기도드리던 중에 "네가 나를 위하여 사업을 하고 나에게 영광돌리기를 원한다면 너는 종업원이 되라. 끝까지 종업원으로 일하도록 하여라"는 하나님의 음성을 들었습니다.

그래서 그는 하나님의 음성에 순종하여 회사 설립신고를 할 때 회사의 주인을 '하나님'이라고 썼습니다. 그리고 주님의 말씀에 따라 자신의 전 생애를 걸고 도전해보기로 결심했습니다. 그가 사업을 하는 동안 여러 번 난관에 부딪혔지만, 그때마다 하나님의 은혜로 어려움을 극복할 수 있었습니다.

하나님께 모든 것을 드린 그의 사업은 놀랍게 발전했으며 그는 은퇴할 때까지 하나님의 음성대로 월급을 받는 종업원으로 살았습니다. 하나님께 자신의 모든 것을 드리며 살았던 스탠리 팜, 그는 평생을 하나님이 주시는 기쁨으로 살았습니다. (이동원, 《짧은 이야기 긴 감동》, 누가)

그렇습니다. 우리는 하나님을 주님으로 모시고 살아가는 그의 종이요 종업원이며 그의 자녀입니다. 어떻게 표현해도 좋습니다. 분명한 것은 우리가 주님은 아니라는 사실입니다. 그것을 분명히 할 때 우리는 자기분수를 알고 헛된 욕심을 내려놓을 수 있으며, 결과적으로 자유할 수 있고 행복할 수 있습니다. 그리고 최선을 다할 수 있습니다.

머리되시는 그리스도 안에서 하나님만을 주로 섬기며 내려놓을 것을 내려놓는 저와 여러분이 될 수 있기를 바랍니다. 모든 것을 하나님의 것으로 고백하며, 그의 종으로 그의 자녀로 분수에 맞는 생각을 하면서 겸손하게 맡은 일에 충성할 수 있기를 바랍니다. 그렇게 작아지고 내려놓음으로 하나님의 사랑과 능력이 우리를 통로로 해서 우리가 섬기는 현장 구석구석에 막힘없이 흐르게 되기를, 오늘 예화에 소개된 '스탠리 팜'처럼 하나님이 주시는 형통함과 기쁨을 누릴 수 있게 되기를 주님의 이름으로 축원합니다.

아직도 너는 내 희망이니

"… 그러나 무릇 여호와를 의지하며 여호와를 의뢰하는 그 사람은 복을 받을 것이라 그는 물 가에 심어진 나무가 그 뿌리를 강변에 뻗치고 더위가 올지라도 두려워하지 아니하며 그 잎이 청청하며 가무는 해에도 걱정이 없고 결실이 그치지 아니함 같으리라" (렘 17:5-8)

무엇보다도 한 해의 땀흘림과 정성된 기다림 끝에 풍성한 열매를 거두는 계절, 가을이 되었습니다. 뿌리기를 잘 했고 기다리기를 잘 했다는 생각이 드는 기쁨의 계절입니다.

그러나 이런 것들은 모두 거저 된 것이 아닙니다. 눈물로 씨를 뿌리러 나가는 고통이 있었기에 오늘의 기쁨이 있는 것입니다. 우리가 풍성한 결실의 기쁨을 누리고 있는 것은 이 좋은 것을 생산하기 위해 많은 사람들의 수고와 눈물과 사랑과 인내와 협동과 또한 하나님의 은혜가 있었기 때문입니다.

사람만의 수고가 아니라 열매들의 수고도 많았습니다. 요즘 산에 가면

도토리가 참 흔하던데, 이 역시 거저 나온 것이 아닙니다. 나름대로 오랜 시간 동안 쉼 없이 수고한 그 귀한 정성 끝에 열매를 맺어 떨어뜨려 준 것임을 기억해야 합니다. 생각해 보십시오. 저 나무들이 추운 겨울을 어떻게 견뎠겠습니까? 물 한 방울을 찾기 위하여 흙 속으로 바위 틈으로 혼 힘을 다하여 뿌리들이 손을 뻗어 나갔습니다. 봄이 되고 여름이 되어 잎사귀가 다시 나오고 열매가 자랄 때 거저 된 것입니까? 햇살을 받아 그것을 에너지로 만들기 위하여 잎사귀들은 얼마나 노력을 하였으며, 우리 눈에 보이지는 않지만, 나무 줄기와 가지 사이로 수액들이 얼마나 빠르게 움직였겠습니까? 생각해보면 눈물 나는 것입니다.

이 모든 수고는 또 무엇을 위함입니까? 바로 우리를 살리기 위한 것입니다. 나 한 사람을 살리기 위해 햇살은 그 먼 거리를 달려왔으며, 나 한 사람을 살리기 위해 비 바람 천둥 뭇생명의 천지조화가 이루어졌습니다. 그만큼 여러분은 귀한 존재입니다. 복음성가 가사대로 당신은 사랑받기 위해 태어난 사람입니다. 바로 당신을 위하여 우주만물이 동원되고 있다는 사실을 기억하십시오.

그렇다면 우리는 어떻게 살아야 하겠습니까? 감사한 마음을 가져야겠고, 그 고마운 정성을 생각해서라도 열심히 살아야겠습니다. 바르게 살고, 가치있게 살아야겠습니다. 허랑방탕하지 말고, 분발해서 잘 살아볼 결심을 해야겠습니다.

물론 하나님께서 우주만물을 통해서 베풀어 주시는 사랑은 근본적으로 조건 없이 베풀어 주시는 사랑입니다. 부모가 자식에게 사랑을 베풀 때 무슨 조건을 달아 베풉니까? 조건없이 베푸는 사랑입니다. 하지만 그러한 조건 없는 사랑에도 우리가 해야 할 몫은 있습니다. 내가 받아야 하고, 먹어야 하고, 믿어야 하고, 움직여야 합니다. 그래서 내가 생명으로 어엿하게 살아가야 합니다. 그것이 조건 없는 은총이 주어지는 뜻입니다.

그래서 하나님께서는 우리를 먹여 살리기 위해 은혜를 베푸시지만 간접적으로 넌지시 베푸시는 경우가 대부분입니다. 산에 도토리가 널려있지만 줍는 것까지 하나님이 해주시는 것은 아닙니다. 도무지 아무 것도 안하는 사람에게는 하나님도 방법이 없습니다. 그런 사람에게는 하나님께서 입에 떠넣어 먹여주는 대신, "에라, 이 게을러터진 놈아! 여봐라, 저 놈을 내어쫓아라. 아무것도 주지 말고, 있는 것마저 다 빼앗아버려라"고 책망하십니다.

하나님은 창조하시는 하나님이십니다. 지극정성으로 품고, 생각하시고, 자신의 모든 것을 바쳐서 일하시는 하나님이십니다. "일을 행하시는 여호와, 그것을 만들며 성취하시는 여호와"(렘 33:2) 라는 말씀대로입니다. 그러므로 하나님은 우리에게도 열심을 원하시고, 정성을 기대하십니다.

그 어떤 죄보다도 자신을 포기하고 아무 노력도 안하는 죄가 가장 큽니다. 잠언 6장 6절에 "게으른 자여 개미에게 가서 그가 하는 것을 보고 지혜를 얻으라"고 말씀하셨습니다. 무사안일에 빠져 받은 달란트를 땅에 묻었다가 도로 가져가는 자에게는 "이 악하고 게으른 종아!" 라는 불호령이 떨어지는 것입니다.

복음서를 봐도 그렇습니다. 예수님은 하나님 아버지의 마음으로 한없이 자비하셨지만, 그렇다고 헤프지는 않으셨습니다. 때로는 아주 야박한 모습을 보인 적도 있습니다. 살아보려고 해도 구조적인 악으로 인하여 그늘진 인생을 살 수밖에 없는 민중에게는 더할 나위 없이 너그러우셨지만, 그때도 어떻게든지 그들의 가슴 속에 잠들어있는 희망을 일깨우기 위해 애쓰셨습니다.

38년 된 병자의 병을 고치실 때 "네가 낫고자 하느냐?"고 물으셨습니다. 이 말씀을 들은 병자는 "주여 물이 움직일 때에 나를 못에 넣어 주는 사람이 없어 내가 가는 동안에 다른 사람이 먼저 내려가나이다"고 대답했습니다. 예수님은 병자가 예수님의 질문에 대해 관심을 보이고 적극적으로 대답을 하고 마음에 동함이 일어나는 것을 확인하시고 "일어나 네 자리를 들고 걸어가라"고 말씀하셨습니다.

그때도 예수님은 일으켜 주지 않으셨습니다. 네가 일어나라, 네 자리를 들고 걸어가라고 하셨습니다. 그 말씀을 따라 병자가 일어났을 때, 그는 정말로 일어나 걸어가는 기적을 체험했습니다. (요 5:1-9)

예수님은 지금 나에게도 "일어나 네 자리를 들고 걸어가라!"고 말씀하십니다. 가만히 앉아 있고 아무런 노력도 안하는 자가 되어서는 안됩니다. 그러면 그에게는 아무런 기적도 일어나지 않습니다. 지금 일어나 걷는 여러분이 되시기 바랍니다.

우리가 너무도 잘 아는 오병이어 기적 이야기도 마찬가지입니다. 보리떡 다섯 개와 물고기 두 마리로 오천 명을 배불리 먹이셨는데, 이 오천 명이 어떤 사람들입니까? 온종일 말씀을 듣던 무리였습니다. 살아보겠다고 모인 사람들이요, 뭐라도 배워보겠다고 모인 사람들입니다. 말씀 한 절 한 절이 얼마나 소중한지 알았기에 모여들어 듣다 보니 해가 저물었습니다. 그들의 허기짐을 볼 때 예수님의 심정이 어떠셨겠습니까? 안타까워서 제 자들에게 뭐좀 없느냐, 살아보겠다고 온 사람들을 그냥 보낼 수는 없지 않느냐고 하면서 방법을 찾아보라고 하신 것입니다.

그런데 찾아보니 오병이어가 있었습니다. 거기에 자신이 가지고 있는 모든 것인 오병이어를 내놓는 순결한 믿음의 소년이 있었습니다. 그 소년의 믿음에 감격하시고, 그 오병이어 위에 기적을 베푸사 오천 명을 먹이도록 하신 것입니다. 결코 무위도식하는 자들에게 음식을 나누어 주신 것이 아닙니다.

귀신 들린 딸의 병을 고쳐달라고 어떤 가나안 여자가 와서 엎드렸을 때도 그랬습니다. 이때 예수님은 "자녀의 떡을 취하여 개들에게 던짐이 마땅하지 아니하니라"고 매정하게 말씀하셨습니다.

왜 이런 말씀을 하신 것입니까? 그녀의 믿음을 불러일으키기 위함이었습니다. "어떻게든 살려야겠습니다", "간절히 바랍니다"라는 의지를 촉발시키기 위함이었습니다. 이것이 없이는 병이 나아도 소용이 없기 때문입니다. 이것이야말로 생명으로 태어난 존재라면 누구를 막론하고 가져야 할 기본이요 예의이기 때문입니다.

언뜻 생각하면 매정하게 들릴지 모르지만, 한번 더 생각해보면 결코 매정한 얘기가 아닙니다. 우리가 다 열심히 사는 것 같지만 실제로는 그렇지 않은 것이 보통입니다. 뜨뜨미지근하게 삽니다. 허랑방탕하며 삽니다. 타성에 젖어 문제의식 없이 살고, 생각 없이 삽니다. 들풀도 그렇게 살지 않는데 말입니다. 지렁이도 그렇게 살지 않는데 말입니다.

담쟁이가 어떻게 벽을 타고 올라가는지 보셨습니까? 온 힘을 다해 자신을 시멘트벽에 박으면서 올라갑니다. 조금씩 조금씩, 그것도 혼자만 올라가는 것이 아닙니다. 여럿을 이끌고 열을 지어서 조금씩 조금씩 올라가서 마침내 벽을 온통 푸르게 덮어버립니다. (도종환,《담쟁이》)

모든 생명이 다 그렇게 하나님의 명령을 거스르지 않습니다. 생명(生命)이 무엇입니까? 사는 게 사명이라는 말이요, 명을 받아서 산다는 말입니다. "살아라!" 하는 명령을 따라 온 정성을 다해 열심히 사는 것이 생명입니다. 그것이 생명의 운명이요 본질이요 사명입니다.

모든 생명체가 다 그렇게 사는데 하나님의 생기를 받아 태어난 사람이야 더욱더 그렇게 살아야 하지 않겠습니까? 그렇게 안 산다면 그것이야말로 큰 죄입니다. 그런데 이런저런 이유로 그러한 생의 의지가 죽어버린 사람들이 많습니다. 그것을 살려야 합니다. 그것이 살아야 병이 나아도 낫고, 귀신이 물러가도 물러가는 것입니다. 그게 안 되면 다 소용이 없습니다. 그래서 예수님께서는 그것을 한 번 건드려보는 것입니다.

예수님께서 그 여인의 간절함을 깨우기 위해 매정하게 말씀하자 그 여인은 "주여 옳소이다마는 개들도 제 주인의 상에서 떨어지는 부스러기를 먹나이다"고 대답했습니다. 그녀의 고백을 들은 예수님은 "여자여 네 믿음이 크도다 네 소원대로 되리라"고 말씀하셨고 이에 그녀의 딸이 나았습

니다. (마 15:21-28)

본문을 보면 하나님께서 좀 심한 말씀을 하십니다. "무릇 사람을 믿으며 육신으로 그의 힘을 삼고 마음이 여호와에게서 떠난 그 사람은 저주를 받을 것이라."

하나님께서 왜 이렇게 화가 나셨습니까? 무엇이 문제였습니까? 사람이 힘이 되어주려니 하고 믿었다는 말은 눈에 보이지 않는 하나님과 그의 말씀을 별거 아닌 것으로 치부하거나 까마득하게 잊어버리고, 우선 당장 눈에 보이는 것만을 바라보고 부러워하고 두려워하는 수준으로 정신이 부패하였다는 말입니다.

구체적으로 말하면 당시의 강대국이던 앗시리아나 이집트에 기대어 나라의 안위를 보장받으려는 부패한 정치세력의 무사안일주의와 영적 나태를 빗대어서 하는 말입니다. 하나님의 백성 이스라엘의 영적 수준이 이 정도밖에 안 되니 하나님께서 화가 나신 것입니다.

"내가 너희를 어떻게 키웠는데, 내가 너희를 위하여 얼마를 투자하였는데, 내가 너희에게 맡겨둔 것이 얼마나 엄청난 것인데 그것을 함부로 하고, 땅에 묻어 썩히고, 구차스럽게 여기저기 기웃거리면서 내 망신을 시키느냐? 내 너희를 가만 두지 않으리라. 그 따위로 구차하게 살 것이면 나를 아버지라고 부르지도 마라 이 놈들아, 이 게으르고 무책임한 놈들아! 애굽에서 나와 홍해를 건너 광야를 지나고, 가나안에 들어가 나라를 세우고, 그 모든 기간에 너희 조상들이 어떻게 살아왔는지 아느냐? 너희가 해야 할 역할이 무엇인지는 알고 있느냐? 능력이 부족하면 정직하기라도 해야지!

이제라도 겸손하게 정신 차리고 나를 바라보고 힘써 하늘의 지혜를 구해 이겨나가야지 그게 뭐냐 이 놈들아! 우선 네 정신부터 맑히고, 그 추악한 죄악부터 회개하고, 온 힘을 다해 네 할 일을 하고 나서 외교도 있는 것이지, 꼬리부터 흔들며 살랑살랑 굽실굽실, 예라 이 못난 놈들아, 너희가 아예 저주를 불러오는구나!" 하는 말씀입니다.

생각해보면 통탄스러운 일입니다. 여러분의 자식이 이런 모습일 때 여러분의 심정은 어떻겠습니까? 여전히 인자한 목소리로 "아이구, 내 사랑하는 자식아!"라고 부를 수 있습니까? 정신 못 차리는 놈은 혼을 내야 합니다. 찬물을 끼얹고 회초리를 들고, 정 안 되면 찬바람 부는 광야로 내쫓아야 합니다. 한사코 말을 안 들으면 네 마음대로 살아보라고 엄하게 가르쳐야 합니다. 그렇게 고난을 좀 당해봐야 제 정신이 돌아옵니다.

함석헌 선생이 평소에 아끼는 후배 가운데 한 명이 폐병에 걸려 죽게 되었답니다. 그 소식을 듣고 문병을 가보니, 얼굴은 파리하고 콜록콜록 기침에다 눈동자마저 가물가물… 너무도 비참한 모습이었습니다. 그를 본 함선생은 그 옆으로 가서 손을 꼭 붙잡고 부둥켜 안고 뜨거운 눈물을 쏟으면서 이렇게 말했다고 합니다. "죽어라! 이제 그만 죽어!" 어지간한 사람이면 결코 할 수 없는 말입니다만, 함선생이 그렇게 말했다고 합니다.

그런데 놀라운 일이 일어났습니다. 함선생이 간 뒤로 그 후배는 급속하게 회복되었습니다. 생의 투지가 살아난 것이고, 그러자 병마가 물러간 것입니다. 여러분, 함선생이 병약한 환자를 향해서 죽으라고 했다고 했는데, 이게 어디 정말 죽으라고 한소리입니까? 애끓는 사랑이요 억제할 수 없는 분노지요. 절망에 대한 분노, 이제는 끝났다고 생각하고 희망의 끈을 놓으려고 하는 체념에 대한 분노, 그렇게 인간을 무너뜨리는 악한 병마에 대한 분노…. 함선생의 글을 읽어보면 이 폐병쟁이들아, 이 문둥이들아, 왜 썩었니, 죽으려마, 차라리 죽으려마! 이런 것이 많습니다. 절망에 떨어진 이 민족을 향한 애끓는 사랑과 그 절망을 향한 견딜 수 없는 분노를 그렇게 쓰고 부르짖었습니다. 그 사랑, 그 절규, 그 분노가 있었기에 그래도 이 백성이 이 만큼이라도 살게 된 줄 믿습니다.

주저앉아 있으면 안됩니다. 살아보겠다는 의지, 한 번 해보겠다는 투지가 있어야 합니다. 그것이 바로 생명의 본성이요, 하나님이 우리에게 심어주신 근원적 영성입니다.

의지가 중요합니다. "살아라!" 하는 명을 받아 세상에 나온 것이 생명이니 어쨌든 열심히 사는 것이 우리의 사명입니다. 그러므로 스스로 뜻을 버리고 자신을 포기하면 안됩니다. 하나님께서는 처음에는 위로하고 격려하지만, 스스로 주저앉고 함부로 살려는 그 불신앙을 고치지 않으면 혹독한 고난을 주십니다. 고난을 통해서 우리를 자극하고 압박합니다. "이래도 그냥 그렇게 살래?" 하고 말입니다.

아놀드 토인비는 그것을 도전이라고 했습니다. 인생이 뭐고 역사가 뭐냐? 도전에 대한 응전이라고 했습니다.

살아라! 하고 복을 주신 하나님께서는 우리가 그의 뜻을 따라 성심껏 살 때 가장 기뻐하시고, 그렇게 하지 않을 때 안타까워하시고, 끝내 고집할 때는 진노하십니다. 그리고 이런저런 방법으로 우리를 향해 도전을 일삼으십니다. 그래서 어서 속히 뜻을 바로 세워, 받은 사명대로 열심히 살아보라고 촉구하십니다.

모든 생명이 그렇게 활짝 기 펴고 하나님의 영광이 드러나도록 열심히 살아가는 모습을 보는 것이 하나님의 간절한 소원입니다. 그 간절한 소원 때문에 먼저 우리를 택하여 자녀삼아 주셨습니다. 그리고 많은 공을 들여서 우리를 키워주셨습니다. 당신의 말씀을 주셨고, 독생자를 주셨고, 성령을 보내주셨습니다. 성령 안에서 말할 수 없는 탄식으로 우리를 향해서 오늘도 깨우치시고 도전하십니다.

이 간절한 소원을 알고 마음을 돌이켜 이제라도 믿고, 이제라도 꿈꾸고, 이제라도 씨뿌리고, 이제라도 힘써 일하는 저와 여러분이 될 수 있기를 바랍니다.

하나님이 우리와 함께하시는데 위축될 이유가 어디에 있습니까? 여유를 가집시오. 담대한 믿음으로 할 일을 해나갑시오. 좀 늦은 것 아닌가 하고 애통한 심정이 들 때, 그때야말로 소중한 기회일 수 있습니다. 이 기회를 놓치지 말고 주님을 붙드십시오. "아직도 너는 내 희망이다. 나를 따라 오너라"는 주님의 음성이 들려오는 지금이야말로 간절한 마음으로 주님께 매달릴 때입니다.

이 도전에 믿음과 사랑으로 응답하고 더 열심히 나아가는 여러분이 되시기를 주님의 이름으로 축원합니다.

야곱을 축복하신 하나님

"… 네 자손이 땅의 티끌 같이 되어 네가 서쪽과 동쪽과
북쪽과 남쪽으로 퍼져 나갈지며 땅의 모든 족속이 너와
네 자손으로 말미암아 복을 받으리라 내가 너와 함께 있
어 네가 어디로 가든지 너를 지키며 너를 이끌어 이 땅으
로 돌아오게 할지라 내가 네게 허락한 것을 다 이루기까
지 너를 떠나지 아니하리라 하신지라 …" (창 28:10-22)

본문은 야곱이 형 에서를 피해 도망하는 도중 벧엘이라
는 낯선 곳에서 돌베개를 베고 잠을 잘 때 하나님
이 꿈에 찾아오셔서 그를 축복하여 주셨다는 말씀입니다.

하나님이 우리를 찾아와 축복해주셨다는 것은 보통 사건이 아닙니다.
유명한 연예인, 운동선수, 정치인이 찾아와도 귀한 일인데, 하늘과 땅을
지으신 하나님이 찾아오셔서 당신이 누구인지를 친절하게 소개하고 말씀
을 주셨다는 사실, 그것도 평생 잊을 수 없는 축복의 말씀을 주셨다는 사
실, 얼마나 귀한 일입니까?

그런데 우리는 이 대목에서 고개를 갸우뚱하지 않을 수 없습니다. 도대체 야곱이 뭘 잘했다고 하나님이 그를 찾아와 축복해주셨느냐 하는 것입니다. 형 에서가 차지할 장자의 상속권을 탐내어 사냥한 뒤 허기져 먹을 것을 찾는 형의 약점을 이용하여 그 상속권을 매수하였고, 거기서 그치지 않고 또 얼마 뒤에는 나이가 들어 눈이 어두운 아버지 이삭을 속여 형이 받을 축복까지 가로챘습니다. 이렇게 약삭빠르고 교활하고 목적을 이루기 위해서라면 수단과 방법을 가리지 않는 야비한 사람이 바로 야곱입니다.

그는 사람만 속인 것이 아닙니다. 위기를 모면하기 위해 천연덕스럽게 하나님의 이름까지 판 사람입니다. 아버지를 속여 축복을 받아내려고 할 때 아버지가 이상하게 여겨 어떻게 그렇게 빨리 짐승을 잡아 돌아왔느냐고 묻자 "아버지의 하나님 여호와께서 나로 순조롭게 만나게 하셨음이니이다" (창 27:20)고 하나님의 이름까지 팔았습니다. 이런 야곱에게 무슨 이유로 하나님이 찾아가셔서 축복을 해주시느냐는 말입니다.

아무리 하나님이 하신 일이라고 해도, 자칫 공평성 시비를 부를 수 있는 처사입니다. 교활하게 거짓말하고 심지어 거룩하신 하나님의 이름까지 자신의 사사로운 욕심을 이루기 위해 이용한 야곱을 호되게 야단치셔야 마땅할 것 같은데, 축복이 웬말입니까? 이 말씀대로라면 하나님은 인간의 의지, 노력, 도덕적 결단, 수행과는 아무런 관계없이 오직 당신의 독단적인 뜻대로 누구는 택하고 누구는 버리며 누구는 예뻐하여 축복해주고 누구는 저주하는 분이냐 라고 따질 수도 있게 됩니다. 사랑의 하나님이라면서, 공의의 하나님이라면서 어떻게 된 일입니까?

이 말씀의 의미를 제대로 깨닫기 위해서 먼저 우리가 이해해야 할 것이 있습니다. 그것은 말의 함정에 빠지지 않는 일입니다. 하나님이 누구를 선택했다는 것이 다른 누구를 배제하고 버렸다는 의미는 아니라는 것을 알아야 합니다. 가령 하나님이 아브라함을 선택했다고 해서 그것이 아브라함 이외의 모든 사람을 버린 것은 아니지 않습니까? 하나님의 선택은 아브라함과 그의 후손들이 하늘의 복을 배타적으로 독점하도록 하기 위함이 아니라, 그들이 널리 온 세상에 복을 나누는 복의 근원이 되도록 하기 위함이었습니다.

다시 말해서 하나님의 선택은 선택된 당사자만이 아니라 선택되지 않은 다른 모든 사람들에게까지 골고루 복을 나누어주기 위함이라는 말입니다. 하나님에게 있어서 특별한 선택과 보편적 사랑은 다른 것이 아니라 하나라는 것입니다.

그러므로 우리가 야곱과 에서의 이야기를 해석함에 있어서 하나님이 일방적으로 누구를 택하고 누구를 버렸다는 식의 잘못된 전제를 가지고 출발해서는 안된다는 것입니다.

또 하나는 하나님께서 야곱을 축복하셨다는 말씀 그 자체입니다. 그렇게 교활하고 부도덕한 야곱을 어떻게 하나님이 축복하실 수 있느냐고 고개를 갸우뚱하지만, 이것은 어디까지나 우리 인간의 생각입니다. 그렇게 교활하고 부도덕한 인간을 축복하실 수도 있는 것이 하나님이며, 정녕 그렇기 때문에 하나님이라는 것입니다.

잘 나고 똑똑한 사람, 나한테 잘 하는 사람을 칭찬하고 축복하는 것은 누구나 할 수 있는 일이지만, 그렇지 못한 사람을 칭찬하고 축복해주는 것은 그에 대한 깊은 사랑이 없다면 불가능한 일입니다. 그것은 하나님이기에 하실 수 있는 일입니다.

지금 야곱을 축복하는 분이 누구입니까? 하나님이십니다. 어떻게 하나님이 그럴 수 있느냐고 물을 것이 아니라 "역시 하나님이시구나" 하고 생각해야 합니다.

이 대목에서 마태복음 5장 43절 - 48절의 말씀을 상기할 필요가 있습니다. "또 네 이웃을 사랑하고 네 원수를 미워하라 하였다는 것을 너희가 들었으나 나는 너희에게 이르노니 너희 원수를 사랑하며 너희를 박해하는 자를 위하여 기도하라 이같이 한즉 하늘에 계신 너희 아버지의 아들이 되리니 이는 하나님이 그 해를 악인과 선인에게 비추시며 비를 의로운 자와 불의한 자에게 내려주심이라 너희가 너희를 사랑하는 자를 사랑하면 무슨 상이 있으리요 세리도 이같이 아니하느냐 또 너희가 너희 형제에게만 문안하면 남보다 더하는 것이 무엇이냐 이방인들도 이같이 아니하느냐 그러므로 하늘에 계신 너희 아버지의 온전하심과 같이 너희도 온전하라."

하나님의 사랑이 이러하십니다. 사랑의 마음으로 바라보면 모든 것이 다르게 보입니다. 우리도 하나님의 사랑을 본받아야 합니다.

며칠 전 어린이집 아이들을 태우고 곤충박물관을 다녀왔습니다. 아침에 컴퓨터 앞에 앉아서 주일예배 설교 준비를 하는데 잘 되지 않아 애를 쓰고 있었습니다. 그런데 아이들을 데리고 곤충박물관을 다녀올 수 없겠느냐고 아내가 부탁했습니다.

저는 대개 어느 한 가지 일을 하다가 그 일이 잘 안 되면 다른 일로 넘어

가지 못합니다. 그래서 짜증이 나려고 했는데 "그래, 우리 보배 같은 아이들을 모시는 일인데…" 하고 마음을 고쳐 먹고 박물관으로 향했습니다.

아이들은 보배 그 자체입니다. 아이들하고 놀면 정말 은혜를 받습니다. 마음이 흡족해지고 영감이 떠오릅니다. 누가 그렇게 구김살없이 달려와 안기고 매달리고 사랑해주겠습니까? 이 녀석은 이래서 예쁘고, 저 녀석은 저래서 예쁩니다. 다들 나름대로 사랑스럽고 예쁜 구석이 있습니다. 물론 좀 유별난 아이들이 있기는 합니다. 유난히 경쟁심이 많다든지, 음식을 탐 낸다든지, 사고를 잘 치는 아이들이 있기도 합니다. 하지만 그런 아이들도 환경이 바뀌면 전혀 다른 모습으로 제 몫을 합니다. 이렇게 아이들을 있는 그대로 받아주고 사랑하는 마음으로 놀아주고 축복해주다 보면 신비하게 아름다운 모습으로 변하는 것을 봅니다. 그리고 제게도 좋은 일이 꼭 일어 납니다. 아이들하고 즐겁게 노는데 문득 성령께서 이렇게 말씀하셨습니다. "저 아이들이 그렇게 예쁘냐?", "예, 예쁩니다", "내 마음도 그러하다. 저 아이들이 크면 다 나름대로 한 몫을 할 거야! 야곱을 볼 때도 그랬다!"

'아하, 그랬군요!' 그때의 기쁨을 뭐라고 표현할 수 있을까요? 누군가 내게 도움을 청해올 때, 그것을 거절하지 않고 기쁘게 감당하다 보면 참으 로 뜻밖에 소중한 것을 얻게 됩니다. 사람들 속에, 생명들 속에, 그 생명들 을 살리고 섬기는 일 속에 하나님이 계신 것입니다.

하나님은 모든 생명을 있는 그대로 생명을 사랑하고 축복해주시는 분 이십니다. 에서는 에서대로, 야곱은 야곱대로. 둘 다 약점이 있는가 하면 장점이 있습니다.

특히 오늘 본문의 야곱을 생각해 보십시오. 성격적으로 문제가 있지만 잘만 다듬으면 제몫을 할 수 있는 청년 아닙니까? 그런데 이 청년, 앞길이 구만리 같은 청년이 형제간에 아옹다옹 주도권 다툼을 하다가 그만 모든 것을 잃고 낯선 땅에서 피곤에 지쳐 돌베개를 베고 처량맞게 잠을 자는 모습을 보셨을 때 하나님이 어떤 심정이셨겠습니까? 안쓰러워하시다가 하나님이 먼저 찾아가신 것입니다. 꿈으로 말입니다.

그리고 참으로 가슴뭉클한 것은 하나님께서 이 야곱을 향하여 아무 야단도 치지 않으셨다는 것입니다. 그렇지 않아도 야곱은 모든 것을 다 잃고 알거지가 된 상황인데, 그리고 야곱 자신이 도망쳐오면서 자기 자신의 잘못을 어느 정도는 깨닫고 있었을 터인데, 하나님까지 나무라시면 야곱은 어떻게 되겠습니까? 그래서 하나님은 꾸짖지 않으시고 오히려 놀라운 비전을 보여주시면서 야곱을 격려하고 축복해 주셨습니다.

야곱이 꿈을 꾸었는데, 꿈에 땅에서 하늘에 닿는 사닥다리가 있고 그 사닥다리를 하나님의 천사들이 오르락내리락 하는 장면이 보였고, 여호와께서 친히 야곱의 옆에 나타나셔서 말씀하셨습니다.

"나는 여호와니 너의 조부 아브라함의 하나님이요 이삭의 하나님이라 네가 누워 있는 땅을 내가 너와 네 자손에게 주리니 네 자손이 땅의 티끌 같이 되어 네가 서쪽과 동쪽과 북쪽과 남쪽으로 퍼져 나갈지며 땅의 모든 족속이 너와 네 자손으로 말미암아 복을 받으리라 내가 너와 함께 있어 네가 어디로 가든지 너를 지키며 너를 이끌어 이 땅으로 돌아오게 할지라 내가 네게 허락한 것을 다 이루기까지 너를 떠나지 아니하리라."

 감자같은 희망

여러분, 하나님이 바로 이런 분이십니다. 인자하신 눈으로 어느 때나 바라보시면서 이제나 저제나 기회를 보시다가, 허망한 꿈에서 깨어나 하나님의 음성을 들을 수 있는 가난한 심령이 되었을 때 조용히 다가와 위로하시고 소망을 주시는 사랑의 주님이 바로 우리 하나님이십니다.

인간이 결국 하나님께 돌아가게 되는 것은 하나님이 베풀어주시는 큰 사랑, 큰 용서의 은총 때문이라는 것을 다시 한번 생각하게 해주는 말씀입니다.

생각해 보십시오. 우리 가운데 에서와 같은 흠, 야곱과 같은 흠이 없는 사람이 어디 있습니까? 우리 가운데 윤리도덕적으로 정말 아무 흠이 없는 완전한 사람이 어디 있습니까? 우리 가운데 어떤 사람은 에서처럼 놀기를 좋아하고 좀 참을성이 없습니다. 우리 가운데 또 어떤 사람은 야곱처럼 영리하지만 교활하고 자기중심적이고 잇속에 너무 밝습니다. 때로 금방 들통날 거짓말을 천연덕스럽게 하기도 합니다.

그러나 그렇더라도 저 사람은 나쁜 사람이라고 낙인찍지 말고, 따스한 가슴으로 기다리고 격려하며 축복해주면 그 사람들도 다 때가 되면 돌이키고 하나님의 귀한 일꾼이 됩니다. 우리는 하나님의 형상으로 지어진 자들이기 때문입니다. 하나님께서 불어넣어주신 영성이 있기 때문입니다. 문제는 그 영성이 깨어나기를 믿고 기다리는 사랑의 마음을 포기하지 않는 것입니다.

그 날 밤은 야곱의 일생에서 평생 잊을 수 없는 밤이었습니다. 그는 하나님을 만나고 완전히 딴 사람이 되었습니다. "여호와께서 과연 여기 계시거늘 내가 알지 못하였도다" 하고 "두렵도다 이곳이여 이것은 다름 아닌 하나님의 집이요 이는 하늘의 문이로다"하고 베개로 삼았던 돌을 가져다가 기둥으로 세우고 그 위에 기름을 붓고 예배를 드렸습니다.

그리고 무엇이든지 움켜쥐기를 잘 하는 야곱이 이제 하나님의 주권을 인정하고 하나님께서 무엇을 주시든지 그 십분의 일을 반드시 드리겠다고 서원하고 자신을 하나님께 봉헌했습니다.

얼마나 놀라운 변화입니까? 세리 삭개오가 예수님을 만나 변화되어 자기 재산의 반을 가난한 사람들에게 나누어 주고 남을 속여먹은 것이 있다면 네 갑절을 갚아주겠다고 다짐한 것(눅 19:1-10)과 같은 놀라운 변화입니다.

사람이 은혜받으면 이렇게 달라집니다. 그 뒤로 야곱은 자신의 장점을 발휘하여 제 몫을 단단히 하는 헌신의 사람이 됩니다. 뭐든지 주도적으로 열심히 하고, 오랫동안 참고 기다리는 인내의 사람, 가치있는 소중한 일을 위하여 인생을 걸고 끈질기게 노력하여 성취하고 그것을 통하여 하나님께 영광돌리는 사람이 되었습니다.

이 말씀을 묵상하면 '아! 역시 하나님이구나' 하고 깨닫게 됩니다. 한 인간의 숨겨져 있는 가능성을 보시고 축복하여 주신 하나님, 이 사랑의 하나님께서 저와 여러분을 또한 같은 눈으로 바라보고 계시며, 우리 인생의 주님이 되셔서 축복해 주시기를 바란다는 것이 오늘 본문을 통해서 주시는 하나님의 말씀입니다.

그래서 주님은 사람의 몸을 입고 우리 가운데 오셨습니다. 이 하나님 앞에 마음의 문을 활짝 여십시오. 또한 이렇게 허물 많은 인생을 축복해 주는 하나님의 마음을 나에게도 허락해 달라고 사모하고 간구하십시오. 그리고 그 사랑으로 내 자녀와 이웃의 가능성을 보고 격려하고 칭찬해주는 축복의 사람이 되십시오.

칭찬은 고래도 춤추게 한다는 말이 있습니다. 저 역시 이 말씀을 묵상하면서, 그동안 칭찬에 인색하고 책망과 비판을 즐겨했던 것을 회개하였습니다. 우리가 좀더 따뜻한 마음으로 우리 자녀와 이웃을 바라볼 수 있기를 기도합니다. 할 수 있다면 자주 칭찬해 주고 축복해 주십시오. 진심어린 축복의 말 한 마디가 한 인간의 운명을 바꿔놓을 수 있다는 것을 기억하십시오.

그 누구에게도 '바보같은 놈'이라고 무시하지 마십시오. "저 가라지 같은 놈"이라고 낙인찍고 그것을 뽑아버리겠다는 극단적인 생각을 버리십시오. 정죄하거나 비판하지 마십시오. 그것은 우리의 몫이 아니라고 주님께서 말씀하십니다.

우리의 할 일은 주님을 닮아가는 일입니다. 우리의 죄를 십자가의 보혈로 덮으시고, 지난 죄 묻지 않으시며 "너는 나를 따라오라", "이 세상 끝날까지 내가 너와 함께 하리라"고 축복해 주신 주님의 사랑을 기억하며, 주 예수의 이름으로 여러분 자신과 지쳐 쓰러져 있는 이웃을 일으켜 세워주는 축복의 사람이 되십시오.

축복은 축복을 낳습니다. 나에게 잘하지 못하고 마음의 문이 열리지 않는 사람일지라도 용서하고 축복해 보십시오. 그것이 하나님의 자녀된 자가 해야 할 일입니다. 축복할 때 그 축복을 받는 사람만이 아니라 나 자신도 행복할 수 있습니다. 축복이 돌고 돌아서 우리 모두를 행복하게 해주는 것입니다. 잊지 마십시다.

가을이 오나 봅니다

어제 오늘 계속 비가 내립니다.
가을비겠지요?
부침을 부쳐먹든지,
따뜻한 차 한 잔 하는 것도 좋을 듯한 날씨입니다.
(어린이집) 아이들이 우비를 입고
나들이를 떠나는 모습이 사랑스럽습니다.
동심으로 돌아가면 모든 게 다 신나지요.

내리는 빗줄기는 사람의 마음을 꿀꿀하게도 하지만,
뭔가로 굳어 있는 마음을 풀어주기도 합니다.
상념의 세계로 데려 가기도 하고,
이 생각 저 생각 하는 중에 집착에서 벗어나
자유로운 마음을 갖게 하기도 하구요.

궁상맞은 날씨 속에서 오전에는 잠시 낮잠을 잤습니다.
어제 잠자기 전에 마누라하고 애들 얘기하다가
속이 상해 한 동안 잠을 못 이루고 뒤척였거든요.
절보고 큰 녀석한테 너무 인색하다나요?
내 속을 얼마나 그렇게 잘 안다고……
잠자리에서 언성을 높이고 싸울 수도 없고,
조용히 마음을 가라앉히며
주기도문을 반복해서 외우다가 잠이 들었지요.

그런데 이상합니다.
제 마음 속 어디엔가 인색함이 있었던 모양입니다.
어제 그 대화 때문이었는지,
평소에 있던 인색함을 성령께서 깨우치시는 것인지,
잠시 낮잠을 자는 중에
누군가의 지시를 따라 대리석 같은 곳에 받아쓰기를 했습니다.

"내가 가장 기뻐하는 것은 …… 보다 용서이니라"

"의롭게 사는 것보다"였든가
"정의"보다였든가

 감자같은 희망

꿈속에서는 감동이 되어, "맞습니다" 그랬는데,
정확한 말을 잊어버렸습니다.
그러나 대충 비슷한 것 같습니다.

어제 고종사촌 형수님이 보내주신
〈행복한 가정에 꼭 있어야 할 10가지〉라는 글에도
그런 내용이 있었지요.
"용서가 있어야 합니다.
가정에서도 용서해 주지 않는다면
그 사람은 지구상에서 용서받을 곳이 없게 됩니다."

이래저래, 잠에서 깨어 한참 생각에 잠겼습니다.
부슬부슬 내리는 빗줄기를 바라다 보면서 말입니다.
보니,
잣나무에서 떨어지는 빗방울,
목련나무 잎사귀에 잠시 머물렀다가 떨어지는 빗방울,
그렇게 떨어지는 빗방울을 부드럽게 받아주는 마당의 흙……
저희 뜨락에 내리는 가을비는
그냥 외롭게만 떨어지는 것이 없었습니다.
때마침, 노란 우비를 입은 아이들이
재잘대며 산책을 나서고 있었구요.

이 모든 것이 어우러져,
정감어린 은혜의 빗줄기로 제 마음을 적셔주었습니다.
아, 이렇게 나는 큰 사랑 가운데 있구나!
형수님을 통해서 전해진 글도,
아내의 투정도,
꿈 속의 계시(?)도,
동심을 자극하는 저 빗줄기도 ,
노란 우비를 입고 산책을 나서는 아이들의 재잘거림도…….

고맙습니다.
용서해주셔서,
함께해주셔서,
사랑은 멀리 있지 않다는 것을 일깨워주셔서…….

가을이 오나 봅니다.

너무 늦지는 않았을까?

봄 여름 내내 실컷 상추를 따먹은 밭이
오랫동안 방치되어 있었다.
철 지난 상추를 모두 뽑아버린 다음 내버려두었더니
잡초만 무성했다.
다시 밭을 갈아엎고 뭐든지 새로 심었어야 하는데
비가 온다, 너무 덥다, 핑계 대면서
차일피일 미루다가 이제서야 손을 댔다.
풀을 다 뽑고 새로 밭고랑을 만든 것이다.
그리고 배추씨를 뿌렸다.

너무 늦지는 않았을까?
가을배추는 8월 초,중순에 뿌려야 한다고
봉지에 써있었는데
아무래도 좀 늦은 것 같다.
뭐든지 다 때가 있는건데……
그래도 막상 밭고랑을 만들고 씨를 뿌리고 나니
어디서 그런 사랑이 숨어있었는지
자꾸만 마음은 밭으로 가고
씨앗한테로 간다.
제발 잘 자라다오.
좀 늦긴 했지만 늦게라도 심기를 잘 했다는 걸
너희들이 증거해다오.
부탁이니, 나좀 도와주라.

어느덧 가을 문턱,
세월이 빠르고 모든 게 때가 있다는 말의 의미를 새삼 느끼게 된다.
세월을 아끼고 때에 대한 분별력을 갖추고 살 수 있기를……
때를 따라 도우시는 하나님의 은총이 헛되지 않도록……
민첩한 발걸음으로
뿌릴 때 뿌리고 거둘 때 거두는 기쁨이 있기를……

 감자같은 희망

오후 다섯 시에 온 품꾼에게도 후하게 품삯을 쳐서 보낸
포도원주인과 같이 자비와 긍휼이 풍성하신 하나님 아버지,
이 종의 심정을 아시지요?
도와주옵소서.
어쩌다보니 그 아까운 세월 허송하고 인생의 가을문턱을 넘어서는
이 종을 긍휼히 여겨주시고,
그래도, 지금이라도, 믿고 해보려는 이 간절한 마음을 받으사
남은 시간이라도 최선을 다해 충성케 하옵소서.
그 모든 노력이 헛된 것이 되지 않도록,
주여, 자비를 베풀어주옵소서.
불쌍히 여겨주옵소서.

아멘.

뿌리기를 잘 했다

너무 늦지는 않았을까, 하던 염려는 역시 기우였다.
보라. 얼마나 이쁘게 싹이 나왔는가?
역시 뿌리기를 잘 했다.

밭을 보며 감동에 젖어 가까이가서 축복기도를 해주고 있는데
마침 막내가 현관문을 열고 나와 인사를 한다.
"학교에 다녀오겠습니다."
"어, 그래, 잘 다녀와라…… 잠깐만!"
"왜요?"
"너도 보이지 이 싹들…… 믿고 뿌렸더니 이렇게 자랐구나. 이쁘지?
너도 사랑의 기를 좀 보내주지 않을래?
자, 저 싹들을 향해 손을 펴, 그리고 기를 보내.
사랑한다. 잘 커라~~~"

!@#^&*_*

싫지 않은 표정이다.
순순히 손을 펴더니 하라는 대로 하고는 씩 웃는다.
워매, 이쁜 자식~
"자 이제는 너한테도 아부지가 기를 준다. 받아라~~~"

!@#^&*_*~~~

역시 싫지 않은 표정이다.
뻘쭘하게 키만 크고 흐느적흐느적 걷던 녀석의 뒷모습이
오늘 따라 생기가 있어 보인다.

이래저래 기분이 좋아 콧노래를 부르며
교회마당쪽으로 걸어오는데,
"이건 또 뭐냐? 너는 누구냐?"
"보면 몰라요?"
"너 호박 아니야? 너 어디 있다 이제 나타났어?"

"어머 주인님도, 저 여기 있은지 오래 되었어요."
"그래?"
"이쁘구나! 기다려, 사진 한방 찍어줄께."
"예, 호호"
…….
…….

아무리 생각해도 씨뿌리기를 잘 했다.
좀 늦었어도
믿기를 잘 했고,
뿌리기를 잘 했어
그렇지요?

기도

하늘나라를 농부가 밭에 씨를 뿌리는 것에 비유해서 가르쳐주신 주님,
말씀의 신비를 진작 깨닫지 못한 것은 아니나,
이제 인생의 고갯길에서 이런저런 일을 겪어본 뒤 좀 의기소침해졌다가
주님께서 제 마음속에 뿌려주심으로 아직도 남아있었던
작다면 작은 겨자씨 같은 믿음의 씨앗, 그러나 그냥은 버릴 수 없어
밭을 만들고 씨를 뿌려본 후에야 다시,
결코 희망이 멀리 있지 않음을 깨닫습니다.
우리는 주님의 말씀을 따라 그대로 행하면 되는 것을,
사랑이신 주님을 믿되, 그저 믿기만 하고 순종하면 되는 것을,
믿고 순종하면 그렇게 행하라고 말씀하신 주님께서
나머지는 다 책임져주시는 것을,
어떤 것을 행하라고 하셨을 때는,
"내가 반드시 그렇게 되도록 해주겠다"는 약속이 포함되어 있는 것을
…….
…….

주님 고맙습니다.
사랑합니다, 주님!
뭐라고 말씀하시든 그저 믿고 순종하겠사오니,
더 가르쳐주십시오.
할 일을 또 일러주십시오.
오직 정결한 순종의 사람이 되도록 인도하여 주십시오.
간절히 비나이다.

아멘.

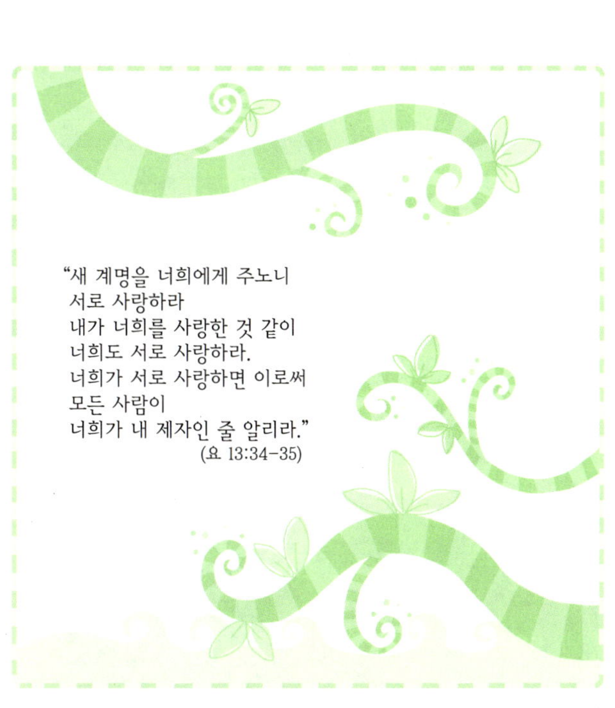

"새 계명을 너희에게 주노니
서로 사랑하라
내가 너희를 사랑한 것 같이
너희도 서로 사랑하라.
너희가 서로 사랑하면 이로써
모든 사람이
너희가 내 제자인 줄 알리라."
(요 13:34-35)

4부 겨울

숨는 것이 사명인 사람

"… 요셉이 잠에서 깨어 일어나 주의 사자의 분부대로 행
하여 그의 아내를 데려왔으나 아들을 낳기까지 동침하지
아니하더니 낳으매 이름을 예수라 하니라" (마 1:18-25)

연말에 여우주연상을 받았던 어떤 탤런트에게 기자가 "앞으로 꼭 도전해보고 싶은 역할이 무엇입니까" 하고 묻자 그녀는 "보석 같은 조연이요. 전원일기의 일용엄마 같은…"하고 대답했습니다.

그러나 쉽지는 않았나 봅니다. 세상은 그녀를 내버려두지 않았고, 그녀는 "이 세상 사람들에게 서운하다"는 말을 남기고 세상을 떠났습니다. 조연은 정말로 아무나 하는 것이 아닌 것 같습니다. 고독을 견뎌야 합니다. 주연한테 온통 스포트라이트가 몰릴 때, 그것을 질투하지 않고 오히려 자신이 희생함으로써 주연을 더욱 돋보이게 해야 하니, 성숙한 내면성을 갖

지 않으면 조연 역할을 제대로 감당하기 어렵습니다.

사실 따지고 보면 주연이 어디에 있고 조연이 어디에 있습니까? 주연은 주연이라는 역할을 맡은 조연이라고 볼 수 있고, 조연은 조연이라는 역할을 맡은 주연이라고 볼 수도 있는 것입니다. 모든 것은 생각하기 나름입니다.

그러므로 우리는 모두 마땅히 품어야 할 생각 그 이상을 품지 말고, 범사에 감사하는 마음으로 자기 맡은 일을 충실히 해나가는 법을 배워야 합니다. 그리고 모든 사람을 귀하게 여기되, 특별히 음지에서 수고하는 사람들의 헌신을 기억하고 제대로 대접할 줄 알아야 합니다. 그래야 성숙한 사람이요, 그래야 성숙한 사회입니다.

그러나 유감스럽게도 그렇지 않을 때가 많습니다. 나름대로 내가 열심히 노력하는데도 불구하고 사람들이 나를 인정해주지 않을 때가 있습니다. 내 헌신을 몰라주고, 내 눈물 내 희생을 몰라줍니다.

그럴 때 어떻게 해야 합니까? 스스로 내 공을 드러내서 인정을 받는 것도 한 방법이지만, 알아주면 알아주는 대로 몰라주면 몰라주는 대로 편안하게 받아들여야 합니다. 아니 오히려 내 공이 드러나지 않도록, 계속 숨어서 열심히 봉사해야 합니다. 은밀한 중에 보시고 기억해주시는 하나님을 바라보면서, 꿋꿋하게 해야 할 일을 하는 것입니다. 쉽지 않은 일이지만 할 수만 있으면 이렇게 하는 것이 내면의 평화를 지켜가는 방법이 될 것입니다.

물론 인정받는다는 것은 기분 좋은 것입니다. 사람의 가장 뿌리깊은 욕구 가운데 하나가 인정받고자 하는 욕구라고 합니다. 그러나 설령 사람들에게 일시적으로 정당한 인정과 평가를 받지 못한다 할지라도 은밀한 중에 보시는 하나님께서 자애로운 눈으로 나를 바라보시고 나를 기억하고 계신다는 사실을 생각하면, 지금 당하는 외로움과 고통은 그런대로 견딜만한 것이 될 것입니다.

예수님은 우리에게 될 수 있는대로 다른 사람이 알아차리지 못하게 선행을 하라고 하십니다. 그럴수록 하나님으로부터 받을 상이 크니까 오히려 기뻐하라고까지 하십니다. "그러므로 구제할 때에 외식하는 자가 사람에게서 영광을 받으려고 회당과 거리에서 하는 것 같이 너희 앞에 나팔을 불지 말라 … 너는 구제할 때에 오른손이 하는 것을 왼손이 모르게 하여 네 구제함을 은밀하게 하라 은밀한 중에 보시는 너의 아버지께서 갚으시리라"(마 6:2-4)

이 신비를 깨닫고 사는 것이 신앙생활입니다. 예수님이 이 말씀을 우리에게 주셨거니와, 이것은 무슨 어려운 윤리적 계명을 우리에게 강요하신 것이 아닙니다. 예수님 자신이 누리고 계신 자유를 우리에게 나누어주고 싶어서 하신 말씀입니다. 예수님 안에는 언제나 큰 평화와 기쁨이 충만하였습니다. 그러므로 다른 사람들의 반응이나 평가에 휘둘리지 않고, 늘 의연하게 당신께서 가야 할 길을 가실 수가 있었던 것입니다.

이사야 42장 1절 - 4절에 "내가 붙드는 나의 종, 내 마음에 기뻐하는 자 곧 내가 택한 사람을 보라 내가 나의 영을 그에게 주었은즉 그가 이방에 정의를 베풀리라 그는 외치지 아니하며 목소리를 높이지 아니하며 그 소리를 거리에 들리게 하지 아니하며 상한 갈대를 꺾지 아니하며 꺼져가는 등불을 끄지 아니하고 진실로 정의를 시행할 것이며 그는 쇠하지 아니하며 낙담하지 아니하고 세상에 정의를 세우기에 이르리니 섬들이 그 교훈을 앙망하리라”고 말씀하셨습니다.

그가 이방에 정의를 베푸는데 외치지 아니하며 목소리를 높이지 아니하며 그 소리를 거리에 들리게 아니한다는 말이 참 중요합니다. 그만큼 마음에 큰 평안이 있다는 것입니다. 그러면서도 할 일을 다 합니다. 그래서 저 멀리, 섬들에까지 그 교훈이 퍼져나가리라는 것입니다. 그만큼 심지가 깊은 것입니다.

어떻게 그것이 가능합니까? 언제나 하나님께 깊이 뿌리를 내리고 살았기 때문입니다. 이것이 바로 신앙의 신비입니다. 우리에게도 이런 신비의 문이 열리기를 바랍니다.

물론 쉽지는 않습니다. 마귀는 끊임없이 우리를 부추깁니다. 광야에서 예수님을 유혹하여 넘어뜨리려고 시도했던 마귀는 오늘 우리에게도 끊임없는 유혹을 가하며 우리를 넘어뜨리려고 합니다.

그러나 예수님께서 말씀으로 그 모든 유혹을 물리치고 정진하셨듯이 우리도 그 유혹을 이겨내야 합니다. 깊은 기도 속에서 하나님을 만나고, 그분의 사랑과 격려로 힘을 얻어 마음을 비우며, 오직 하나님께 뿌리를 내리고 사는 법을 배워야 합니다. 혼자서 잘 안 되면 우리의 선생님이신 예수님께 배우면서, 예수님의 사랑과 십자가 보혈에 의지하면서, 넘어져도 일어서서, 꾸준한 정진으로 그 길을 걸어가면 되는 것입니다.

예수님의 육신의 아버지인 요셉도 철저하게 조연으로 산 사람입니다. 철저하게 자신을 비우고, 마치 자신은 아무것도 아닌 것처럼 철저하게 자기 모습을 감추는 것; 즉 들키지 않고 선행을 하는 것이 사명이었던 사람입니다.

예수님의 탄생과정에서 요셉이 한 역할이 무엇입니까? 인간적으로 따지자면 요셉은 남편도 아니었고, 아버지도 아니었습니다. 그는 비우고 헌신함으로 자신의 모든 것을 내려 놓았습니다. 그리고 마리아와 아기 예수를 돌보는 큰 역할을 감당해 내었습니다. 철저하게 자기 자신을 비우고, 인간적으로 누릴 수 있는 모든 것을 포기함으로써 자신의 역할을 감당하였습니다.

동정녀 마리아가 예수님을 잉태하였을 때 요셉이 자신을 드러내지 않고 감당했던 희생을 생각해보십시오. 또 출산과 그 이후의 삶속에서 그가 감당했던 수고를 생각해보십시오. 헤롯왕의 박해를 피해 애굽으로 피신했다가 몇 해 후에 다시 돌아오기까지 그가 했던 수고는 얼마나 고귀한 것입니까? 그의 사명은 자신을 숨기면서 마리아와 아기 예수를 보살피는 것이었습니다. 오직 그것이었습니다.

도대체 어느 누가 이런 재미없는 역할을 할 수 있겠습니까? 그러나 요셉은 그 일을 감당하였습니다. 감당하되 성심껏, 최선을 다해 감당하였습니다.

그것이 바로 신앙의 신비입니다. 이 세상 사람들 어느 누구 하나 알아주지 않아도 그럴수록 더욱 귀하게 여겨주시고, 내가 너를 사랑하고 너를 기뻐하노라고 하시며 다가와 손잡아 주시는 하나님의 사랑이 함께하기에 그 길을 가게 되는 신앙의 신비입니다.

영성의 가장 깊은 차원에 이른 사람만이 할 수 있는 일입니다. 그런 의미에서 아브라함으로부터 시작된 구속사의 계보에서 요셉이 맨 마지막에 있는 것은 이해할만합니다.

여러분 모두 요셉의 삶을 깊이 묵상하시기를 바랍니다. 그리고 좀 숨어서 살 수 있기를 바랍니다. 성탄절도 그렇고, 연말연시에도 그렇고, 너무들 분주하게 지내는 경향이 있습니다. 그리고 연말에는 시상식이다 뭐다 해서 한 해에 수고한 사람들이 드러나게 되는데 이 때에도 자신의 모습을 숨기는, 자신의 공로를 숨기는 여러분이 되시기 바랍니다.

너무 요란하고 들떠 있으면 그만큼 공허해지기 쉽습니다. 자신을 알아주지 않는다고 생각하면 섭섭해지고 일하고자 하는 의욕을 잃기 쉽습니다. 이런 때에 나의 욕심을, 나의 드러나고자 함을 내려 놓으십시오.

권력의 중심부가 아닌 베들레헴의 작은 동네로 조용히 오셔서, 일생을 낮은 곳에서 섬기신 예수님을 생각하면서, 그리고 또, 마치 사람들의 눈에 띄지 않는 것이 자신의 사명인 양 철저하게 자신을 비우며 헌신한 요셉을 생각하면서 숨는 사명을 감당하는 여러분이 되시기를 주님의 이름으로 축원합니다.

인내로 고난을 이겨내라

"근신하라 깨어라 너희 대적 마귀가 우는 사자 같이 두루 다니며 삼킬 자를 찾나니 너희는 믿음을 굳건하게 하여 그를 대적하라 … 잠깐 고난을 당한 너희를 친히 온전하게 하시며 굳건하게 하시며 강하게 하시며 터를 견고하게 하시리라" (벧전 5:8–10)

세월이 지나면서 볼 때, 지금 당장 급하게 무엇을 이루려는 사람들보다는 역사의 흐름을 깊게 보고 깊게 호흡하던 사람들, 믿고 기도하며 사랑의 가슴으로 호흡을 조절하면서 차분하게 한 걸음 한 걸음 인내해온 사람들이 여전히 꿋꿋하게 살아남아서 각 분야에서 나름대로의 몫을 감당하고 있는 것을 보게 됩니다. 역사는 생각보다 천천히 진전되는 것 같으며, 역사의 신이신 하나님은 우리에게 더 많은 고통의 십자가를 요구하시고, 그것을 팽개치지 않고 꾸준히 지고 가는 사람들을 통해서 당신의 뜻을 이루어가고 계신 것 같습니다.

사실 모든 자연의 생명체는 이러한 하나님의 섭리에 순응하여, 서두르지 않고 그때그때마다 자기가 감당해야 할 고통의 십자가를 잘 지고 나갑니다. 유독 사람만이 욕심을 부리고 감당해야 할 고통의 십자가를 회피하고 요령을 피우고 서둘러서 무엇인가를 이루려고 애씁니다. 그러나 지금은 고통스럽더라도 그것이 나에게 꼭 필요한 과정일 수 있습니다. 그렇다면 그 고통을 피하려고 할 것이 아니라 견디어 내야 하는 것입니다.

찰스 코우만이라는 사람은 애벌레가 나비가 되기 위해 고치를 뚫고 나오는 광경을 긴 시간 관찰하였습니다. 나비는 작은 고치 구멍을 뚫고 나오려고 몸부림을 치고 있었습니다. 코우만은 긴 시간 애를 쓰고 있는 나비가 안쓰러워서 가위를 가져다가 고치 구멍을 조금 뚫어주었습니다. 그랬더니 나비는 고치에서 쉽게 빠져 나왔습니다.

그는 이제 나비가 화려한 날개를 펼치면서 창공을 날아다니겠지 하고 기대하고 있었는데, 나비는 날개를 질질 끌며 바닥을 왔다갔다하다가 죽어버렸습니다. 그 나비는 땅을 박차고 하늘을 향해 날아갈 만한 힘을 갖지 못했던 것입니다. 나비는 작은 고치 구멍을 빠져 나오려 애쓰는 가운데 날개의 힘을 키우게 되어 있는데, 코우만의 값싼 동정으로 그 기회가 없어졌기 때문입니다.

이 예화는 고난이 왜 인생에 있어서 필연적이며, 성장과정의 한 부분인지를 알려주는 좋은 이야기입니다.

단군신화를 보면 전통적으로 우리나라 사람들은 고난을 참고 인내하는 것을 매우 중요한 덕목으로 삼았던 민족임을 알 수 있습니다. 그런데 언제 부터인지 우리나라 사람들, 너무 급하고, 모든 것을 금방 이루려고 하는 조급증이라는 병에 걸려버렸습니다. 상황이 어려울수록 근본을 생각하고, 차분하게 거쳐야 할 과정을 거치면서 나가야 합니다. 어차피 삶은 고난을 내포하고 있는 것이고, 고난은 피한다고 되는 것이 아닙니다. 고난은 틀림없이 그것을 통하여 뭔가를 깨닫고 배우고 성숙하라고 내게 주어진 것입니다.

그러므로 우리는 고난을 회피하지 말고 정상적으로 그 과정을 거쳐야 합니다. 그것을 생략하고 남보다 더 빨리 뭘 이루려는 조급한 마음이 우리 자신은 물론, 우리 가정을 망가뜨리고 있습니다.

인생에 비약은 없습니다. 거쳐야 할 것을 거쳐야 합니다. 성장을 위하여 마땅히 겪어야 할 고통을 회피하면 나중에 반드시 문제가 생깁니다. 날아야 할 때 날개짓할 힘이 없어 죽어버리는 나비꼴 되고 마는 것입니다.

사도행전 1장 7절 - 8절에 "때와 시기는 아버지께서 자기의 권한에 두셨으니 너희가 알 바 아니요 오직 성령이 너희에게 임하시면 너희가 권능을 받고 예루살렘과 온 유대와 사마리아와 땅 끝까지 이르러 내 증인이 되리라"고 말씀하셨습니다.

예수님께서 왜 "너희가 권능을 받고"라고 말씀을 하셨을까요? 분수를 알라, 네 힘만 의지하면 패할 수밖에 없으니, 기도하여 성령의 도우심을 받는 가운데 한 걸음 한 걸음 나아가라는 뜻으로 하신 말씀입니다.

그리고 이 말씀을 하시고 예수님은 하늘로 올라가십니다. 부활의 감격은 맛보기로만 보여주고 제자들은 땅에 남겨둔 채 말입니다. 물론 천사들을 통하여 다시 오실 것을 약속하셨지만, 제자들은 이제 주님 없이 세상 한복판에서 주님의 증인으로 살도록 세상에 남겨진 것입니다.

여기서 우리는 무엇을 알 수 있습니까? 고통이 없는 세상을 꿈꾸며 조급해하지 말고, 의연하게 고통의 십자가를 달게 지고 인내하라는 것입니다. 다 이유가 있어서 주어지는 문제요 고통이며, 지금은 모든 짐을 벗어버릴 때가 아니라 짐을 달게 지고 묵묵히 정진해야 할 때이니 딴 생각 하지 말라는 것입니다. 그리고 궁극적으로는 땅에 있는 것에 너무 집착하지 말고 영원한 하늘나라에 대한 소망으로 살라는 뜻입니다.

이점과 관련하여 사도 베드로의 말은 아주 설득력있게 다가옵니다.

"사랑하는 자들아 너희를 연단하려고 오는 불 시험을 이상한 일 당하는 것 같이 이상히 여기지 말고 오히려 너희가 그리스도의 고난에 참여하는 것으로 즐거워하라 이는 그의 영광을 나타내실 때에 너희로 즐거워하고 기뻐하게 하려 함이라." (벧전 4:12-13)

"그러므로 하나님의 능하신 손 아래에서 겸손하라 때가 되면 너희를 높이시리라 너희 염려를 다 주께 맡기라 이는 그가 너희를 돌보심이라." (벧전 5:6-7)

어떤 사람이 큰 십자가를 지고 목적지를 향해 걸어가고 있었습니다. 주위를 보니 다른 사람들도 십자가를 지고 가고 있었습니다. 그리고 십자가를 지고 가시는 예수님의 모습도 보였습니다. 각 사람이 지고 가는 십자가가 다들 커서 그런지 모두가 땀을 뻘뻘 흘리며 지고 가고 있었습니다. 이 사람도 자기의 십자가를 열심히 지고 가려 하였습니다. 그런데 시간이 갈수록 무거워져 도저히 감당할 수가 없었습니다.

그래서 그는 예수님께 청하였습니다. "예수님, 이 십자가가 저에게는 너무나 벅차고 무거우니 조금만 잘라주십시오." 예수님께서는 그 사람의 기도대로 "그래, 이만하면 되겠느냐?" 하시면서 십자가를 잘라주셨습니다. 그 사람은 머리를 조아려 예수님께 감사하다고 하고 훨씬 가벼워진 십자가를 지고 걸어갔습니다.

그런데 얼마 후 그는 다시 예수님께 십자가를 조금만 더 잘라 달라고 하였습니다. 언제나 우리의 자유를 존중하시는 예수님께서는 또 그의 부탁을 들어주셨습니다. 이제 그의 십자가는 땅에 끌지 않아도 될 정도로 가뿐하고 작아졌습니다. 그리하여 그는 발걸음도 가볍게 지고 갔습니다.

그러나 시간이 지나자 다시 무거워졌습니다. 그는 다시 예수님께 가서 마지막 부탁이니 아주 짧게 십자가를 잘라 달라고 했습니다. 예수님께서는 그의 부탁대로 십자가를 잘라주셨는데, 이제는 하도 작아서 십자가를 지고 가는 것이 아니라 손가락으로 뱅글뱅글 돌릴 수 있는 정도가 되었습니다.

그는 콧노래를 부르고 휘파람을 불면서 십자가를 가지고 갔습니다. 그러면서 땀을 뻘뻘 흘리며 십자가를 지고 가는 이들을 보며 미련하다고 생각하였습니다. "나처럼 주님께 십자가를 잘라 달라고 하면 될 것을 왜 저렇게 힘들게 살아" 하고 말입니다.

한참을 걸어가니 깊은 골짜기가 나타났는데 그 골짜기에는 다리가 없었습니다. 그래서 사람들은 각자 지고 온 십자가를 다리 삼아 놓고 건너갔습니다. 그런데 이 사람의 십자가는 너무 짧아서 걸칠 수가 없었습니다.

염치없지만 그는 앞서 가는 예수님을 소리쳐 불렀습니다. 하지만 예수님과 다른 일행은 너무나 멀리 가 있었기에 그의 절망적인 소리를 들을 수 없었고 그의 울부짖음은 메아리가 되어 돌아올 뿐이었습니다. (송봉모, 《고통, 그 인간적인 것》, 바오로 딸, 82-83면)

우리에게 인내하면서 고난의 십자가를 묵묵히 감당하는 것이 얼마나 중요한가를 알려주는 예화입니다. 그러므로 함부로 십자가를 피하거나 도망다니면 안됩니다. 지금 좀 편하자고 자꾸만 십자가를 피하다가는 주님까지 잃어버릴 수 있습니다.

마태복음 16장 24절에 "누구든지 나를 따라오려거든 자기를 부인하고 자기 십자가를 지고 나를 따를 것이니라"고 말씀하셨습니다. 지금 좀 힘들더라도 고난의 십자가를 달게 질 때 주님께서는 감당할 힘을 주십니다. 너무 조급하게 때와 기한을 묻지 말고, 묵묵하게 받은 십자가를 달게 지고 나갈 때, 하나님은 당신의 선하신 손길로써 그 모든 고통을 견딜만한 것으로 만들어주시고, 그 고난이 없었더라면 도저히 누릴 수 없는 신비한 축복을 누릴 수 있게 만들어주십니다.

하나님을 사랑하는 사람들, 곧 하나님의 계획에 따라 부르심을 받은 사람들에게는 모든 일이 서로 작용해서 좋은 결과를 이루게 되는 것입니다.

우리가 즐겨 부르는 복음성가 가운데 In His Time이라는 노래가 있습니다.

주님의 시간에 그의 뜻 이뤄지리 기다려

하루 하루 하루 살 동안 주님 인도하시리

주 뜻 이룰 때까지 기다려

기다려 그때를 그의 뜻 이뤄지리 기다려

주의 뜻 이뤄질 때 우리들의 모든 것

아름답게 변하리 기다려

In his time, In his time, He makes all things beautiful in his time.

Lord, please show me every day, as you're teaching me your way

that you do just what you say in your time.

우리들의 삶 속에 이렇게 아름다운 기다림이 있기를, 소망 중에 인내하
는 가운데 때가 되면 모든 것을 아름답게 변화시켜주시는 주님의 축복을
체험하며 사시기를 주님의 이름으로 축원합니다.

개척 62년 만에 땅 한 자락

"… 마므레 앞 막벨라에 있는 에브론의 밭 곧 그 밭과 거기에 속한 굴과 그 밭과 그 주위에 둘린 모든 나무가 성문에 들어온 모든 헷 족속이 보는 데서 아브라함의 소유로 확정된지라 …" (창 23:1-20)

본문 1절 - 2절에 보면 사라가 백이십칠 년을 살고 헤브론 땅에서 죽자 아브라함은 빈소에 들어가 가슴을 치며 슬피 울었다고 했습니다. 뭐니뭐니해도 부부가 제일입니다.

새들도 그렇습니다. 새가 차에 부딪혀 길바닥에 죽어 있는데, 다른 새 한 마리가 그 자리에 와서 하늘을 향해 뭐라고 부르짖으면서 떠나지 못하는 장면을 인터넷에서 본 적이 있습니다. 짐승들도 자기 짝이 죽으면 밥도 잘 안 먹습니다. 그만큼 존재감이 큰 것이 부부입니다. 새나 짐승도 그럴진대 사람이야 오죽하겠습니까?

특별히 아브라함은 사라의 죽음에 대해 상실감이 아주 컸던 것 같습니다. 그 나이에 그저 그러려니, 죽었구나, 하고 넘길 수도 있으련만 그렇지 않습니다. 가슴을 치며 슬피 울었습니다. 뭐가 그리 슬펐을까요? 그들이 살아온 세월이 그만큼 힘들었기 때문이었을 것입니다.

생각해보면 사라는 아브라함에게 시집와서 고생을 참 많이 했습니다. 시부모를 모시고 살았고, 시동생이 일찍 죽는 바람에 조카 롯을 자식처럼 키워야 했습니다. 그리고 남편 아브라함을 따라 멀고 먼 곳으로 이사해야 했습니다. 아브라함은 75세나 되어서 부름을 받고, 말하자면 임지로 떠났는데, 부름받은 아브라함은 그렇다 치지만 사라로서는 그 길을 따라 운명을 함께하는 것이 쉽지만은 않았을 것입니다. 고생 참 많이 했을 것입니다.

가보니 생면부지의 땅이었습니다. 먹을 것이 넉넉한 곳도 아니었습니다. 한번은 그곳(가나안)에 기근이 들어서 애굽으로 양식을 구하러 갔습니다. 그런데 힘없는 떠돌이 신세이니 아브라함은 자기 아내를 누이라고 속였다가 하마터면 애굽왕한테 빼앗길 뻔 하기도 했습니다. 아직 믿음이 연약할 때라서 하나님께서 중간에 나서서 그들을 구해내긴 했지만, 참 처량맞은 얘기입니다. 그때 얼마나 큰 상처를 받았겠습니까? 살기 위해서 한 일이라 이해는 했겠지만, 사라가 받은 상처는 결코 작지 않았을 것입니다.

그리고 기껏 키워놓은 조카 롯이 자기 것을 챙겨서 분가했을 때도 섭섭하고 속상했을 것입니다.

그러나 뭐니뭐니해도 사라의 인생에서 가장 힘들었을 때는 남편 아브라함에게 대를 잇도록 하기 위해 몸종 하갈을 첩으로 들여놓았을 때일 것입니다. 하갈이 아이를 가지게 되자 사라를 은근히 무시했는데 그때는 정말 비참했을 것입니다. 아무리 아브라함이 조강지처를 홀대하지 않았다 해도 그런 상태에서 고통을 느끼지 않을 여자는 없습니다.

이 모든 고통을 겪으면서 사라는 얼마나 많은 고생을 하였겠습니까? 얼마나 무던히 참아주었고, 얼마나 무던히 기다리고, 얼마나 무던히 용서했겠습니까?

아브라함은 그 모든 일들이 생각났기에 미안하고 또 고마워서 슬퍼하며 애통했을 것입니다.

또 한 가지가 더 있습니다. 나중에 사라도 아들 이삭을 낳게 되었습니다. 고생 끝에 낙이 온 것입니다. 인내하면서 꾸준히 정진하다 보니 좋은 날이 왔다고 생각했습니다. 그런데 또다시 큰 위기가 닥쳤습니다. 하나님께서 그 아들 이삭을 바치라고 하신 것입니다.

하나님께서 남편 아브라함에게 이삭을 바치라고 하셨는데 아브라함은 사라한테 한 마디 상의도 안 했습니다. 명령이 떨어지자마자 곧바로 다음 날 아침 일어나 어린 이삭한테 장작을 지우고는 사흘 길을 걸어서 모리아 언덕으로 갔습니다. 그리고 아들을 번제로 바치기 위해 칼로 찌르려고 했습니다. 그의 마음을 보시고 하나님께서 이삭 대신에 숫양을 잡아 번제물로 바칠 수 있도록 하셨는데, 이 이야기를 사라는 나중에야 들었습니다. 그 얘기를 들었을 때 사라는 얼마나 충격을 받았겠습니까?

요컨대 그들이 걸어온 길, 특별히 개척 62년의 세월은 결코 장밋빛 양탄

자가 깔린 화려한 성공의 길이 아니었습니다. 하나님의 약속을 따라 꿈은 원대했지만 현실적으로 이룬 것은 작다면 아주 작은 것이었습니다. 아직 자신들의 이름으로 된 땅 한 평도 가진 것이 없었습니다. 아들 이삭을 얻음으로 인해서 자손을 번성케 하리라는 약속은 이루어졌지만, 이 땅을 너와 네 후손에게 주리라는 약속은 아직 이루어지지 않았습니다. 그만큼 그들의 형편이 가나안 지역에서는 아직은 몸붙여 사는 나그네 신분을 벗어나지 못했다는 얘기입니다.

그동안 뭘 했을까요? 62년이면 결코 짧은 세월은 아닌데 아직도 자기 이름으로 된 땅 한 평 없다는 것이 말이 됩니까? 그것은 성공은커녕 차라리 실패한 인생이라 불러야 하지 않을까요? 요즘 우리처럼 뭐든지 빨리빨리 이루지 못하면 조바심을 내는 풍토에서 생각해보면 그들의 삶은 너무나도 더디고 답답하고 도대체 뭐 하나 제대로 이룬 것이 없는 딱한 인생이 아닐 수 없습니다.

그러나 성경의 관점은 다릅니다. 성경은 그들을 믿음으로 살다가 믿음으로 죽은 사람들이었다고 말합니다. 히브리서 11장 13절에 "이 사람들은 다 믿음을 따라 죽었으며 약속을 받지 못하였으되 그것들을 멀리서 보고 환영하며 또 땅에서는 외국인과 나그네임을 증언하였으니"라고 하였습니다.

그들은 또한 하나님께서 기뻐하시는 삶을 살았고, 그래서 하나님께서는 그들이 당신을 자기들의 하나님이라고 부르는 것을 수치로 여기시지 않고 오히려 그들을 위해서 한 성을 마련해 주셨다고 말합니다. (히 11:16)

어째서 이렇게 관점이 다를까요? 여러분은 아브라함과 사라 부부의 삶에 대해서 어떻게 생각하십니까? 실패라고 생각하십니까? 성공이라고 생각하십니까? 성공했다면 어떤 점에서 성공했다고 생각하십니까?

아브라함과 사라의 삶이 결코 실패한 삶이라고 말할 수 없는 이유는 세상적 성취의 크기와 속도가 인생의 전부가 아니기 때문입니다. 진정한 성공이란 성공할 가치가 있는 것에 성공하고 성공할 가치가 없는 일에는 차라리 실패하는 것이기 때문입니다. 아니 성공할 가치가 없는 일은 아예 시도도 하지 않는 삶을 살았다면 그것이야말로 진정 성공한 삶이라고 말할 수 있겠습니다.

마귀가 광야에서 예수님에게 돌이 변하여 떡이 되게 하라, 뛰어 내려라, 내게 절하라고 유혹했습니다. 그리고 십자가 위에 달려 계실 때 군중들은 "네가 만일 하나님의 아들이어든 자기를 구원하고 십자가에서 내려오라"고 했습니다.

만약 예수님께서 마귀의 달콤한 유혹을 따랐다면, 사람들에게 희롱당하지 않고 자신이 하나님의 아들임을 드러내셨다면 예수님은 세상적 의미로 볼 때 성공한 자처럼 보였을 것입니다. 그러나 예수님은 그 모든 것을 거절했습니다. 그 대신 오직 하나님의 말씀을 따라 십자가의 길을 걸어가셨습니다. 철저히 실패한 자처럼 보이셨습니다.

그러나 이렇게 산 예수님의 삶이 실패입니까? 육의 관점, 세상의 관점에서는 실패이지만, 영의 관점, 하나님 나라의 관점에서는 성공입니다.

아브라함과 사라 부부의 경우도 마찬가지입니다. 그들은 무엇보다도 기다림에서 성공하였습니다. 결코 녹녹지 않은 여건 속에서 살았지만 때를 따라 도우시고 말씀하시고 약속하시는 하나님을 신뢰하고, 끝까지 믿고 끝까지 소망하고 끝까지 사랑했습니다. 쓸 데 없는 일은 쳐다보지도 않았고, 결국에는 하나님께서 소중히 여기는 영원한 가치를 향해서 집중하고, 그것을 위해 헌신하는 삶을 살았습니다. 세상적인 관점으로 보면 실패한 자 같지만 하나님의 관점으로 보면 그는 누구보다 큰 축복의 사람이며 성공한 자입니다.

이삭을 바친 얘기도 생각해보면 참 의미가 깊은 얘기입니다. 우리가 열심히 살아서 뭘 얻고 보면 그게 전부인 줄 알기 쉽습니다. 은혜로 얻은 것임도 불구하고 은혜를 잊습니다. 그리고 모든 것이 자기가 잘나서 된 것인 줄 압니다. 그러다보면 거기에 집착하게 되고, 자기중심적으로 살아가게 됩니다. 그것을 이겨내는 것이 어찌 보면 인생에서 가장 어려운 것입니다. 그러나 그것을 이겨내야 진짜입니다. 피할 수 없는 인생의 과제가 바로 그것입니다.

예수님께서도 "누구든지 나를 따라오려거든 자기를 부인하고 자기 십자가를 지고 나를 따를 것이니라"(마 16:24)고 말씀하셨습니다. 자기를 부인하고, 자기가 한 알의 썩어지는 밀알로 땅에 떨어져 죽어야 합니다. 그래야 생명을 낳을 수 있습니다.

하나님께서 아브라함, 사라 부부에게 큰 축복을 베풀어주신 다음에 어느 날 그 모든 것을 내게 다 바쳐라고 말씀하셨습니다. 결국 모든 것이 하나님께로부터 온 것인데 그것을 온전히 인정하느냐, 그리고 온전히 그의 주권을 인정하면서 바치고 희생할 수 있겠느냐는 것입니다.

흔히 사법고시, 외무고시, 의사고시가 어렵다고들 합니다. 그러나 이런 것보다 훨씬 더 어렵고 근본적인 시험이 있는데, 바로 자신을 희생하는 것입니다. 어떤 상황 가운데서도 믿고 견뎌내는 것입니다. 내 뜻대로 안 되는 상황에서라도 하나님의 섭리에 대한 궁극적 신뢰 속에서 견뎌내는 것입니다.

이 시험이 진짜로 어려운 시험인데 아브라함과 사라는 이 시험에서 합격했습니다. 그러니 그들의 삶은 결코 실패한 인생이 아니었던 것입니다.

그리고 또한 그들은 자녀를 성공적으로 키운 성공한 인생입니다. 그 어려움 속에서도 그들은 자식을 반듯하게 믿음으로 키웠습니다. 아버지의 말씀에 온전히 순종한 이삭을 생각해 보십시오. 돈이 전부가 아닙니다. 집이 전부가 아닙니다. 땅이 전부가 아닙니다. 그 모든 것들이 나름대로 중요하지만 더 중요한 것은 사람입니다. 사람을 키워내는 것이 가장 중요합니다. 그런데 저들은 이 귀한 사람을 키워냈습니다. 아주 중요한 일에서 성공한 사람들인 것입니다.

이러한 삶을 살았기 때문에 그들은 그 지역에서 인정을 받기에 이르렀습니다. 헷 족속이 아브라함에게 "내 주여 들으소서 당신은 우리 가운데 있는 하나님이 세우신 지도자이시니 우리 묘실 중에서 좋은 것을 택하여 당신의 죽은 자를 장사하소서"(창 23:6)라고 말했습니다. 그는 사람들에게 하나님이 세우신 지도자라 인정을 받은 것입니다. 이러한 인정 속에서 아브라함은 마침내 땅을 사게 됩니다. 그것도 궁색하게가 아니라 당당하게, 치를 것을 다 치르고 명예롭게 샀습니다.

생각해보면 그때까지 땅이 없었다는 것은 그만큼 그들의 삶이 사명에 철저한 삶이었다는 것을 반증해줍니다. 게을러서 못 산 것이 아니요, 돈이 없어서 못 산 것도 아닙니다. 성실하게 살아서 나름대로 지역에서 존경받고 영향력을 끼칠만한 위치에 있었지만 하나님의 말씀을 따라서만 살다 보니 땅을 사지 않았을 뿐입니다.

히브리서 기자가 말하는 바와 같이 아브라함, 사라 부부의 삶은 약속받은 것을 멀리서 바라보고 기뻐하면서 나그네로 사는 것을 감내하는 삶이었고, 궁극적으로 "하늘에 있는 더 나은 고향"을 사모하면서 하루하루 최선을 다해서 살아가는 삶이었던 것입니다.

그렇게 살았더니 결국은 어떻게 되었습니까? 비록 늦기는 했지만 아주 영예롭고 당당하게 땅을 사게 되었습니다. 그 땅을 근거로 해서 위대한 신앙가문을 이루었습니다. 정련의 과정을 거쳐 정금이 나오고 담금질을 통해서 강철이 나오듯이 이런 긴긴 기다림과 연단의 과정을 거치고 난 다음에 얻은 땅이기에 그들은 그 땅에서 길이 무궁토록 세상에 선한 영향력을 끼치는 위대한 헤브라이문명을 일으킬 수 있었던 것입니다.

62년의 긴긴 인내의 과정이 없었더라면 절대로 헤브라이문명은 나오지 않았을 것입니다. 믿음의 조상인 아브라함과 사라가 그 고생을 하면서 눈물의 씨앗을 뿌렸기 때문에 거기서 이삭과 야곱이 나왔고, 훗날 400년 동안 이스라엘 백성이 종살이를 하면서도 그 시련을 이겨내고 마침내는 약속의 땅 가나안에 하나님의 말씀을 기초로 한 위대한 나라를 세우기에 이른 것입니다.

우리는 좀 더 긴 호흡으로 인생을 살아내야겠습니다. 요즘 보면 모든 것이 너무 급하고 도무지 참고 기다릴 줄을 모릅니다. 62년은 그만두고, 6년이라도 기다릴 줄 알았으면 좋겠습니다. 옛말에도 일렀듯이 빨리 먹는 밥에 체하는 법입니다. 우리는 기다릴 줄 알아야 하고 참을 줄 알아야 합니다.

정녕 귀한 인생이 되고자 한다면 반드시 그렇게 해야 합니다. 기다리지 않고 어떻게 밥을 먹을 수 있습니까? 기다리지 않고 어떻게 열매를 얻을 수 있겠습니까? 봄에 씨앗을 뿌리면 뜨거운 햇살과 비바람을 이겨내야 합니다. 우리가 하늘의 복을 받자면 그것을 받을만한 그릇이 준비되어야 합니다. 불순물이 빠져야 하고, 하나님께서 하늘의 복을 담아주시기에 좋도록 그릇이 만들어져야 합니다. 교만의 높은 것은 낮아져야 하고, 음울한 절망의 골짜기는 헤쳐나와 그 심령이 평탄하게 되어야 합니다.

그러므로 하나님께서 우리를 불러서 귀한 그릇으로 만들어주시려고 우리에게 이러저러한 시련을 주실 때에 우리는 낙심하지 말아야 합니다. 그저 포기하지 말고 끈기있게 믿고 나가야 합니다.

아브라함, 사라 부부는 무려 개척교회 62년 동안 땅 한 평 없이 천막생활을 하며 참고 기다렸습니다. 그렇게 살다가 사라가 죽었는데, 그 뒤에야

비로소 땅을 얻게 되었습니다. 그리고 그 땅이 훗날 길이길이 하나님의 약속을 기억하며 절망을 털고 일어나는 희망의 증거가 되었습니다.

이것이 바로 하나님께서 복을 주시는 순서입니다. 하나님은 절대로 먼저 땅을 주시지 않습니다. 말하자면 절대로 먼저 물질을 주시지 않습니다. 물론 생존에 필요한 물질이야 주시지만, 소위 물질의 축복은 언제나 영적 축복 그 다음입니다. 하나님과 통하고 사람과 통하고 난 다음에 물질과 통하는 것입니다. 하나님과 통하기 전에 물질과 먼저 통하면 그것은 오히려 화가 됩니다. 그것은 마귀가 꾀는 방식입니다.

하나님께서 가나안을 주신 것은 이스라엘 백성이 그 땅을 받을만한 준비가 되었을 때 주신 것이지 먼저 땅부터 주신 것이 아닙니다. 사도행전을 봐도 그렇습니다. 초대교회가 나중에 로마를 접수했지만, 그것은 나중에 결국 그렇게 되었을 뿐입니다. 먼저 일어난 것은 말씀이 흥왕케 된 일입니다. 말씀이 살고, 기도가 살고, 성령이 충만하여 사람들의 영혼을 지배하던 탐욕의 성이 무너지면서 교회의 지경이 넓혀진 것이지 교회가 땅을 차지하려고 욕심을 부려서 그렇게 된 것이 아니라는 말입니다.

바라기는 여러분의 가정도 그렇게 되었으면 좋겠습니다. 아니 마땅히 그렇게 되어야 합니다. 먼저는 하나님의 말씀이 여러분의 삶 속에서 왕성해져야 합니다. 여러분의 삶 속에서 기도가 살아야 합니다. 예수님이 좋아지고, 성경읽는 것이 좋아지고, 모이는 것이 좋아지고, 찬송하고 기도하는 것이 좋아지고, 예수님을 자랑하고 싶어지고, 교회를 자랑하고 싶어지고, 하나님의 뜻 가운데 사는 것이 행복해질 때 하나님께서 우리에게 땅을 허락해주십니다.

우주선을 발사하면 에너지가 가장 많이 소모되는 단계가 땅에서 얼마 안 되는 지점을 통과할 때까지랍니다. 그 뒤는 탄력을 받아서 가기 때문에 쉬워진다고 합니다. 지금 우리 교회도, 여러분 가정도 마찬가지입니다. 이 고비를 잘 넘겨야 합니다.

인생살이가 쉽지만은 않겠지만, 그래서 또 살만한 것 아니겠습니까? 이 시기를 감사함으로 잘 견뎌내시기를 바랍니다. 견뎌내겠다고 결심할 때 하나님께서는 견딜 수 있는 믿음과 능력을 부어주실 것이고, 때가 되면 넘치는 은혜로 채워주실 것입니다. 하나님께서는 우리에게 시련을 주실 때에 결코 감당치 못할 시련을 허락치 않으시고, 시련을 주시더라도 그것을 피할 길을 마련해주신다고 약속하셨습니다. (고전 10:13)

힘들고 어려워도 이것이 하나님께 가까이 나아가고 영적으로 성장하고 단련되는 과정이라는 것을 기억하십시오. 고난 가운데 숨겨진 하나님의 뜻을 찾고 기도함으로 힘을 얻어, 참고 인내하며 나아감으로 정금 같이 나오게 되는 여러분이 되시기를 주님의 이름으로 축원합니다.

상처받은 치유자

"… 여호와께서 호세아에게 이르시되 너는 가서 음란한 여자를 맞이하여 음란한 자식들을 낳으라 이 나라가 여호와를 떠나 크게 음란함이니라 하시니 이에 그가 가서 디블라임의 딸 고멜을 맞이하였더니 …" (호 1:2-9)

영화 〈밀양〉은 상처받은 자와 용서에 대해서 생각해 보게 하는 영화입니다.

주인공 신애(전도연)는 큰 상처를 안고 살아가는 여인입니다. 남편이 몰래 바람을 피우다 교통사고로 죽지만 신애는 한사코 그것을 인정하려 하지 않고 도리어 아들 준을 데리고 남편의 고향인 밀양으로 가서 열심히 살아보려 합니다.

여자 혼자 산다고 무시당하지 않으려고 일부러 허세를 부리기도 하고, 아주 돈 많은 사람인 것처럼 행세하기도 합니다. 그러나 엎친데 덮친다고, 이 무슨 운명의 장난입니까? 그로 인해 그녀는 더욱더 큰 시련을 당합니다.

그녀에게서 돈을 뜯어내려고 어느 못된 인간이 그녀의 아들을 유괴하여 살해합니다. 너무나도 가혹한 운명입니다. 얼마나 큰 고통이었겠습니까?

견딜 수 없는 고통 속에서 신애는 주변 사람들의 도움으로 기독교신앙에 귀의합니다. 그녀를 돕는 헌신적인 교인들의 도움 속에서 그녀는 어렵게 어렵게 상처를 이기고 마침내 유괴범을 용서하기로 마음먹고 교도소를 찾아갑니다.

그런데 여기서 그녀는 어처구니없는 일을 경험합니다. 그렇게라도 하지 않으면 견딜 수가 없을 것 같아서 참으로 힘든 결심을 하고 그 유괴범을 용서하러 교도소를 찾아갔는데, 참으로 황당하게도, 그는 이미 아주 환한 표정으로 하나님으로부터 용서받았노라고 말합니다. 그러면서 그녀를 위해 기도했노라고, 앞으로도 기도하겠노라고 말합니다.

그의 너무도 밝고 당당한 그 표정이 신애를 분노케 합니다. '당사자인 나는 이렇게 고통스러운 세월을 살아왔는데, 저 사람은 저렇게 평안할 수가 있는가? 누가 나하고 일언반구 상의도 없이 무슨 자격으로 그를 용서한다는 것인가? 신은 그래도 되는 것인가?' 하는 배신감에 절규하면서 신애는 하나님을 원망하고 대듭니다.

이런 스토리 전개는 얼핏 대단히 반기독교적인 느낌을 주는 것 같기도 하지만, 이것은 사실 이 영화가 기독교적인 영화냐 반기독교적인 영화냐를 떠나서, 어떠한 경우에라도 함부로 취급될 수 없는 "상처받은 당사자의 권리"라고 할까, 인간에 대한 예의라고 할까, 그런 것을 다루고 있는 것 같습니다.

헨리 나우웬은 "상처받은 치유자"(the wounded healer)라는 말을 하였는데, 이를 신학적으로 보면 상처받은 사람의 고통은 역시 상처받음을 통해서 그 아픔을 알고 나누어가질 수 있는 "상처받은 자"(the wounded)를 통해서만 치유될 수 있다는 뜻입니다.

그렇게 볼 때 호세아 예언자의 생애는 상처받은 치유자로서 걸어야 했던 고통스러웠던 인생여정을 우리에게 보여주고 있습니다. 호세아는 "여호와는 구원이시다"라는 뜻의 이름에 맞는 신실한 하나님의 사람이었습니다. 그러니 상식적으로는 이 세상의 축복을 누릴 자격이 있는 사람입니다. 열심히, 정직하게, 말씀에 순종해서 살았으니 당연히 잘 살아야 하지 않겠습니까?

그러나 그에게는 그러한 행복이 허락되지 않았습니다. 도리어 인간적으로는 대단히 불행한 삶을 살아야 했습니다. 마누라복도 없었고, 자식복도 없었습니다. 호세아는 예언자로 부름받은 사람, 요즘으로 말하면 백성들에게 하나님의 말씀을 전하는 목사로 부름받은 사람입니다. 목사에게 있어서 사모가 얼마나 중요한 위치를 차지하며, 자식들은 또 얼마나 중요합니까? 다른 사람들의 모범이 되어야 합니다.

그런데 호세아에게는 그 어느 것도 허락되지 않았습니다. 요조숙녀 현모양처는커녕, 바람기가 있는 여자를 아내로 얻어 살아야 했습니다. 하나님의 말씀이라면 거역하지 못하는 호세아에게 하나님께서 "디블라임의 딸 고멜"을 아내로 맞이하라고 하셨습니다. 그러니 이 여자를 데리고 살면서 얼마나 속이 썩었겠습니까? 두 사람 사이에 아이가 생겼는데, 아들

둘, 딸 하나, 이렇게 세 자녀를 두었습니다. 그런데 이 세 자녀도 모두 신통치 않아 자식 때문에도 무진 애를 썼습니다.

첫째 아들이 "이스르엘"(하나님 흩어버리셨다), 딸이 "로루하마"(천더기: 내가 다시는 이스라엘 족속을 긍휼히 여겨서 용서하지 않을 것이라), 막내 아들이 "로암미"(버린 자식: 너희는 이미 내 백성이 아니요 나는 너희의 하나님이 되지 아니할 것이라)이니 어떠했는지 가히 짐작이 갑니다.

그런 의미에서 호세아는 참으로 불행한 사람이었습니다. 아픈 상처를 안고 피흘리면서 고통스러워하는 상처받은 실패자였습니다.

그가 다른 길을 걸어갈 수는 없었을까요? 호세아 예언자, 그는 도대체 뭐가 부족해서 그런 음란한 여자와 결혼을 하였으며, 그 못된 자식들을 버리지 못하고 거기에 붙잡혀 살아야 했을까요? 그런 여자인 줄 알았으면 차버리면 될 것 아닙니까? 그렇게 해도 아무도 뭐라고 할 사람 없을 테니 말입니다.

그러나 호세아는 그런 사람이 못 되었습니다. 하나님께서 정해준 사람이니 미우나 고우나 품고 살았습니다. 몰래 나가 엉뚱한 짓하고, 아예 가출하여 살림까지 차리고 살다가 알거지가 된 여자를 찾아가 달래고 설득하여 집으로 데리고 와서 살고, 여자는 또 나가고… 그러기를 반복하였습니다. 이런 바보 멍청이가 어디 있습니까? 노자가 "세상 모든 사람들이 똑똑하나 나 홀로 바보구나"라고 했다는데, 호세아야말로 꼭 그러했습니다.

그런데 뭐든지 생각하기 나름입니다. 호세아는 세상적인 눈으로 볼 때는 바보요 실패자요 불행한 사람이었지만, 하나님의 관점에서 보면 다를 수 있습니다. 호세아는 사명의 사람이었기 때문입니다.

호세아만 그렇습니까? 사실 우리 모두가 사명을 위해 부름받은 사람들입니다. 우리 인생의 성공과 실패는 내가 얼마나 많이 소유하고 큰 영화를 누렸느냐가 아니라 내가 얼마나 충실하게 부름받은 사명에 충성을 다했는가라는 관점에서 평가되어야 합니다.

아브라함과 마찬가지로 우리는 등따습고 배부르고 이 세상영화를 자손만대에 누리라고 택함받은 것이 아니라 이 세상 많은 사람들에게 하늘의 복을 나누어주는 "복의 근원"이 되라고 택함받은 것입니다. 얼마나 다른 사람들을 복되게 하는 삶을 살았는가? 얼마만큼 다른 사람들에게 진실되게 하나님의 사랑을 전하고 그들을 도와서 하나님께로 인도하는 삶을 살았는가? 그 삶의 진정성에 의하여 우리 삶의 성공과 실패가 판단된다고 하는 것이 성경이 가르쳐주는 하나님의 관점이라는 것을 우리는 기억해야 합니다.

그렇게 보면 호세아는 결코 실패자가 아니었습니다. 그가 남모르게 힘든 삶을 살았으리라는 것은 예상할 수 있지만, 그는 힘들어도 하나님 안에서 하나님과 함께 힘들었고 하나님의 심정으로 사람을 섬기면서 힘들었습니다. 많이 아픈 만큼 그는 상처받은 이웃들의 아픔을 이해하고, 성공과 발전의 뒤안길에서 찢기고 병들고 죄인된 당신의 백성들을 품고 안타까워하시는 하나님의 사랑을 더 깊이 깨닫게 되었고, 하나님의 심정으로 그들을 섬길 수 있었기 때문입니다.

호세아의 개인적 불행은 부패한 사회구조 속에서 병들고 상처받은 동시대 민중의 아픔과 다르지 않은 아픔이었고, 죄인된 당신의 자녀를 차마 버릴 수 없어 탄식하시고 피흘리는 고통을 감당하시는 하나님 아버지의 심정을 온 몸으로 느끼게 하는 체험적 고난이었습니다.

말하자면 그의 고난은 의미있는 고난이었고, 하나님과 함께 하는 고난이었으며, 바로 그 고난이 자양분이 되어서 하나님의 심정을 이해하고, 하나님의 심정으로 백성들의 상처를 어루만져주고, 하나님의 간절한 호소의 말씀을 전하게 된 사명자의 십자가였던 것입니다.

호세아서를 읽어보면 하나님의 사랑이 절절하게 나타나 있습니다. 마음을 움직이는 뜨거운 사랑이 그 속에 있습니다. 그 사랑이 가정을 살리고 이웃을 살리고 민족을 살리게 되었으며, 오늘 저와 여러분을 살리고 있는 것입니다.

그런데도 호세아가 실패자입니까? 그래도 호세아가 불행한 사람입니까? 그는 자신이 받은 상처를 밑거름삼아 그 시대의 상처를 치유하도록 특별히 선택받고, 고난의 십자가를 짊어지고 하나님의 구원역사의 귀한 도구로 쓰임받게 된 상처받은 치유자(the wounded healer)였던 것입니다.

그점에서 그는 예수 그리스도를 앞당겨 보여주는 인물이었고, 사도 바울이 받은 고난을 연상케 하는 인물입니다. 예수 그리스도께서 우리의 아픔을 치유하는 치료자가 되시는 것은 무슨 이유에서입니까?

예수님은 "우리의 연약함을 동정하지 못하실 이가 아니요 모든 일에 우리와 똑같이 시험을 받으신 이"(히4:15)였고, "육체에 계실 때에 자기를 죽음에서 능히 구원하실 이에게 심한 통곡과 눈물로 간구와 소원을 올렸고 그의 경건하심으로 말미암아 들으심을 얻은 분"(히 5:7)이셨습니다.

사도 바울은 어떻습니까? 그는 여러 면에서 큰 업적을 남긴 자이지만, 모든 것을 완벽하게 갖춘 자는 아닙니다. 그는 물론 학식면에서는 명문 가마리엘 문하 출신이지만, 그에게도 치명적인 약점이 있었습니다.

그는 "육체에 가시, 곧 사탄의 사자"(고후 12:7)라고 할 만큼 심각한 질병을 가지고 살았습니다. 안질이라는 설, 심한 편두통이라는 설, 심지어는 간질이라는 설도 있습니다만, 정확하게 어떤 병인지는 알 수 없습니다. 그러나 분명한 것은 "하나님 제발 이 병을 고쳐주세요" 하고 간구하기를 세 번씩이나 할 정도의 심각한 질병이었다는 것입니다.

세 번 간구했다는 말은 그만큼 간절하게 기도했다는 말인데 그럼에도 불구하고 하나님은 그 질병을 고쳐주지 않으셨습니다. 그리고 "내 은혜가 네게 족하도다 이는 내 능력이 약한 데서 온전하여짐이라"(고후 12:9)고 말씀하셨습니다.

이 말씀을 듣고 바울은 자신의 고통을 받아들이게 되었습니다. '아하, 이것은 내가 너무 자만하지 않게 하시려고 내 육체에 심어주신 가시구나!'(고후 12:7)하고 깨닫고는 평생 그 가시를 품고 살았습니다.

말하자면 고통스런 상처를 부끄러워하거나 그것 때문에 하나님을 원망하지 않고 그것을 달게 받으면서 상처받은 모습 그대로, 연약한 모습 그대로 주님께 간구하고 주의 일에 헌신하였습니다. 그렇게 하는 중에 주님의 말씀 그대로 그는 약한 데서 온전하여지는 주님의 능력을 나타내는 도구가 되었습니다. 바울 역시도 "상처받은 치유자"였던 것입니다.

하나님께서 오늘 우리에게 이러저러한 고난을 주시는 깊은 뜻을 생각하게 하는 말씀들입니다. 우리 가운데 완벽한 사람은 아무도 없습니다. 이 상하리만큼, 나름대로 결코 가볍지 않은 아픔과 상처가 있습니다. 특별히 하나님께서 귀하게 쓰시는 종일수록 큰 고난을 겪게 하시고, 그 고난을 통해서 당신의 사람을 만들어가시는 것을 볼 수 있습니다. 본문의 호세아처럼, 바울처럼, 우리 주 예수 그리스도처럼 말입니다. 우리라고 예외가 아닙니다.

왜 고난이 필요한 것일까요? 불의하고 깨어지고 상처받은 이 세계 속에서 상처받은 영혼들의 아픔을 어루만져주고 치유해주기 위해서는 우리 역시도 고난을 통해서 그 아픔을 체휼하는 것이 필요하기 때문입니다. 그러니까 궁극적으로 우리가 당하는 고난은 우리를 복되게 하고 이웃을 복되게 하기 위한 의미있는 고난, 재앙이 아니라 평안이며, 장래에 소망을 주기 위한 사랑의 연단인 것입니다. (렘 29:11)

그리고 무엇보다도 우리는 하나님의 자녀입니다. 자녀의 영광이 무엇입니까? 철없는 자식은 등따습고 배부르고 돈많이 주면 좋아하고 그저 할 수만 있으면 자기의 즐거움을 따라서 살아갑니다. 그러나 철이 들면 그렇게 하지 않습니다. 부모의 마음을 함께 나누어가지고, 지금 부모님이 가장 절실하게 바라시는 것이 무엇인가, 혹시 부모님에게 큰 근심이 있지는 않은가? 하는 생각을 하면서, 부모를 대신해서 스스로 힘든 자리, 고통스런 자리, 낮은 자리로 내려가서 고난을 짊어집니다.

여러분, 우리가 언제까지고 철없는 자식으로 머물러 있을 수는 없지 않습니까? 하나님께서는 당신의 자녀인 우리를 사랑으로 키워주시지만, 우리가 웬만큼 성장하고 나면 과연 누가 잃어버린 당신의 자녀들, 곧 우리의 형제를 구원하기 위하여 고난을 감수하면서 따라나설까, 누가 당신의 일에 기쁨으로 순종할까 하고 기다리십니다.

하나님은 호세아에게 "사랑하는 호세아야, 네가 그 일을 감당해줄 수 있겠니?" 하시며 특별한 십자가를 맡기신 것입니다. 그때 호세아는 "예, 주님, 그렇게 하겠습니다" 하고 그 짐을 달게 받은 것입니다.

그것이 자녀인 저와 여러분 모두가 사랑하는 우리 아버지 하나님 앞에서 가져야 할 자녀로서의 영광이라는 것을 잊지 말았으면 좋겠습니다.

여러분! 여러분에게 원치 않는 고난이 있습니까? 고통스러운 상처가 있습니까? 꼴 보기 싫고 부끄럽고 원수 같은 가시가 있습니까? 그것으로 인하여 기도하시되, 그것으로 인하여 하나님을 원망하거나 내가 무슨 죄를 졌길래 이런 고통을 주시는 것인가 하면서 불행의식에 빠지지 않으시기를 바랍니다. 물론 죄로 인해서 받는 인과응보성의 고통도 있지만, 고난을 통해서 고난받는 자를 돕는 자로 다듬으시기 위한 하나님의 사랑이 그 안에 포함되어 있는 것입니다.

고린도후서 1장 4절 - 7절에 "우리의 모든 환난 중에서 우리를 위로하사 우리로 하여금 하나님께 받는 위로로써 모든 환난 중에 있는 자들을 능히 위로하게 하시는 이시로다 … 우리가 환난 당하는 것도 너희가 위로와 구원을 받게 하려는 것이요 우리가 위로를 받는 것도 너희가 위로를 받게 하려는 것이니 이 위로가 너희 속에 역사하여 우리가 받는 것 같은 고난을 너희도 견디게 하느니라 너희를 위한 우리의 소망이 견고함은 너희가 고난에 참여하는 자가 된 것 같이 위로에도 그러할 줄 앎이라"고 말씀하셨습니다.

우리가 어떤 상황에 처하든지 하나님만 신뢰하고 포기하지 말고 꾸준히 기도하면서 사명 감당하기 위해 애쓰다 보면, 그 모든 어려움들이 도리어 나로 하여금 하나님을 향하여 깨어나게 하고, 영적으로 성숙케 하며, 나 개인은 물론 가정과 이웃의 상처를 치유하는 귀한 치유사역자로 거듭날 수 있도록 도와주는 가시가 될 수 있다는 것을 꼭 기억하시기 바랍니다.

십자가가 괴롭다고 확 벗어버리면 행복해질 것 같습니까? 그렇지 않습니다. 거친 풍랑이 이는 바다를 헤쳐나갈 때 배에는 적절한 짐이 있어야 무게중심을 잡고 안전하게 소원의 포구에 다다를 수 있습니다. 이처럼 십자가가 여러분을 살린다는 것을 잊지 마십시오. 고통의 십자가를 사랑하고, 그것을 기회로 삼아 하나님 앞에 나아가 부르짖어 기도하고, 허망한 세상영광이 아니라 영원하신 하나님의 은총을 사모하고 그 은총에 잇대어 사는 여러분이 되시기 바랍니다.

"어느 패전 병사의 기도"라는 시를 묵상하며 오늘의 말씀을 다시 한 번 마음에 새기는 여러분이 되시기를 주님의 이름으로 축원합니다.

"무엇이든 얻을 수 있는 강한 체력을 달라고 하나님께 간구했으나 나는 약한 몸으로 태어나 겸손히 복종하는 것을 배웠습니다.

큰 일을 하기 위하여 건강을 구했더니

도리어 몸에 병을 얻어 좋은 일을 할 수 있게 되었습니다.

큰 부자가 되어 행복하기를 간구했으나

나는 가난한 자가 됨으로 오히려 지혜를 배웠습니다.

한 번 세도를 부려 만인의 찬사를 받기 원했으나

나는 세력 없는 자가 되어 하나님을 의지하게 되었습니다.

내가 바라고 원한 것은 하나도 이루어지지 않았으나

은연 중에 나는 모든 것을 얻었나니

내가 구하지 않은 기도까지 이루어졌습니다.

나는 부족하되

만인 중에서 가장 풍족한 은혜를 입었습니다."

산 자와 죽은 자

"… 또 내게 이르시되 인자야 이 뼈들은 이스라엘 온 족속
이라 그들이 이르기를 우리의 뼈들이 말랐고 우리의 소망
이 없어졌으니 우리는 다 멸절되었다 하느니라 …"
(겔 37:1–14)

함석헌 선생은 《뜻으로 본 한국역사》로 널리 알려진 분으로 일제강점기와 그 이후 계속되는 고난의 역사 속에서 하나님의 사랑에 불타는 가슴으로 민족의 혼을 일깨운 예언자이자 사상가이자 시인입니다. 혼이 빠져버린 이 민족의 영혼을 깨우쳐 살아나게 하고 높은 자긍심으로 거룩한 꿈을 가지고 살도록 일으켜 세운 민족의 보배입니다.

영국 사람들은 셰익스피어와 영국 전체 중 하나를 택하라고 한다면 셰익스피어를 택하겠다고 합니다. 인도 사람들은 마하트마 간디를 그렇게 생각합니다. 우리나라의 함석헌 선생도 그에 비견될 수 있는 민족의 보배

입니다.

함선생은 《뜻으로 본 한국역사》라는 책을 썼는데, 여기서 왜 "뜻"이라고 했을까요? 뜻을 붙들지 못하면 그냥 속절없이 망할 수밖에 없는 현실이었기 때문입니다. 본래 이 책은 1930년대, 오산학교에서 학생들을 가르치면서 썼다가 나중에 《성서조선》에 발표했던 글을 모은 것인데, 그 당시 우리 민족의 현실이 얼마나 어려웠습니까? 너무도 어려우면 희망을 갖고 사는 것이 어렵습니다. 그래서는 안된다는 걸 알지만, 점점 자신도 모르게, 소망의 끈을 놓고 자포자기해버립니다. 뭘 어떻게 해도 의미가 없다고 생각하기 때문입니다. 공부해서 뭣합니까? 성실하게 일해서 뭣합니까? 바르게 살아서 뭣합니까? 어떻게 노력하든 다 소용없는 일인데, 되는대로 살지 뭐 하는 절망이 판을 치게 되었습니다.

단테의 《신곡》, 지옥편에 "누구든지 이 문을 들어서려는 자마다 희망을 버릴진저"라는 말이 있습니다. 희망을 버린 인간, 곧 절망하는 인간은 하는 짓이 죄를 짓는 일일 수밖에 없습니다. 그리고 그러한 사람들이 사는 세상이 바로 지옥입니다. 꿈이 없고, 보람과 기쁨이 없는 자가 무슨 일인들 제대로 하겠습니까? 아무렇게나 함부로 살지 않겠습니까?

1930년대의 우리민족의 현실이 바로 그와 같았지만 함선생은 포기할 수 없었습니다. 포기하는 것을 그냥 바라만 보고 있을 수 없었습니다. 그분의 가슴속에 하나님의 사랑이 불타오르고 있었기 때문입니다. 그 사랑의 가슴으로 우리 민족이 당하는 고난을 되새김질한 내용이 바로 이 책입니다.

결코 무의미한 고난이 아니다, 뜻이 있다, 역사의 주권자이신 하나님의 높고 거룩한 뜻 안에서 정화되고 그 뜻을 향하여 나아가도록 하기 위한 '뜻있는 고난' 이라는 것이 함선생이 말하고자 하는 바였습니다. 고난 가운데서도 뜻을 놓치지 않는다면 희망이 있다는 것입니다.

함선생은 육당 최남선 선생과도 절친한 사이였다고 합니다. 기미독립 선언문을 작성한 분으로 알려진 최남선 선생 역시 한국 역사에서 큰 인물로 꼽히는 분입니다. 나중에 일제의 압제가 심할 때 그 압제를 견디지 못하고 친일활동을 하였다는 점에서, 우리 민족의 자랑인 동시에 부끄러움이기도 하지만, 그렇다고 한마디로 그를 친일분자라고 매도할 수는 없을 것입니다. 아마 함선생도 이런 모든 속사정을 아셨기 때문이겠지만, 최남선 선생이 돌아가실 때까지 우정을 잃지 않았다고 합니다.

육당이 죽기 얼마 전에 몇 년 몇 월 몇 일에 나는 죽을 것이다, 하고 예언을 했다고 합니다. 그런데 그날 안 돌아가셨습니다. 그러니 예언이 틀렸다, 엉터리다, 하고 말이 많았습니다.

해방 후 함선생은 여기저기 강연을 많이 다녔는데, 육당과 친구 사이라는 것을 아는 어떤 사람이 "육당 선생이 죽을 날짜를 예언하였는데, 날짜가 지났는데도 아직 안 죽었습니다. 어떻게 생각하십니까?"하고 물었습니다.

이 질문을 들은 함선생은 "그분 벌써 죽었어요. 그날 죽는다고 예언했으면 그날 죽은 겁니다. 숨만 붙어 있다고 산 게 아니지 않습니까?"하고 대답했다고 합니다.

여러분, 살아있다는 것이 도대체 무엇입니까? 또 죽는다는 것은 무엇입니까? 숨만 붙어 있다고 해서 살아있는 것이 아닙니다. 살아있어도 죽은 자가 얼마든지 있을 수 있습니다. 그 반대로 죽었어도 산 자가 있을 수 있으며, 사방으로 욱여쌈을 당해 보통 사람들의 눈으로 볼 때는 완전히 죽은 자와 다름없는 사람도 그 모든 위기를 이겨내고 살아나는 사람이 있습니다.

요한계시록 3장 1절에 보면 예수님께서 사데 교회를 "네가 살았다 하는 이름은 가졌으나 죽은 자로다" 하고 책망하십니다. 참으로 놀랍게도 이 말씀을 하시는 분은 얼마 전에 십자가에 달려 비참하게 죽으신 분, 세상 모든 사람들이 이제 저 사람 끝났다, 죽었다고 생각한 분입니다. 죽은 자가 다시 살아나, 살았으나 죽어있는 자를 향해서 말씀하고 있는 것입니다.

예수님께서 죽으신 다음 여인들이 사랑하는 주님의 시신에 향유라도 바르기 위해 무덤으로 달려와 예수님을 찾았습니다. 그때 천사가 나타나 여인들에게 "어찌하여 살아 있는 자를 죽은 자 가운데서 찾느냐"(눅 24:5)고 하였습니다.

도대체 뭐가 사는 것이고 뭐가 죽는 것입니까? 숨이 끊어지면 무조건 죽은 것입니까? 우리 눈에서 사라지면 무조건 죽은 것입니까? "주는 그리스도시요 살아계신 하나님의 아들입니다"라고 고백하며 따랐던 예수님도 결국 이 세상의 죽음의 법칙에서 벗어날 수 없는 분이고, 한 번 죽으면 그 운명적 비가역성(非可逆性)의 법칙에서 자유로울 수 없는 피조물에 불과한 분입니까? 결코 그런 분이 아니십니다.

그뿐이 아닙니다. 그를 믿고 따르는 우리들 역시 그의 자유와 영광에 동일하게 참여하게 된다는 것이 그의 약속입니다. "나는 부활이요 생명이니 나를 믿는 자는 죽어도 살겠고 무릇 살아서 나를 믿는 자는 영원히 죽지 아니하리니 이것을 네가 믿느냐."(요 11:25-26)

실제로 그의 뒤를 따르는 수많은 믿음의 선배들이 결코 죽음의 비가역적 법칙에 굴복하지 아니하고, 죽음을 넘어 시대의 어둠을 넘어, 그리스도 예수 안에서 죄에 대해서는 죽은 자요 하나님께 대하여는 산 자로서(롬 6:11), 찬란한 생명의 빛을 발하는 위대한 부활의 증인으로서의 삶을 보여 주었습니다.

본문 에스겔 37장 1절 - 14절은 "마른 뼈들의 소생"이라는 제목으로 널리 알려진 이야기입니다. 본문의 시대 배경은 이스라엘 백성이 바빌론에 포로로 끌려갔을 때, 사는 게 사는 게 아닌, 죽지 못해 사는 때였습니다. 삶의 희망을 완전히 포기한 사람이 부지기수였습니다. 나라가 망하고 성전이 처참하게 무너지고 수많은 사람들이 죽어갔습니다. 포로로 잡혀온 지는 벌써 수십 년이 되었지만 눈앞에 보이는 바빌론 제국의 권력은 하늘을 찌를 듯하고, 나아갈 길은 보이지 않았습니다. 모두로부터 잊혀지고 하나님으로부터도 잊혀진 것 같은 느낌, 그러한 암울한 현실이었습니다.

이런 현실에서 무슨 뜻을 품을 수 있었겠습니까? 조상들로부터 받은 말씀을 생각하면 절대로 그래서는 안되지만, 그들은 점점 힘을 잃어갔고 희망을 잃었습니다. 죽어갔습니다. 아니 죽어버렸습니다. 에스겔이 마른 뼈들이 골짜기에 뒹구는 것을 보았다고 했거니와, 그 해골들은 다름아닌 이스라엘 백성들 자신이었습니다.

이런 현실 속에서 하루하루 힙겹게 살아가던 선지자 에스겔을 하나님이 찾아가셨습니다. 하나님께서는 그를 어느 골짜기로 데리고 가서 그 가운데 두셨는데, 무슨 계획하심이 있으셔서 에스겔을 그곳으로 데리고 가셨을까요? 뭘 보여주고 가르치기 위함이었으니 견학인데, 견학을 시키려면 좀 좋은 곳으로 데리고 가실 일이지, 마른 뼈다귀들만 우글대는 해골의 골짜기가 뭡니까? 그러나 에스겔은 말씀에 순종하여 그 황량한 골짜기를 걷습니다. 하나님께서 사방으로 두루 돌아다녀보라고 말씀하신 대로 말입니다.

보니 어떻습니까? 골짜기에는 뼈들이 아주 많았고, 아주 말라 있었습니다. 무슨 생각을 했을까요? 몸소리쳤을까요? 바싹 마른 뼈들이 참 많구만, 그냥 그랬을까요? 에스겔 혼자였다면 틀림없이 그랬을 것입니다. 무슨 다른 상상을 할 수 있겠습니까? 절망 그 자체였을 것입니다.

그런데 이때 에스겔이 뭔가 다른 느낌으로 그 마른 뼈들의 골짜기를 볼 수 있게 하는 아주 특별한 일이 있었습니다. 그것은 다름아닌 하나님의 질문이었습니다. "인자야 이 뼈들이 능히 살 수 있겠느냐?"

도대체 왜 이런 질문을 하신걸까? 아니 그럼 이 뼈들이 살아날 수도 있다는 것인가? 좀 헷갈리지 않았겠습니까? 다른 사람의 질문이라면 그냥 무시할 수도 있겠지만, 하나님의 질문이잖아요. 전능하사 천지를 만드신 하나님, 바다를 가르시고 당신 백성을 인도하사 약속의 땅에 이르게 하신 하나님, 헤아릴 수 없이 많은 기적을 보여주신 하나님, 자기 자신의 인생 속에서도 수없이 많은 기적을 보여주신 하나님께서 물으시는 것이기에 에스겔은 다시 생각했습니다.

에스겔의 대답을 보면 알 수 있습니다. "여호와여 주께서 아시나이다." 그는 "무슨 그런 소리를 하세요. 어떻게 마른 뼈들이 살아날 수 있습니까?" 하고 부정적으로 대답하지 않았습니다. 어찌 보면 자신의 불신앙을 감추려고 하는 회피성 대답같기도 하지만, 그러나 중요한 것은 에스겔의 마음 속에, 한 줄기 희망일지라도 그 희망으로 통하는 작은 틈이 생겼다는 사실입니다. 하나님의 질문이 틈을 만든 것이지요.

참으로 겨자씨 같은 믿음이요, 모기소리처럼 작은 소리로 고백하는 믿음일지 모르겠습니다만, 그러나 그래도 하나님께서는 귀하게 여기시고 말씀하십니다.

"너는 이 모든 뼈에게 대언하여 이르기를 너희 마른 뼈들아 여호와의 말씀을 들을지어다 주 여호와께서 이 뼈들에게 이같이 말씀하시기를 내가 생기를 너희에게 들어가게 하리니 너희가 살아나리라 너희 위에 힘줄을 두고 살을 입히고 가죽으로 덮고 너희 속에 생기를 넣으리니 너희가 살아나리라 또 내가 여호와인 줄 너희가 알리라 하셨다 하라."

예수님께서도 그렇게 말씀하셨지만, 정말로 겨자씨만 한 믿음이 중요합니다. 큰 믿음이면 큰 믿음이라서 좋지만, 겨자씨만 한 믿음일지라도 하나님께서 그 믿음을 보시고 역사하시기 때문에 큰 역사를 이루게 됩니다. "너희 가운데 믿음을 보겠느냐?"고 하시며 믿음 없음을 안타까워하시지만, 겨자씨만 한 믿음이라도 보실 때는 그 믿음을 귀하게 여기시고 그를 격려하시고 그 믿음에 믿음을 더하사 기적을 베풀어주시는 분이 바로 우리 하나님이십니다.

왜 그러실까요? 그러실 만큼 하나님은 애가 타시기 때문입니다. 우리가 절망할 때 우리 자신보다도 하나님이 더 애가 타시고, 어떻게 하면 믿음을 불러일으킬 수 있을까, 그 방법을 백방으로 찾으시기 때문입니다. 그분은 바로 당신 자녀인 우리가 절망하여 자포자기적으로 아무렇게나 함부로 사는 것을 견딜 수 없는 우리의 아버지이시기 때문입니다.

자식이 기죽어 있는 것만큼 속상한 것이 없습니다. 스스로 못한다고 결론내리고 무책임하게 살 때, 자기 할 일 하지 않고 아무렇게나 함부로 사는 모습이 보일 때 정말 견디기 어렵습니다. 그 자식의 마음을 바꾸기 위해서 별짓을 다합니다. 살살 달래다가 큰 소리로 야단치다가 어떤 때는 때려서라도 정신 차리게 만듭니다. 할 수 있다고 생각하고 뭐든지 적극적으로 하려고 할 때 제일 예쁩니다. 육신의 부모도 그럴진대 우리 하나님 아버지의 마음은 오죽하시겠습니까?

보세요. 하나님이 뭐라고 하십니까? 이제는 에스겔에게 한 차원 높게 도전을 하십니다. "저 뼈들을 향해 이렇게 말하라." 하나님께서 직접 말씀하시는 것이 아닙니다. 에스겔에게 그렇게 말하라는 것입니다. 에스겔이 뼈들을 향해서 하나님이 분부하신 대로 말씀을 전할 때 놀라운 일이 벌어졌습니다. 소리가 나고 움직이며 이 뼈, 저 뼈가 들어맞아 뼈들이 서로 연결되었습니다. 그 뼈에 힘줄이 생기고 살이 오르며 그 위에 가죽이 덮였습니다.

하나님께서 다시 에스겔에게 "너는 생기를 향하여 대언하라 생기에게 대언하여 이르기를 주 여호와께서 이같이 말씀하시기를 생기야 사방에서부터 와서 이 죽음을 당한 자에게 불어서 살아나게 하라 하셨다 하라"고 말씀하셨습니다.

에스겔이 하나님의 명령대로 대언하자 이번에도 기적이 일어났습니다. 생기가 그들에게 들어가 그들이 살아나서 일어나 서는데 극히 큰 군대를 이루었습니다.

참으로 놀라운 체험, 영원히 잊을 수 없는 예행연습이었습니다. 제가 여기서 예행연습이라고 한 것은 실전(實戰)이 남아있기 때문입니다.

해골 골짜기의 체험이 아무리 큰 기적의 체험이라 하더라도, 실전에서 적용할 수 없는 것이라면 결과적으로 아무런 가치가 없는 것입니다. 에스겔이 해골 골짜기에서 경험한 것은 어디까지나 환상이요 현실이 아닙니다. 중요한 것은 현실에서 그것을 응용하여 승리하는 것입니다.

어떤 현실입니까? 그것은 다름아닌 바빌론의 포로로 잡혀가서 비참한 생활을 하던 이스라엘 백성의 절망적 현실입니다. 뼈는 마르고 희망은 사라져 끝장이 났다고 넋두리하던 하나님의 백성 이스라엘에게 하나님의 말씀을 전하여 그들을 일으켜 세우고 그들에게 생명의 숨이 불어와 사기 충천한 하나님의 군대가 되도록 하는 것이 바로 에스겔 선지자가 감당해야 할 실전적 상황이었던 것입니다.

이 실전에서 에스겔은 어떻게 되었습니까? 믿음에 믿음을 더하여주신 하나님의 은혜에 감사하며, 그 믿음대로 순종하였기에 이스라엘 백성이

드디어 포로상태에서 벗어나고 나라를 재건하는 기적을 이루었습니다.

겨자씨만 한 믿음일지라도 믿음이 이렇게 중요합니다. 하나님의 말씀 한 절이 이렇게 소중합니다. 하나님께서 찾아오시는 것이 이렇게 중요하고, 하나님께서 질문을 던지고 그 질문에 대답하는 과정이 이렇게 중요합니다. 그러는 가운데 마침내 하나님께서 주시는 도전을 따라 믿음으로 순종하는 것이 이렇게 중요합니다. 요컨대 우리 안에 하나님을 모시고 사는 것이 이렇게 중요합니다. 하나님을 모시고 그분과 함께하며 사는 인생은 살고, 하나님을 등지고 하나님을 멀리하며 사는 인생은 죽습니다. 하나님과 함께라면 죽어도 살고, 하나님이 없으면 살아도 죽은 인생입니다. 비곗덩어리요, 걸어다니는 시체에 불과할 뿐입니다.

마태복음 9장 18절 - 26절을 보면 한 관리가 나오고, 열 두 해 동안 혈루증을 앓는 여자가 등장합니다. 한 관리가 예수님께 와서 절하며 "내 딸이 방금 죽었사오나 오셔서 그 몸에 손을 얹어 주소서 그러면 살아나겠나이다"하고 간청했습니다. 그리고 혈루증을 앓는 여자는 예수님의 옷에 손을 대기만 해도 나으리라고 생각하고 예수님의 뒤로 와서 옷자락을 만졌습니다.

오늘의 주제와 관련해서 볼 때, 이들은 산 자입니까 죽은 자입니까? 예수님을 만나기 전까지는 그들도 온전히 산 자는 아니었습니다. 죽음의 고통을 겪고 있던 자요, 이미 죽은 자였습니다. 그들은 죽음에 대한 공포와 압박을 느끼며 살고 있던 자들이었습니다. 그들은 살아있으되 죽은 사람들이었습니다.

18절의 "내 딸이 방금 죽었사오나"는 말은 아주 시사적입니다. 마가복음의 병행본문에는 이 딸이 죽은 것이 아니라 "내 어린 딸이 죽게 되었사오니"(막 5:23)라고 기록되어 있습니다. 누가복음도 마찬가지입니다. 누가복음 8장 42절에 보면 "이는 자기에게 열두 살 된 외딸이 있어 죽어감이러라"고 기록되어 있습니다.

어떻게 해서 이렇게 차이가 나게 기록되어 있는지 그 사정을 자세히 알 수 없으나, 마태의 눈으로 볼 때는 죽게 된 것이나 죽어가는 것이나 죽은 것이나 차이가 없는 것이었기 때문일 것입니다.

관리가 예수님께 나오기 전에 그 딸은 이미 죽어 있었습니다. 그러면 언제 살아났느냐? 예수님 앞에 나오는 순간 살아났습니다. 믿음으로 나아와 간청할 때 살아났습니다.

그리고 혈루증을 앓는 여인이 믿음으로 예수님의 옷자락에 손을 대는 순간, 죽었던 그녀는 그 믿음으로 살아난 것입니다.

구약의 말씀과 결론은 똑같습니다. 하나님 없이 살면 살아도 산 것이 아니며, 하나님이 함께 하시면 죽어도 산 것입니다. 하나님을 모심으로 그의 성령이 생명의 능력을 주시는 곳에서 죽음은 발붙이지 못합니다.

하나님의 뜻은 만백성을 살리시는 것입니다. 하나님의 관심은 온통 당신의 자녀인 우리를 살리시는 데 있습니다. 그분은 우리의 아버지요, 우리는 그의 자녀이기 때문입니다. 그 때문에 그의 아들 예수님을 구세주로 보내주셨으며, 그 때문에 구세주 예수님께서는 우리가 죽어야 할 죽음을 대신 죽으시고 부활하시고 성령을 보내주셨습니다. 그래서 우리가 살 수 있는 모든 필요한 조치를 다 취해놓으셨습니다.

문제는 우리들입니다. 우리의 믿음입니다. 우리가 믿고 순종하면 살 것이요, 믿지 않고 우리의 정욕대로 습관대로 고정관념으로 얄팍한 인간의 생각만으로 살면 죽을 것입니다. 살아있다고 하나 실상은 죽은 자로 목숨만 부지하고 사는 육체에 불과할 것입니다.

그 크신 하나님의 사랑이 우리를 위해 예비되어 있는데 우리가 그 은혜를 거절하고 무관심하다면 너무도 슬픈 일입니다. 우리 가운데는 그런 사람이 한 사람도 없기를 바랍니다. 우리를 어떻게든 살리려고 백방으로 애쓰시는 예수 그리스도를 모시며 사는 여러분이 되시기를 바랍니다. 이 좋으신 주님의 사랑에 진심으로 감사하고 찬양하며, 사모하는 마음으로 주님을 택하고 가까이 사귀는 여러분이 되시기를 바랍니다.

에스겔 골짜기의 마른 뼈처럼 환난과 고난 가운데서 좌절하고 포기하고 다 죽게 되었다고 생각하는 자 있습니까? 하나님께서는 억제할 수 없는 사랑으로 우리에게 생명을 주시려고 하는데 혹시 죽음을 택하려는 사람 있습니까? 죽음을 기정사실화하려는 사람 있습니까? 속히 마음을 돌이키시기 바랍니다. 그리고 포기하지 마시기 바랍니다. 하나님께서 나를 살려주시고 회복시켜 주실 것이기 때문입니다.

하나님의 믿음으로, 예수님의 믿음으로, 그분의 성령에 감동되어 저 마른 뼈들을 향하여 살아나라고 명령한 에스겔의 믿음으로, 그리고 이 땅의 모든 죽은 자를 살리러 오신 예수님을 향하여 온 힘을 다하여 나아가 자신도 살고 자기 딸도 살린 저 회당장의 믿음으로, 12년 동안 저주받은 운명처럼 따라다니던 혈루증을 치료받은 여인의 믿음으로, 모든 의심과 주저를 박차고 떨쳐 일어나는 여러분이 되시기를 주님의 이름으로 축원합니다.

기억하시는 하나님

"… 여인이 어찌 그 젖 먹는 자식을 잊겠으며 자기 태에서
난 아들을 긍휼히 여기지 않겠느냐 그들은 혹시 잊을지라
도 나는 너를 잊지 아니할 것이라 내가 너를 손바닥에 새
겼고 너의 성벽이 항상 내 앞에 있나니 …" (사 49:14-17)

컴퓨터의 성능을 판단하는 중요한 기준 중의 하나가
메모리 용량, 즉 기억하는 용량입니다. 또
한 개 가운데 진돗개를 명견이라고 하는데, 그것도 기억력과 관계가 있습
니다. 진돗개는 자신을 사랑해준 첫 번째 주인을 절대로 잊지 않는다고 합
니다.

사람은 어떠할까요? 사람을 사람답게 하는 것도 기억력일 것입니다. 기
억하지 못하면 절대로 문화는 발전하지 못합니다. 오늘의 경험이 내일로
전승되기 위해서는 반드시 기억이라는 장치가 동원되어야 합니다. 만약
에 기억능력이 없다면 오늘의 소중한 경험이 내일로 전승되지 못할 뿐 아

니라, 오늘의 실수를 내일 반복하게 될 것입니다. 그러면 어제나 오늘이나 내일이나 아무런 차이가 없는 끝없는 반복일 뿐입니다. 기억력이 떨어지면 그 어떤 일도 제대로 할 수 없습니다.

기억력이 좋으면 명견이요 기억력이 나쁘면 잡견이 되듯이, 사람도 기억할 것을 제대로 기억하면 일류가 되지만 기억할 것을 기억하지 못하면 하류가 되고 맙니다.

기억력이 나쁘면 어떻게 해야 하나요? 자꾸만 반복해서 외워야 합니다. 적어야 합니다. 써서 붙여야 합니다. 모이기에 힘쓰고, 모일 때마다 말씀을 읽고 나눠야 합니다. 그래서 기억을 되살려야 합니다.

우리가 모여서 부르는 찬송, 기도, 말씀, 축도, 모두 기억과 관계가 있습니다. 우리가 찬송을 부르고 말씀을 들으며 성도의 교제를 나눌 때 희미해져가던 기억이 되살아나는 효과가 있습니다. 어떤 때는 전혀 새로운 말씀 같지만 그걸 가만히 생각해보면 그것 또한 우리의 어떤 기억과 관계가 있습니다. 어떤 것이 내 안에 감동을 일으키는 것, 아하, 그렇구나, 공감이 되고 가슴이 뜨거워지는 것은 우리 안에 외부로부터의 정보에 반응할 수 있는 그 무엇이 진작부터 준비되어 있었기 때문입니다. 하나님께서 우리에게 당신에 관한 아주 특별한 기억을 심어주셨고, 말씀을 들으면서 그 기억이 되살아나 하나님과 통하게 되는 일이 일어나는 것입니다. 그것은 다시 축적되어서 오늘 나의 삶을 역동적으로 만드는 에너지로 작용하게 되는데, 그러므로 이 기능이 잘 작동되어야 합니다. 기억하는 능력이 우리의 삶의 수준을 결정하는 것입니다.

그런데 다른 어떤 것보다도 우리가 꼭 기억해야 할 아주 중요한 것이 있는데, 그것은 바로 우리의 창조주이시며 구원자이신 하나님께서 나를 잊지 않고 기억하신다는 것입니다.

하나님께서는 당신의 택한 백성인 우리를 결단코 잊지 않으시고 늘 기억하고 계시며, 당신의 약속을 그 어떤 가운데서라도 신실하게 지키는 분이십니다.

출애굽기 2장 23절 - 25절에 "여러 해 후에 애굽왕은 죽었고 이스라엘 자손은 고된 노동으로 말미암아 탄식하며 부르짖으니 그 고된 노동으로 말미암아 부르짖는 소리가 하나님께 상달된지라 하나님이 그들의 고통 소리를 들으시고 하나님이 아브라함과 이삭과 야곱에게 세운 그의 언약을 기억하사 하나님이 이스라엘 자손을 돌보셨고 하나님이 그들을 기억하셨더라"고 말씀하셨습니다.

또 본문인 이사야 49장 14절 - 16절에 "오직 시온이 이르기를 여호와께서 나를 버리시며 주께서 나를 잊으셨다 하였거니와 여인이 어찌 그 젖 먹는 자식을 잊겠으며 자기 태에서 난 아들을 긍휼히 여기지 않겠느냐 그들은 혹시 잊을지라도 나는 너를 잊지 아니할 것이라 내가 너를 손바닥에 새겼고 너의 성벽이 항상 내 앞에 있나니"라고 말씀하셨습니다.

하나님께서는 당신 자녀의 이름을 두 손바닥에 새겨놓으시고, 늘 눈으로 볼 수 있도록 성벽의 그림을 붙여놓고 계시다는 것입니다.

예수님의 어머니 마리아도 아기 예수님을 잉태하고 나서 이렇게 찬양하였습니다. "그 종 이스라엘을 도우사 긍휼히 여기시고 기억하시되 우리

 감자같은 희망

조상에게 말씀하신 것과 같이 아브라함과 그 자손에게 영원히 하시리로다."(눅 1:54-55)

사람으로 오신 하나님, 우리 주 예수님께서는 어떠셨습니까? 예수님은 정말로 기억력이 좋으셨습니다. 당신이 해야 할 일을 잊지 않으셨고, 돌보아야 할 사람을 꼭 돌보셨습니다. 마귀가 유혹했을 때 예수님은 하나님 아버지의 말씀을 기억하심으로 그 유혹을 이겨내셨습니다. 무엇보다 예수님은 항상 나를 기억하고 계십니다. 혹시 나를 잊으신 것이 아닌가 하고 의심하면 안됩니다.

예수님께서 제자들을 배에 태워 건너편으로 가게 하신 다음에 기도하시려고 산으로 올라가셨는데 그동안에 배가 역풍을 만나 풍랑에 시달리고 있었습니다. 새벽이 되었는데도 주님이 나타나지 않으시니 제자들은 예수님이 혹시 우리가 여기 있는 것을 잊으신 것이 아닌가 하고 생각했을지도 모릅니다. 그러나 주님은 결코 잊지 않으셨습니다. 예수님은 제자들이 자신의 노력으로 풍랑을 잠재우거나 피해 갈 수 없음을 깨닫고 온전히 주님만을 의지하기를 기다리셨습니다. 그리고 새벽녘에 나타나서서 "안심하라 나니 두려워하지 말라"고 말씀하셨습니다. (마 14:22-27)

마리아와 마르다는 그의 오라비인 나사로가 죽어가고 있다고 예수님께 사람을 보내어 도움을 청하였습니다. 그러나 예수님은 바로 가지 않으시고 이틀을 더 머무시고 그 후에 나사로에게 가셨습니다. 그때 다른 사람들은 어떤 생각이 들었을까요? 아, 예수님이 뭔가 다른 생각에 골몰해 나사로를 잊으셨나보다 하고 생각했을지도 모릅니다.

아니나 다를까 나사로의 집에 도착하니 그는 이미 죽어 무덤에 있은지 나흘이나 되었습니다. 그때 예수님을 기다리던 마르다와 마리아는 무슨 생각을 했을까요? 아무리 바빠도 그렇지, 어쩜 우리를 잊으실 수가 있어요 하고 생각했을만 합니다.

그러나 예수님은 결코 잊지 않으셨습니다. 예수님이 나사로에게 늦게 도착한 것은 궁극적으로는 하나님의 영광을 위한 것이었지 예수님이 잊어버리셨기 때문이 아닙니다. 예수님은 나사로의 무덤으로 가서 무덤을 막은 돌을 옮겨 놓으라고 하셨습니다. 마르다가 죽은 지가 이미 나흘이 되어 냄새가 난다고 하자 예수님은 "내 말이 네가 믿으면 하나님의 영광을 보리라 하지 아니하였느냐"고 말씀하셨습니다.

사람들이 돌을 옮겨 놓으니 예수님께서 하나님께 기도하시고 큰 소리로 "나사로야 나오라"고 나사로를 부르셨습니다. 그러자 나사로가 살아났습니다. (요 11:1-44)

어떤 경우라도 우리가 예수님의 기억 밖에서 방치되어 있는 경우란 있을 수 없다는 것을 말해주는 이야기입니다.

무엇보다도 성령을 보내주시겠다는 약속을 지키신 일을 생각해 보십시오. 예수님께서는 돌아가시기 전 제자들에게 장차 이 세상을 떠나게 됨을 말씀하시면서 그러나 "내가 너희를 고아와 같이 버려두지 아니하고 너희에게로 오리라"(요 14:18)고 약속하셨습니다. 이는 성령으로 오시겠다는 약속이었습니다.

그 약속 그대로 예수님은 성령을 보내주셨습니다. 성령님을 통해서 예수님은 지금도 우리 곁에 머물러 계십니다. 예수님은 결단코 당신의 약속을 잊지 아니하십니다.

사도행전 10장은 고넬료가 베드로를 청하여 베드로가 그의 집에서 설교를 하신 말씀입니다. 하나님께서 로마 군대의 백부장에게 천사를 보내서 이렇게 말씀하십니다. "네 기도와 구제가 하나님 앞에 상달되어 기억하신 바가 되었으니 네가 지금 사람들을 욥바에 보내어 베드로라 하는 시몬을 청하라."

참으로 놀라운 말씀 아닙니까? 고넬료가 평소에 한 기도와 선행이 하늘의 장부에 다 기록되어 있다는 것, 그리고 하나님께서 그 모든 것을 다 기억하신다는 것입니다. 그 어느 것 하나 헛된 것이 아니었던 것입니다. 하나님은 당신을 신뢰하고, 사랑하며, 그 말씀대로 살아보려고 충심으로 노력하는 그 정성을 얼마나 귀하게 보시는지 모릅니다. 고넬료의 소원은 하나님을 알고 그를 영화롭게 하는 것, 그의 뜻대로 살아가는 가운데 그가 돌보는 모든 사람들을 통해서 하나님의 영광이 나타나는 것이었습니다.

그 소원을 하나님께서 이루어주셨습니다. 고넬료에게 베드로를 알게 하사 베드로를 통하여 예수 그리스도를 알게 하시고, 성령을 알게 하셨습니다. 베드로의 설교를 듣는 중에 성령이 모든 청중에게 내려왔습니다. 그리하여 모두가 세례를 받기에 이른 것입니다.

고넬료가 환상 중에 천사를 통해서 하나님의 음성을 들은 일, 또 같은 시각에 베드로가 환상 중에 성령의 음성을 듣게 된 일, 그리고 이들이 서로 만나게 된 일, 만나서 베드로는 말씀을 전하고, 고넬료는 말씀을 듣는 중에 성령을 받게 된 일. 그 모든 일이 어쩜 그렇게 척척 맞을 수 있습니까? 사람이 계획하였더라면 결코 일어날 수 없는 일들입니다.

고넬료와 베드로는 서로 알지도 못하는 사이였지만 하나님의 계획하심으로 만나게 되었는데 그들이 만나자 얼마나 복된 일이 일어났습니까? 고넬료는 로마군 백부장이라서 부대 안에서 실력은 좀 있었지만 영적인 일은 잘 모르는 사람이었습니다. 그리고 베드로는 예수님의 귀한 사도이긴 했지만, 아직 그 지역사회에서 힘이 없었습니다. 그런데 로마군 장교를 알게 되어 그를 통하여 현실세계의 여러 영향력있는 사람들을 만나게 되었습니다. 기독교 선교역사에서 참으로 놀라운 일이 일어난 것입니다.

이런 일을 보더라도 우리가 하나님에 의하여 기억되고 있다는 사실이 분명합니다. 우리가 진심으로 주님께 우리의 인생을 걸고 그의 말씀대로 살아보려고 노력할 때, 은밀한 중에 보시는 주님께서 우리가 당신의 일을 효과적으로 잘 할 수 있도록, 어떻게 이런 일이 일어날 수 있는가 싶게 신비한 손길을 뻗쳐서 도와주십니다.

정녕 하나님은 여러분을 기억하고 계십니다. 그렇다면 우리가 어떤 마음 자세로 살아야겠습니까? 세상이 아무리 어렵다고 해도 근심에 사로잡히거나 낙심할 필요가 없습니다. 전능하신 하나님께서 은밀한 중에 보고 계시고 우리를 기억해주시는데 무엇 때문에 근심하고 낙심합니까?

고넬료처럼, 베드로처럼 하나님의 말씀을 따라 하루하루 성심껏 살아가면 되는 것입니다. 힘들고 어려워도 주님이 우리를 기억해주신다는 오늘의 귀한 말씀을 붙들고 나감으로 승리하시고, 살아계신 하나님의 평강이 그리스도 예수 안에서 여러분 모두의 마음과 생각을 지켜주시기를 주님의 이름으로 축원합니다.

가장 귀한 선물

"… 천사가 이르되 무서워하지 말라 보라 내가 온 백성에
게 미칠 큰 기쁨의 좋은 소식을 너희에게 전하노라 오늘
다윗의 동네에 너희를 위하여 구주가 나셨으니 곧 그리스
도 주시니라 …" (눅 2:1-14)

사람들에게

성탄절 하면 떠오르는 것이 뭐냐고 물으면 많은 사람들이 산타클로스, 혹은 선물이라고 대답합니다. 그만큼 성탄절에 선물을 주고받는 것이 당연한 풍속으로 자리잡은 것 같습니다. 어째서일까요? 성 니콜라스 주교의 남모르는 선행에서 비롯된 측면도 있고, 아기예수가 나신 밤, 그러니까 첫 번째 성탄절에 동방박사들이 황금과 유향과 몰약을 들고 경배한 데서 비롯된 것일 수도 있습니다.

그러나 이 모든 것들보다 더 중요한 것이 있습니다. 하나님께서 세상을 이처럼 사랑하사 독생자 예수 그리스도를 이 세상에 보내주셨다는 사실

입니다. 세상에 아무리 귀한 것이 있다 한들 독생자보다 귀하겠습니까?그러니까 성탄절에 선물을 주는 풍습이 있기 전에 우리는 먼저 하나님으로부터 귀한 선물을 받은 것입니다. 귀한 선물을 받고 보니 인색하던 마음이 너그러워져 하나씩 둘씩 선물을 바치게 된 것이지요.

귀한 선물을 받을 때 기분이 좋아지는 것은 모두가 한가지인 모양입니다. 그러나 막상 선물을 하려면 어떻게 뭘 선물해야 할지 쉽지 않은 것이 또한 사실입니다. 너무 부담스러워도 안되지만 너무 인색해도 안됩니다. 선물의 뜻이 살아나려면 일단 정성이 담긴 것이어야 합니다. 아무런 정성 없이 아무거나 선물했다가는 고맙다는 인사는커녕, 욕을 먹을 수도 있습니다. 경우에 따라 다를 수는 있지만 일반적으로 선물은 자기에게는 필요 없는 것보다는 자신에게도 귀한 것이 좋습니다. 자기가 실컷 쓰다가 싫증을 느껴서 누구에게 준다면 그것을 고맙게 받을 사람이 어디 있습니까?자기에게도 소중한 것을 선물로 해야 받는 사람도 고마움을 느끼고 행복해질 것입니다. 그것은 우리가 하나님 앞에 예물을 드릴 때 흠이 없는 만물을 드려야 하는 것과 같은 원리입니다.

미국의 〈다락방〉이라는 잡지에 이런 간증이 실린 적이 있다고 합니다.

존 우드릭이라는 목사의 어렸을 때 이야기입니다. 성탄을 앞둔 어느 날 어머니가 "장난감을 모아 가난한 아이들에게 나눠주려고 하니 너도 한 개 내놓아라, 기왕이면 가장 비싸고 아끼는 것을 선물하도록 하여라" 하고 말씀하셨습니다. 존은 대답은 하였지만 걱정이었습니다. 4피트나 되는 모형

비행기가 떠올랐기 때문입니다. 그것은 자신의 보물과도 같은 것이었습니다. 아까운 생각이 들었지만 큰 결심을 하고 존은 그것을 선물로 내놓았습니다.

그런데 그로부터 18년 후, 존 우드릭은 목사가 되어 어느 조그만 마을의 목사로 부임하였습니다. 그런데 거기에는 아주 놀라운 일이 기다리고 있었습니다. 18년 전에 비행기를 선물한 그 집의 어머니와 딸이 그 교회의 교인이었고, 그의 두 아들이 보잉 747 대형 여객기의 조종사로 일하고 있었던 것입니다.

자신의 귀한 것을 내어주는 선물이 때로 얼마나 아름다운 결실을 맺을 수 있는지를 알려주는 좋은 이야기라고 생각됩니다.

그러나 귀한 것이라고 해서 꼭 좋은 선물이 되는 것은 아닙니다. 그 귀한 것을 어떤 자세로 주느냐가 또한 중요합니다. 선물은 사랑과 존경을 표현하는 마음을 전하는 것이기 때문에, 선물을 주는 사람은 결코 자신이 튀어나지 않도록 유의해야 합니다. 너무 요란하게 소문을 내면서 준다거나 선심 쓰듯이 선물을 하면 그것 역시 받는 사람의 마음을 불쾌하게 하고 관계에 금을 가게 만들 수 있습니다.

선물에 관한 가장 좋은 모델을 성경에서 찾으라고 한다면 야곱이 형 에서에게 바친 선물을 들 수 있을 것입니다. 그의 선물이 아름다웠던 것은 값이 비쌌기 때문이 아닙니다. 물론 야곱은 큰 부자가 되었기 때문에 돈으로 계산할 때 값비싼 선물을 한 것은 사실입니다. 그러나 그의 선물을 아름답게 만든 것은 그 선물을 바치는 겸손한 태도였습니다.

그는 선물을 바칠 때 자기 종을 미리 보내어 극진하게 형 에서를 높이면서 "이것들은 당신의 종 야곱이 형님 에서에게 보내는 선물입니다" 하고 인사하기를 반복하여 형의 마음을 위로하고, 나중에 형의 모습을 보자 기진하여 다리를 저는 모습으로 나갑니다. 밤새 형을 만나기 위해 야곱이 얼마나 간절하게 기도하였습니까? 정성을 다한 것이지요. 그러다가 환도뼈가 위골되기까지 하는데, 그렇게 정성을 다 바치는 과정에서 위풍당당하던 혈기는 다 빠지고 지극히 겸허한 모습으로 형 앞에 나타나게 됩니다.

야곱은 형 에서가 보이자 일곱 번씩이나 땅에 엎드려 절을 합니다. 그리고 "내가 형님의 눈앞에서 은혜를 입었사오면 청하건대 내 손에서 이 예물을 받으소서 내가 형님의 얼굴을 뵈온즉 하나님의 얼굴을 본 것 같사오며 형님도 나를 기뻐하심이니이다"(창 33:10)라고 말했습니다.

이 얼마나 겸손한 모습입니까? 이렇게 겸손하게 자신을 낮추어 귀한 선물을 바치는데 어느 누가 감동하지 않겠습니까? 이런 모습을 보고 20년 동안 원한의 감정을 가지고 살아온 에서의 마음은 봄눈 녹듯이 풀어져 야곱의 목을 끌어안고 울음을 터뜨렸습니다.

하나님께서 우리에게 그 고귀한 독생자 우리 주 예수 그리스도를 선물로 주실 때 그리하셨습니다. 하나님께서 어떻게 당신의 외아들을 보내셨습니까? 그 귀한 선물을 보내시면서도 결코 요란하게 소문내거나 공치사를 늘어놓지 않으셨습니다.

모두가 잠든 밤에 가장 누추한 말구유까지 낮아지는 겸손을 통하여 당신의 가장 고귀한 선물을 친히 보내셨습니다. 선물을 통해서 자신이 빛나는 방식으로가 아니라 선물을 받는 이 세상이 오히려 빛나게 하는 방식으로 선물을 보내신 것입니다.

물론 그렇다고 무성의하게, 대충 보낸 것이 아닙니다. 사람들은 영적으로 눈이 어두워 보지 못했지만, 그 선물을 이 세상에 전하는 과정에서 수없이 많은 존재들이 쉼없이 준비하고 움직였습니다. 가브리엘 천사가 오르락내리락 움직였고, 천군천사들이 움직였고, 거룩하신 성령이 친히 그 모든 잉태과정과 출산의 과정에서 감싸고 관여를 하셨습니다.

그리고 본문 말씀에 기록되어 있는 바, 하나님의 성령에 감동된 사람, 곧 아기 예수를 잉태한 어머니 마리아가 어떻게 아이를 낳기 위해 준비했는가를 생각해보십시오.

본래 갈릴리 나사렛에서 살다가 때마침 시행되고 있던 인구조사에 응하기 위하여 남편 요셉과 함께 유대땅 베들레헴으로 가는데, 거리가 무려 120km나 되는 먼 곳이었습니다. 그 먼 거리를 만삭의 몸으로 걸었습니다. 무엇 때문에 그 먼 거리를 걸었을까요? 어지간하면 남편 요셉만 갔다 와도 되는데 말입니다.

마리아가 이렇게 먼 거리를 걸어서 베들레헴으로 오게 된 것도 다 성령의 감동으로 된 일인데, 결국 그렇게 해서 구약의 예언대로, 다윗의 동네에 구세주가 태어나게 되었습니다. 이 일은 우연 같지만 결코 우연이 아닙니다. 이 모든 것이 다 하나님의 정성어린 선물입니다.

마리아의 이 수고와 정성, 그와 관련된 눈에 보이지 않는 조정과 섭리의 과정을 통해서 하나님은 당신의 약속을 신실하게 지키는 분이라는 것, 하나님의 약속을 믿고 소망 중에 참고 기다리는 당신 백성의 기다림을 결코 외면하는 분이 아니라는 것이 다 증명이 된 것입니다.

그래서 우리는 베들레헴 말구유로 오신 예수님을 생각할 때마다 어떠한 일이 있더라도 당신의 언약을 지키는 신실하신 하나님을 기억하며 깊은 소망의 눈으로 인생과 세상을 바라보게 됩니다. 어느 것 하나 소홀함이 없었습니다. 이 모든 것이 다 우리에게 당신의 가장 귀한 선물을 내려주시는 하나님의 사랑이요 겸손한 섬김의 모습입니다. 우리 눈에는 보이지 않지만 쉬지 않고 일하시는 하나님, 사랑하는 당신 백성을 구원하시기 위해 열심히 정성으로 겸허한 섬김으로 일하시는 사랑의 하나님께서 얼마나 사려 깊게 선물을 준비하시고 베푸셨는가를 깨달아야 합니다.

사실 도리를 생각한다면 우리가 먼저 하나님께 귀한 정성을 모아서 선물을 바쳤어야 합니다. 하나님께서는 우주만물의 창조와 은총을 통해서 우리에게 이미 넘치는 사랑의 선물을 베풀어오셨기 때문입니다. 그런데 이 하나님을 향하여 감사의 선물은커녕 스스로 마음이 부패하여져서 하나님을 멀리하고, 모른다 하고, 알아도 감사하지도 않으면서 교만한 마음으로 살아온 것이 우리 인생의 모습입니다.

우리의 죄로 인하여 하나님과 우리 사이에 높은 담이 쳐져 있었습니다. 이 높은 담을 헐고 평화의 길을 연 것은 우리가 아니라, 죄인된 우리를 먼저 사랑하시고 당신의 가장 귀한 아들을 선물로 보내심으로 우리를 위로

하시고 마음을 녹여 돌이키신 하나님이셨습니다.

극진하신 사랑의 마음을 담은 그 고귀한 선물 예수 그리스도가 우리를 살리고 우리 인생에 복된 열매가 맺히도록 하신 것입니다. 너무도 귀하고, 그러면서도 겸손하고, 세월이 지날수록 아름답게 기억되는 소중한 선물이기에, 우리는 오늘도 잊지 못하고, 기쁠 때나 슬플 때나 늘 그 선물을 기억하며 마음을 추스르고 따스한 마음을 회복하고 있습니다.

산타, 선물, 카드 이런 것에 마음을 빼앗기는 것이 아니라 우리가 받은 정말 소중한 선물인 예수 그리스도를 바라보고, 그의 은혜를 기억하는 성탄절이 되기를 바랍니다. 또한 그 귀한 선물을 보내신 하나님 아버지의 그 고마운 사랑을 기억하시기 바랍니다.

은혜를 기억하면 어느새 은혜의 사람이 되고, 고마운 사랑을 기억하면 어느새 고마운 사랑의 사람이 됩니다. 그 귀한 선물을 주신 은총을 깊이 묵상하는 가운데 우리들 마음을 지배하고 있던 어둡고 칙칙하고 냉냉하고 불안했던 그 모든 것들이 봄햇살에 눈녹듯이 사라지고, 어느새 따스하고 너그럽고 착하고 평화로운 기운이 가득해져서, 이번에는 우리가 이러저러한 이유로 상처받고 눌려있고 그늘져있는 이웃들에게 다가가 그들을 위로하고 마음을 녹여주는 하나님의 또 다른 귀중한 선물이 될 수 있기를 주님의 이름으로 축원합니다.

그 말씀, 빈말이 아니었다

예수는 이 세상의 왕이시다~

잠깐, 나는 그 말이 너무 부담스럽다.

왜요? 이 세상에 유일한 진짜 왕이 아니신가요?

너는 내 말을 잊었구나.
너희는 그렇게 하지 말라고 하지 않았느냐?
높은 데 앉기 좋아하고 힘으로 찍어누르고……
너희는 그렇게 하지 말라고 하였는데
나더러 높은 자리에 앉아서 다스리라고?

그런 뜻 아니라는 거 아시잖아요?
주님만은 다르게 다스리실 테니까,
주님은 진짜 사랑으로 덕으로 다스리실 테니까
주님이 왕이 되어주세요.

싫다. 내가 벌써 몇 번 말했느냐?
아비멜렉이 왕 되겠다고 나설 때 내가 뭐라고 했더냐?
사울이 왕 될 무렵 내가 뭐라고 했더냐?
다윗 솔로몬 그 뒤를 이어 수많은 왕들이
내 뜻 거스르고 우상을 섬길 때
내가 예언자들을 시켜 뭐라고 그랬느냐?
내가 왕이 되고 싶었다면
무엇 때문에 말구유에서 태어났겠으며,
무엇 때문에 나귀를 타고 예루살렘에 입성했겠으며,
무엇 때문에 십자가에서 그 모진 고통 모욕 참고 죽었겠느냐?

압니다.
그러니 주님이 진짜 왕이지요.
그래서 하늘보좌 우편에까지 오르셨잖아요?
그러니 이제 이제라도 왕위에 오르셔서 찬양받으셔야지요.

나를 그렇게 생각해주니 그것만은 고맙고 가상하다.
그러나 그래도 나는 싫어.
하늘 아버지께서 어떻게 하셨는가 생각해봐라.
우주만물을 다 지으시고서도
내가 만들었다고 낙관 하나 안 찍으셨지.
성령은 어떻게 일하시는지 생각해봐라.
바람처럼 어디서 와서 어디로 가는지 모르게 일하시지 않느냐?
비둘기처럼 임하여 소리없이 일하시지.

불 같은 권능으로 임하여 강력한 진을 파하기도 하지 않나요?

물처럼 부드럽게 임하기도 하고
조용히 씻어주기도 하지.
위로하고 고쳐주고 설득하고 들어주고
지배하는 것보다 섬기는 걸 좋아하고 일하는 걸 좋아해.
속상해서 울 때도 많아.
그게 바로 내 마음이고 내 모습이야.
나는 왕이 싫어.

아이 참, 그런 뜻이 아니라는 건
주님도 잘 아시잖아요?
주님이 왕 안 하시면
엉뚱한 사람들이 왕이 되겠다고 난리에요.

참 어리석기도 하구나!
그래서 더더욱 안 한다니까!
모두 잘 났다고 경쟁하고 패싸움하고 서로 높아지려 하는데,
나까지 그렇게 해야겠느냐?
나라도 사양해야지.
나는 밑바닥이 좋아.
내 자리는 언제나 갈릴리,
날 만나려면 그곳으로 와.

답답하시긴 누가 그걸 모르나요.
어쨌든 누군가 왕을 뽑아야잖아요.
그러면 그 사람 중심으로 모든 게 돌아간다구요.

그러니 나는 싫다니까.
너희들 그 버릇이 싫어.
나는 너희가 내 앞에 굽실거리며 눈치보고 사는 것보다
내 뜻 마음에 새기고
그저 자유롭고 진실하게 사는 모습 보는 게 더 좋아.
그리고 솔직히 내가 그 자리에 앉아봤자
너희가 내 말 들을 준비는 돼 있니?
또 너희들 멋대로 하다가 조금만 힘들면
나한테 책임전가하고 끌어내려 패대기칠 텐데 뭐.
나는 여기서 그냥 이렇게 살래!
이것도 쉬운 건 아니야.
아직도 모르겠니?

그건 그런데, 그래도…….

걱정하지 마, 내가 이렇게 있어도
꼭 내가 나서야 할 일이면 어떻게든 도와줄게.
내가 일러준 일이나 잘 해!

참 황소고집이시네요!
무슨 고집이 그렇게도 쎄세요!!!
이미 마련해둔 자리는 어떻게 하라고…….

주님이 어떤 분인 줄 짐작 못한 바는 아니었으나
세상이 하 수상하니 어떻게 좀 해달라고 부탁하러 갔다가
혹시나가 역시나,
그분은 끝내 거절하고,
"나는 밑바닥이 좋다"는 말씀만 남긴 채
보좌에는 한번 앉아보지도 않으시고
모습을 감추셨다.

"나는 섬김을 받으러 오지 않고 섬기러 왔다"고 하신
그 말씀, 빈말이 아니었다.

주님의 마음이고만 싶습니다

외롭고 남루한 내 인생의 오두막,
그 먼 곳까지 친히 찾아와
기쁠 때나 슬플 때나 함께하시며
변함없는 사랑으로 따뜻한 동행이 되어주신 주님!

고맙다는 말밖에는 드릴 말씀이 없습니다.
그동안 제가 서운하게 해드린 적이 많았을 텐데,
제가 근심을 안겨드린 적이 많았을 텐데,
그 모든 것 품어주시며 이날까지 제 곁에 머물러 주시니
고맙고 고맙습니다.
도대체 제가 뭐라고…….

크고 강한 것 꿈꾸며 아직도 도도하기만 한 제 눈에
주님은 그저 만사가 제 뜻대로 되지 않을 때
언뜻 잠깐 눈에 띌 뿐인 때가 많았습니다.
너무나 작고 겸손하게 계셔서
제 곁에 계신지도 모를 때도 많았습니다.
빨리 뭔가를 이루고 싶은 허황된 욕심에,
엉뚱한 곳에서 주님을 찾기 일쑤였습니다.
혈기를 이기지 못하고 눈을 부라리며 성질을 부릴 때는
도대체 주님이 누구냐,
주님은 애시당초 모르고 주님과는 아무 상관없는 사람 같았을 겁니다.

그렇게 살아오는 동안
얼마나 많은 사람들의 마음에 상처를 주었을까요.
그 모든 세월 동안, 주님 저 얼마나 딱한 사람이었나요.
그래도 묵묵히 참고 기다리시며,
작고 겸손하게, 있는듯 없는듯,
주님도 아닌 것처럼, 소리없이 이날까지 섬겨주셨는데,
그 사랑 덕분에 이제 겨우 조금 철든 것 같은데,
주님 어인 은혜입니까?
도대체 제가 뭐라고…….

세상에 이렇게 한결 같은 친구가 어디 있답니까?
변해도 변해도 변치 않고 이렇게도 한결같이
늘 그 마음인 고마운 사랑이 어디 또 있답니까?
알고 보니 주님이야말로 제 인생에 주어진
최고의 축복이십니다.
가장 귀한 것 아낌 없이 주시되, 주고 주고 또 주고,
혹시라도 싫증낼새라 어떤 때는 선물인줄도 모르게
주는듯 안 주는듯 주시고,
그러나 지나고 보면 필요한 것은
언제나 풍성하게 채워주시는,
이렇게 단수가 높은 사랑으로 가르치시고 다듬어주시는
그 속깊은 마음을 가지신 분이 또 어디에 있답니까?

남들은 그 사랑 진작 알고 선물도 많이 드렸건마는
저는 아직 변변한 선물 한번 못 드렸네요.
별빛 따라 만리길 마다않는
동방박사의 사모하는 마음도 없었고,
옥합을 깨뜨려 향유를 쏟아부은
여인의 뜨거운 사랑도 없었으며,
불러주신 사랑, 용서해주신 사랑,
믿고 또 맡겨주신 사랑에 감사 감격하여
죽기까지 사랑하며 양떼를 보살핀
베드로의 충성도 없었고,
받고 받고 또 받았을 뿐,
누구 한 사람 온전히 끝까지 사랑하지도 섬기지도 못했네요.

주님이 제 인생에 찾아와 동행이 되어주신 것을 기억하는 이 계절,
그래서 사무치도록 고맙지만,
고마운 만큼 죄송하기도 합니다.
어찌해야 할까요? 어떡하면 좋습니까?
아픈 심정으로 제단에 엎드리니,
주님은 오늘도 그때처럼
다시 작고 부드러운 강보에 싸인 아이,
그늘진 제 마음의 구유까지 찾아와 함께해주시는
사랑의 임마누엘!
있는 듯 없는 듯

아, 따스하게 전해져오는 주님의 그 마음 따라
흉내라도 내어
이제 저도 진짜 사랑이라는 거 해보고 싶습니다.
아니, 사랑이고 싶습니다.
다만 한 사람이라도 조용히 찾아가,
말없이 함께하는 동행으로,
그저 있는 듯 없는 듯 나누며 사는,
착하고 겸손한
주님의 마음이고만 싶습니다.

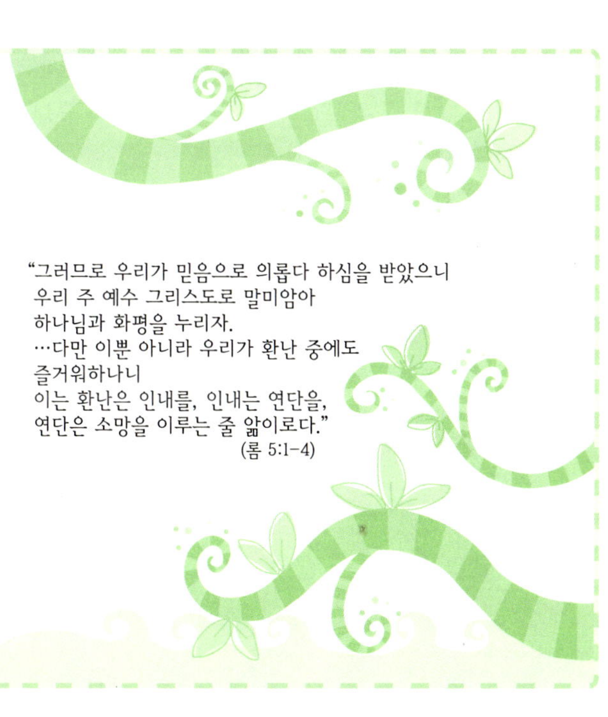

“그러므로 우리가 믿음으로 의롭다 하심을 받았으니
우리 주 예수 그리스도로 말미암아
하나님과 화평을 누리자.
…다만 이뿐 아니라 우리가 환난 중에도
즐거워하나니
이는 환난은 인내를, 인내는 연단을,
연단은 소망을 이루는 줄 앎이로다.”

(롬 5:1-4)

미래를 여는 지식의 힘—

(주) 상상나무 :: 도서출판 상상예찬

http://www.smbooks.com Tel. 02-325-5191